憲法Ⅰ　人権［第2版］

CONSTITUTIONAL LAW

著・青井未帆
山本龍彦

有斐閣ストゥディア

第２版　はしがき

本書「憲法Ⅰ」は，大学の専門科目として「憲法」を学ぶ皆さんが，人権をめぐる議論を，ひととおり見渡せるような教科書として書かれています。統治機構・総論を扱う「憲法Ⅱ」と併せて，憲法全体をカバーしています。

「憲法Ⅰ」初版を出版してから，かなり時間が経ってしまいました。この間の判例展開で目覚ましいのは，特に近年の憲法13条や24条です。改訂作業中も重要裁判例が次々に出されて，そのスピード感に圧倒されました。今回の改訂では既存の章立てのなかで説明しましたが，次はより抜本的な変更も必要になっていることでしょう。みなさんには，生成しつつある権利論の力強さを是非，感じていただければと思います。

日本国憲法の下で，私たちの自由や権利の保障は，立法権・行政権・司法権といった権力との関わりで考えることが，重要です。自由や権利に焦点を当てる本書ですが，「憲法Ⅱ」の統治のしくみを踏まえつつ，勉強することをおすすめします。

依然として，政治の世界では憲法改正がしばしば話題にのぼっています。「憲法Ⅱ」のはしがきでも述べましたが，私たちが大事に思う価値をどう位置付けてゆくかは，私たち自身の問題です。「よき市民」として憲法政治に関わることが，今以上に求められるでしょう。それは，本書各章でみてゆく権利の実現に関わる問題であり，権力にできることの限界設定の問題でもあります。

本書は，「憲法Ⅱ」と同様，大学１年次か２年次の皆さんが，ニュースの伝える憲法問題に関心をもち，それらを自分自身の頭で考え，自由や権利が保障されることの意味を学ぶことを目的にしています。もっとも本書は，より広く，多くの市民にとっても，憲法の保障する権利を統治のしくみも踏まえて概観するのに役立つものと考えます。

この本の執筆にあたっては，有斐閣編集部の井植孝之さんに，初版から引き続き，万端のお世話をいただきました。心から深く感謝申し上げます。

2024年11月

著　者

初版　はしがき

テレビや新聞でも，憲法が話題になることは，少なくありません。たとえば，離婚した男性はすぐに再婚できるけれど女性は6か月もの間再婚できないとする民法の差別的な規定，議員定数の不均衡（「一票の重み」の地域的な格差），集団的自衛権の行使容認など，いろいろな問題が憲法と絡めて論じられます。また，選挙権年齢が18歳に引き下げられたことも話題になりました。ニュースを聞いた人も多いことでしょう。

このような最近の動きをみると，私たちが「よき市民」として社会を支え，国や地方の政治に関わることが，これまで以上に求められているように思われます。

本書は，大学1年次か2年次の皆さんが，ニュースの伝える憲法問題に関心をもち，それらを自分自身の頭で考え，選挙や表現活動を通じて政治に参加する意味を学べるようになることを目的に，執筆されました。

この観点から，書物の構成に幾つか工夫をしています。

第一に，この本は学説よりも判例に重点を置いて書かれています。憲法の「今」をつかまえるためには，裁判所，特に最高裁がどのような理解をしているかを知ることが何よりも大事と考えるためです。

第二に，憲法に明文では定められていませんが，権利としての内実を備えるようになったプライバシー権については，他の人権と並べて独立の章を立てて扱っています。

第三に，公務員や「在監関係」（収容関係）など特別な関係をめぐる議論，人権享有主体性，私人間効力論といった議論は，個別の人権の知識があったほうが分かりやすいとの判断から，一番最後の章に回しました。

もちろん，本書は，法科大学院（ロースクール）で学ぶ人や資格試験を目指す方々に読まれる可能性を排除しているわけではありません。判例を中心としながら，基礎的な理論をできる限りわかりやすく伝えようという本書のねらいは，このような皆さんの勉強にもきっと役に立つと思います。

この本の執筆にあたっては，有斐閣編集部の笹倉武宏さん，清田美咲さん，井植孝之さんに，万端のお世話をいただきました。心から厚く感謝申し上げます。

2016 年 2 月

著　者

著者紹介

［　］内は担当箇所

青井未帆（あおい みほ）　［第1編第1～3章，第2編第1章1～4・3章・7章・8章］

2003年　東京大学大学院法学政治学研究科博士課程単位取得退学

2013年～2015年　司法試験考査委員

2024年～　司法試験考査委員

現　在　学習院大学法科大学院教授

主要著作

『憲法学の現代的論点〔第2版〕』（共著，2008年，有斐閣）

『論点 日本国憲法〔第2版〕』（共著，2014年，東京法令出版）

『憲法と政治』（2016年，岩波新書）

『憲法改正をよく考える』（共編，2018年，日本評論社）

『憲法訴訟の十字路——実務と学知の間』（共著，2019年，弘文堂）

『憲法訴訟の実務と学説』（共著，2023年，日本評論社）

山本龍彦（やまもと たつひこ）　［第1編第4章，第2編第1章5 6・2章・4章～6章］

2005年　慶應義塾大学大学院法学研究科博士課程単位取得退学

2007年　博士〔法学・慶應義塾大学〕

2014年～2015年　司法試験考査委員

現　在　慶應義塾大学大学院法務研究科教授

主要著作

『遺伝情報の法理論』（2008年，尚学社）

『判例プラクティス憲法〔増補版〕』（共著，2014年，信山社）

『論点 日本国憲法〔第2版〕』（共著，2014年，東京法令出版）

『AIと憲法』（編著，2018年，日本経済新聞出版社）

『憲法学の現在地——判例・学説から探究する現代的論点』（共編著，2020年，日本評論社）

『〈超個人主義〉の逆説——AI社会への憲法的警句』（2023年，弘文堂）

『アテンション・エコノミーのジレンマ——〈関心〉を奪い合う世界に未来はあるか』（2024年，KADOKAWA）

目　次

憲法Ⅰ　人権〔第２版〕

第1編　人権の意義と保障

CHAPTER 3　幸福追求権　33

CHAPTER 4　法の下の平等　50

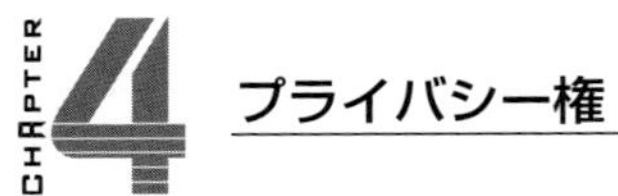

プライバシー権

社 会 権

Column ● コラム一覧

本書で用いる略語など

判例については，下記のような略語を用いて，その裁判所名・言渡日・掲載判例集（代表的なもの）を示した。たとえば「最大判平成25・11・20民集67巻8号1503頁」は，「最高裁判所」の大法廷で，平成25年11月20日に言い渡された「判決」で，「民集」（最高裁判所民事判例集）という判例集の67巻8号1503頁に掲載されていることを意味する。

おもな判例は裁判所ウェブサイト（http://www.courts.go.jp/）でも見ることができる。

●裁判例・判例集等略語

最大判（決）	最高裁判所大法廷判決（決定）
最判（決）	最高裁判所判決（決定）
高判（決）	高等裁判所判決（決定）
地判（決）	地方裁判所判決（決定）
簡判	簡易裁判所判決
民（刑）集	最高裁判所民事（刑事）判例集
集民（刑）	最高裁判所裁判集　民事（刑事）
高民（刑）集	高等裁判所民事（刑事）判例集
下民（刑）集	下級裁判所民事（刑事）裁判例集
訟月	訟務月報
行裁	行政事件裁判例集
判自	判例地方自治
判時	判例時報
判タ	判例タイムズ

法令・裁判例の引用における下線は，著者によるものである。

第 1 編

人権の意義と保障

PART 1

CHAPTER

第1章

人権の保障

憲法11条　国民は，すべての基本的人権の享有を妨げられない。この憲法が国民に保障する基本的人権は，侵すことのできない永久の権利として，現在及び将来の国民に与へられる。

憲法97条　この憲法が日本国民に保障する基本的人権は，人類の多年にわたる自由獲得の努力の成果であつて，これらの権利は，過去幾多の試練に堪へ，現在及び将来の国民に対し，侵すことのできない永久の権利として信託されたものである。

これらの条文には，憲法の究極的な目的が書いてある。すなわち「基本的人権」の保障である。

では，そもそも基本的人権って何だろうか？　この言葉の意味については，さしあたり皆さんの心のなかにある定義でよい。「何かおかしいぞ，『人権』侵害じゃないか？」と思うとき，それは心のなかの何かに照らしているはずだ。そのようなフワッとした概念として，「基本的人権」や「人権」侵害という言葉をつかまえて，読み進めてほしい。

第1章では，人権保障の歴史的な展開をふり返り，日本国憲法が定めている「統治のしくみ」のなかで，どのようにして「基本的人権」が保障されているか，その概要を理解することを目指す。

1 憲法とは何か

権力を制限し，人権を保障する法として

将来どのような仕事に就こうか，どこで暮らそうか，「あの人」と結婚をしようか——。私たちはこういった選択をする際に，「自由」であるべきはずだ。私たちの自由は，本来限定されているものではなく，人生の可能性は，生まれや性別，人種・民族など，個人の努力によってはどうしようもない要素によって決定されることがあってはならない。

そんなことあたり前，と感じるかもしれない。しかし歴史を紐解けば，じつは，《人が自由であり，人が人であるがゆえに人権をもつ》という考え方は，長年にわたる人々の知的な営みと闘いの末に得られた，新しい考え方であることがわかる。そして近代以来，人権の最大の侵害者は「国家」だったのであり，今日においてもなお，そうである。そこで憲法は，国家が侵すことのできない個人の権利を掲げ，人権が保障されるための政治のしくみ（統治構造）を定めている。そのように，政治を憲法に従わせて人権を保障しようという試みを指して，**立憲主義**と呼ぶ。

人権の意義

抵抗するための道具として

かつては，人は生まれによって貴賤があり，住む場所や，人生の送り方，享受しうる自由や権利が違うのは当然と考えられていた。世界を見回してみれば，いまでもそう考えられている社会もあるが，一般論としていえば，人は生まれながらにして人格において対等であるという価値観が広く共有されるようになっている。

世界史上，このような価値観が生まれて展開した主な地域がヨーロッパであるため，憲法学などで「人権の意義」を学ぶ際には，通常，ヨーロッパでの歴

史を踏まえることになる。時代的には，中世の封建制社会から絶対王政へと再編されてゆく頃より後がとくに重要である。絶対的な権力をもつと主張する国王から国民の人権を守ることが目指されたためである。フロントランナーはイギリスであり，母国であるイギリスでの先行例をみながら，ヨーロッパに，そして世界に，立憲主義が広まっていった。

そこでまずイギリスを例にみると，人権への萌芽を示す文書として，国王の恣意的な権力行使からの自由を認めさせた文書であるマグナ・カルタ（1215年）が有名だ。もっとも，それは「人一般」の権利としてではなく，国王に対する封建諸侯の既得権（特権）が確認されたものであったことに留意したい。

しかし時を経るなかでもマグナ・カルタは意味を与えられ続け，「封建諸侯（貴族）の特権の保護」から「イギリス国民の権利の保護」が獲得されるにあたって，大いに役に立った。17世紀の国王と議会との対立のなかで，マグナ・カルタは国王の権力を制限する「象徴」としても用いられ，人身保護法，権利章典（1689年）等の憲法的文書を生み出す基礎となる。

人権という概念は，J・ロック（1632－1704）やJ・ルソー（1712－78）などによる**自然権**的理解や**社会契約論**の基礎づけを得ながら精錬されてゆき，「人がもつ権利の宣言（**人権宣言**）」が18世紀末のアメリカやフランスでの**近代市民革命**の成果として成立していった。アメリカ独立戦争（1775－83）やフランス革命（1789）においては，《人は生まれながらにして人権をもっており，また統治のあり方を決める力をもっている》として，中世的な理解とは質的に異なる，自然権的な把握がなされた。

▶ ロックは，自由かつ平等な人間が生まれながらの権利（自然権）を確実にするために社会契約を結んで政府に権力行使を委任し，もし政府が権力を恣意的に行使して人々の自由を侵害したら，市民は約束に違反した政府を打ち倒す権利をもつのだと論じた。

また，権力を法に従わせるため，**権力分立論**が発展する。モンテスキュー（1689－1755）は，国家の権力を立法・執行（行政）・司法の三権に分けて，それぞれ別の機関が担当し，互いに抑制・均衡することによって専制政治を防ぐ，三権分立の原理を定式化した。

権力を制限することによって人々の自由を保障する憲法のことを**立憲的意味**

の憲法（近代的意味の憲法）といい，今日では，多くの国がそのような憲法をもっている。私たちが学んでいる日本国憲法もそのひとつである。既存の統治体制に対する「抵抗の武器」としての人権思想を背後に近代市民革命が闘われ，立憲的意味の憲法があらわされるに至ったのであった。

▶ 立憲的意味の憲法を端的に表現した言葉として有名なのが，フランス人権宣言（1789年）16条であり，これは「権利の保障が定かでなく，権力分立も定められていないような社会は，いずれも憲法をもつものとはいえない」としている。

3 人権の内容

1 自由の保障——歴史的な沿革

近代市民革命は封建的な既得権や既存の体制を打破する闘いであり，革命の担い手として大きな役割を果たしたのは**有産市民階級**（**ブルジョワジー**）であった。このため近代憲法思想の初期において人権の中心は，財産権の保障などの**経済的自由権**であった。国家の介入なく，自由に経済活動を追求できることが中心に据えられていたのである。このような考え方を，レッセ・フェール（自由放任主義）という。

▶ なお精神的自由の領域における自由主義に立つ議論としては，J. S. ミル『自由論』（1859）が重要である。ミルは，他者に危害を及ぼすものでない限り，人の行動の自由への干渉は正当化されないことを説いた（**危害原理**，The Harm Principle）。

近代憲法の出自にも明らかなように，自由な意思決定と活動を可能にする自由権が，**国家からの自由**として人権のなかでも核心にある。他方で，古代ギリシアの都市国家にみられた自由の理解，すなわち，人は政治に参加できることにより自由であるという自由観もまた，ルソーをはじめとして，脈々と引き継がれている。そのような**国家への自由**として位置づけられるのが，選挙権・被選挙権などの**参政権**である。

2　社会権の誕生

産業革命を経て資本主義がより高度に，また独占的に発展するにつれ，経済的強者（資本家）と弱者（労働者）の間の格差が広がり，あたかも経済的自由とは強者についてのみ意味をもつかのような状況となった。そのため経済発展を可能にした基盤である経済的自由に対しても，法的な制約を加える必要性が認識されるようになる。

そこで，20世紀に入ってから作られた憲法には，経済的弱者を保護する**社会権**が保障されるようになった。この権利は**国家による自由**とも呼ばれる。国家の介入によって，人たるに値する自由な生活を営めるようにするよう求める権利だからである。これを実現するため，国家は制度を用意する。

▶ 世界初の社会主義国家「ロシア・ソビエト連邦社会主義共和国」が1918年に成立し，その憲法によって，人間による人間の搾取，社会的諸階級および私的土地所有の廃止が宣言されたことが，社会権の登場に大きな影響を与えた。

3　自由と制度

このように，一口に自由といっても，国家による制約をまぬかれる自由だけではなく，制度のありように依拠する自由がある。制度を作るのは立法府であるが，どんな制度でも作る裁量を持つとしたら，自由は際限なく小さくなってしまう危険がある。制度構築の限界をどのように考えたらよいだろう。

自由と法律の定める制度がどのような関係にあるかは，問題となっている自由や制度の性質によって異なるため，一義的なルールがあるわけではない。憲法上の権利がどのくらいの強さの規律を制度に対して及ぼせるかが重要である。このことを憲法24条と夫婦同氏制度を例に見てみよう。

憲法24条1項は「婚姻は，両性の合意のみに基いて成立し，夫婦が同等の権利を有することを基本として，相互の協力により，維持されなければならない」と定め，同条2項は「配偶者の選択，財産権，相続，住居の選定，離婚並びに婚姻及び家族に関するその他の事項に関しては，法律は，個人の尊厳と両性の本質的平等に立脚して，制定されなければならない」としている。そして，民法750条によると「夫婦は，婚姻の際に定めるところに従い，夫又は妻の氏を称する」（夫婦同氏制）が，日本では多くの夫婦が夫の氏を称している。夫婦同氏制度は憲法の定める**婚姻の自由**や，「氏の変更は強制されない自由」といった権利を不当に制約するものだろうか。

最大判平成27・12・16民集69巻8号2586頁は，憲法24条を次のように説明した。1項は「婚姻をするかどうか，いつ誰と結婚するかについては，当事者間の自由かつ平等な意思決定に委ねられるべきであるという趣旨」を明らかにしたものであり，婚姻および家族に関わる具体的な制度の構築が第一次的には合理的な**立法裁量**に委ねられるところ，2項は1項とともに，立法に「個人の尊厳と両性の本質的平等に立脚すべきであるという要請，指針」を示し，裁量の限界を画している，と①。

そして最高裁は夫婦同氏制度について，婚姻の自由，そして「氏の変更を強制されない自由」の制約を認めず，「氏は，婚姻及び家族に関する法制度の一部として法律がその具体的な内容を規律している」として，制度的側面を強調した。

しかし，であるからといって憲法とは無関係としたのではなかった。氏の変更に伴う不利益を「法制度の在り方を検討するに当たって考慮すべき人格的利益」として，憲法24条2項の立法裁量の範囲の問題と位置付けているのである。憲法上の自由未満だがゼロより大きいという処理であり，このような問題について立法府の果たすべき役割が大きいことを確認したい。

立法裁量の広狭

制度構築にあたっての立法裁量の広狭は事柄の性質によるが，上に見た婚姻および家族に関する制度（⇒62頁），租税制度（⇒59頁，146頁），社会保障制度（⇒196頁，260頁）等の多くの領域で，広い立法裁量が観念されている。

この点，主権者としての地位に関わる制度については，立法裁量が狭く解される傾向が最高裁判例に見られるのは興味深い。例として，選挙権や国民審査権の行使を可能とする制度の問題が挙げられる（→憲法Ⅱ第**2**編第**3**章③**5**）（⇒198頁）。

たとえば，選挙権について「憲法は，国民主権の原理に基づき，両議院の議

notes

① 夫婦同氏訴訟最大判と同日に出された再婚禁止期間訴訟最大判（最大判平成27・12・16民集69巻8号2427頁）は，再婚禁止期間はこの自由を直接に制約すると判断した。

員の選挙において投票をすることによって国の政治に参加することができる権利を国民に対して固有の権利として保障しており，その趣旨を確たるものとするため，国民に対して投票をする機会を平等に保障している」と位置付けられた（最大判平成17・9・14民集59巻7号2087頁）。国民審査権についても，「審査権が国民主権の原理に基づき憲法に明記された主権者の権能の一内容である点において選挙権と同様の性質を有することに加え，憲法が衆議院議員総選挙の際に国民審査を行うこととしていることにも照らせば，憲法は，選挙権と同様に，国民に対して審査権を行使する機会を平等に保障している」ことが示された（最大判令和4・5・25民集76巻4号711頁）。そして，いずれも権利またはその行使の制限について，国が所要の立法措置をとらない場合も含めて，厳格に審査されたのであった。

▶ 同性婚　日本では出生の届出の際の記載事項として性別が指定されており（戸籍法49条2項1号），父母との続柄が「長女」「長男」などと性別を含めて記載されている。そして，この戸籍上の性別が，婚姻をはじめ諸々の法令上の取扱いを規定している。婚姻について，本文に見たように憲法24条には「両性」という言葉が用いられており，これまで異性間での婚姻が前提とされてきた。

同性間での婚姻を認める規定を設けていない民法および戸籍法の婚姻に関する規定あるいは同性カップルの関係を法的に保護する制度が存在しないことについて，憲法13条・14条，24条との適合性を争う国家賠償請求訴訟が，札幌，大阪，名古屋，東京，福岡で提起され，東京では第二次訴訟も提起された（いわゆる「結婚の自由をすべての人に」訴訟：札幌地判令和3・3・17判時2478号3頁，大阪地判令和4・6・20判時2537号40頁，東京地判令和4・11・30判時2547号45頁，名古屋地判令和5・5・30裁判所ウェブサイト，福岡地判令和5・6・8裁判所ウェブサイト，東京地判（第2次）令和6・3・14〔判例集未登載〕，札幌高判令和6・3・14〔判例集未登載〕）。令和6年10月現在，大阪を除く5つの地裁判決，そして札幌高裁判決で，法的構成は同じではないものの，違憲や違憲状態という判断が示されている。また，婚姻届の受理を命ずる審判を求める家事審判事件が仙台で起こされており（戸籍法122条），仙台市太白区が，合憲性を前提に，却下を求める意見書を裁判所に提出している。

立法府による具体的な制度構築が鍵を握るが，立法は後手にまわっている。そもそも「婚姻」とは何か，なぜ婚姻が特別に扱われるべきなのか，社会の変化を憲法解釈にどのように反映させるべきか，立法府のつくる制度に優越する権利を裁判所が憲法解釈で引き出すことができるか等，容易ではない問題を提起している。

▶ 犯罪被害者等給付金の支給等による犯罪被害者等の支援に関する法律（犯給法）5条1項1号括弧書は，遺族給付金の支給を受けることができる遺族として，「婚姻の届出をしていないが，事実上婚姻関係と同様の事情にあつた者を含む。」としている。最判令和6・3・26民集78巻1号99頁は，これに犯罪被害者と同性の者も該当すると判断した。

4 人権の国際的な保障

第二次世界大戦は，世界で約6000万人もの命が失われるという，人類が経験したことのない未曾有の戦争だった。その異常な事態がもたらした狂気は，人権が国内のみならず国際的にも保障されなければならないことを，人々に強く痛感させる。第二次世界大戦を防ぐことのできなかった国際連盟（1920～1946年）の反省を踏まえて設立されたのが，国際連合（The United Nations）である。

世界人権宣言（1948年）は，条約ではないため法的拘束力をもつものではないが，人権の国際的保障における「礎（いしずえ）」である。このことを明らかにしている表現が，前文の「基本的人権，人間の尊厳及び価値並びに男女の同権についての信念を再確認し」である。また，1条は「すべての人間は，生まれながらにして自由であり，かつ，尊厳と権利とについて平等である。人間は，理性と良心とを授けられており，互いに同胞の精神をもって行動しなければならない」と謳い，55条cでは，「人種，性，言語又は宗教による差別のないすべての者のための人権及び基本的自由の普遍的な尊重及び遵守」を促進することを，国連に課している。

世界人権宣言を具体化し，法的拘束力をもたせたのが，国際人権規約（社会権(A)規約，自由権(B)規約，B規約の実施を確保するための第1選択議定書（1966年），そしてB規約第2選択議定書（1989年））である。第1選択議定書は，自由権規約の個人通報制度を定めるものであり，第2選択議定書は死刑の廃止を主な内容とする。日本は，社会権規約と自由権規約を批准（1979年）しているが，選択議定書はいずれも批准していない。

このほか，難民条約，女子差別撤廃条約，子どもの権利条約，人種差別撤廃条約，拷問等禁止条約，障害者の権利に関する条約など，多くの人権条約が結ばれてきた。これらの多くは，条約に定める権利を侵害された個人が条約機関に直接に通報を行うことのできる**個人通報制度**を備えており，国際的な人権保障の進展にとって，たいへんに意義深いことといえる。もっとも日本は，個人通報制度については留保（条約全体については同意しつつ，個人通報制度の自分の国への適用を排除すること）を続けており，諸外国における人権保障の状況と比べて後れをとっているとの批判もなされている。

また，地域的な人権条約として，ヨーロッパ人権条約（1953年発効），米州人権条約（1978年発効），アフリカ人権憲章（1986年発効）がある。なかでも注目すべき展開をみせているのがヨーロッパ人権条約である。その下にあるヨーロッパ人権裁判所へ，国家のみならず個人も人権侵害を訴え出ることができる。また加盟国には判決履行の義務が課せられているため，国際的な人権保障の強力な推進力ともなりうる。

4 日本国憲法と人権の保障

1 人権の根拠

日本国憲法（昭和21年11月3日公布，昭和22年5月3日施行）も，近代市民革命期以降の展開を踏まえており，現代における一般的な人権宣言のもつ特徴を備えている。

近代初期において人権概念は，国家の存在を前提としない自然状態における自然権を観念しながら展開していた。日本国憲法は，「**個人の尊厳**」を人権を支える根本的な価値としており，自由権のみならず，国家を前提にする社会権や参政権といった権利も，「個人の尊厳」に由来するものとして，人権の一部を構成している。

「個人の尊厳」という言葉は，憲法24条2項に見出される（→第**3**章③）。これは明治憲法下の旧民法のとっていた「家制度」を否定する文脈で用いられている。当時，戸主とその戸主権に服する家族からなる「家」は，天皇とその統治権に服する天皇の赤子たる臣民との関係の相似形をなしていた。ファシズム体制が進むなかで，人は重層的に作り出された全体主義的天皇制や家父長制のもと，「御国」や「家」のために生きることを強いられたことから，日本国憲法は論理を根本的に逆転させて，家制度の否定とともに，すべての価値の源泉が個人にあるという考え（**個人主義**）を，明らかにしているのである。

日本国憲法を貫く根本的な価値である「個人の尊厳」は，さらに憲法13条前段に「すべて国民は，個人として尊重される」という「**個人の尊重**」原理としてあらわされている。人権とは，人が個人の尊厳に基づき，個人としての尊重を受けつつ，自律的にみずからの人生を生きるための権利なのである。

▶ 憲法の他の人権規定は基本的に，個人と国家との関係についてのものであるが，憲法24条は，私的な関係についての規定であるところが特殊である。

2 人権という言葉について

なお，「実定法上の権利」と「憲法の保障する権利（人権）」との間の違いに留意しておきたい。実定法各分野における「権利」は，通常，「要件―効果」の形によりあらわされるカチッとした概念であり，権利の侵害は裁判的救済と結びついている。しかし，同じ「権利」という言葉を用いていても，憲法の保障するそれは，必ずしも常に輪郭が明瞭であるわけではない。憲法の保障する権利には，正義や公平といった道徳的価値や理念に近いものから，裁判的実現を請求しうる具体的な権利まで含まれている。人権を学ぶにあたっては，そこで語られているのが，いかなる性質のものであるかに，注意を払ってほしい。人権という言葉が権力への抵抗の道具として，さまざまな場面で機能してきたことから，本書では基本的に人権を広い意味で用いている。

5 人権の保障の方法

1 最高法規――憲法が人権を保障する法であること

憲法98条（「この憲法は，国の最高法規であつて，その条項に反する法律，命令，詔勅及び国務に関するその他の行為の全部又は一部は，その効力を有しない」）は，わが国の国法秩序において，日本国憲法が最上位にある**最高法規**であることを明らかにしている。

最高法規性の根拠は何か。同条項のふたつ前にある96条は，法律改正よりも厳しい手続を憲法改正に課している（**硬性憲法**）。法律は，次項でも述べるように，私たちの代表者が民主的正統性を背景に制定するもので，私たちの権利を制限し，義務を課すこともできる強い力をもっている。その法律という法形式よりも，憲法の改正が難しいのだから，論理必然的に，憲法が法律よりも法形式において上位であること，すなわち国法秩序で最上位にあることが導かれる（**最高法規性の形式的根拠**）。

▶ 日本国憲法のもとで国会は，選挙で選ばれた私たちの代表者から構成されており（憲法43条），民主的正統性がきわめて高い。そこで憲法は国会に対して，法律という，国民に義務を課し権利を制限することさえ可能な法を制定する権限を与えているのである（憲法59条）。逆にいえば，権利を制限したり義務を課したりするには，法律という法形式が必要である（**法律の留保**，第**2**章③**1**参照）。⇒29頁

この形式的根拠よりも重要なのが，**最高法規性の実質的根拠**である。日本国憲法の究極の目的は「人権の保障」にある。すべての価値の源泉は個人にあり，国家のために個人が道具のように扱われることがあっては，決してならない。これが，憲法が国法秩序における最高の法規範であることの根拠である。本章のはじめに掲げた憲法11条とほぼ同じ内容が，98条の手前の97条に再度謳（うた）われていること，そして98条の次の条項の憲法尊重擁護の義務を負う主体に「国民」が入っていないことには，重要な意味が込められているといえる。つまり，憲法は，人権を保障する法であり，そのゆえに，憲法秩序で最高の地位を占めているのである。

2　法律を作る過程での人権の保障

では，基本的人権は具体的にはどのように保障されているのか。人権という価値が実現される方法は多様であるが，「法」という方法によって人権を保障することは，人権実現の方法のひとつであり，実効性が高いため各国国内のみならず国際的にも用いられている手法である。

日本国憲法のもとでの人権保障の第一次的なルートは，私たちの代表者によって構成される国会を通じての保障であり，それは**法律**という形式による。

日本国憲法は自然権思想を背景に,「侵すことのできない永久の権利」(憲法11条) である人権を保障するが, 人が人とともに集団で社会生活を営む以上, 人権を行使するにあたり一定の制約を受けることは必至である。人権を保障することは, 他の人権を制約することを, 往々にして意味している。

ひとつ例を挙げれば,「働く」という場面について労働三法 (労働基準法, 労働組合法, 労働関係調整法) や労働契約法, 男女雇用機会均等法などの法律は, 被用者 (労働者) という社会的・経済的に弱い立場の者の人権の保障を, 雇用者という社会的・経済的に強い立場の者の人権を一定程度制約することによってはかっている。このように, 国家には人々の人権や社会生活を適切に調整することが求められており, 調整手段のひとつが, 憲法の定める手続に従って可決成立される法律なのである。

さて, 法律の作られ方を簡単にみておこう。国会に法案が提出されるルートはふたつある。ひとつは国会議員が法案を発議する場合であり (**議員立法**。憲法41条, 国会法56条), もうひとつは内閣が提出する場合 (**閣法**。憲法72条, 内閣法5条) である (憲法Ⅱ第**2**編第**1**章 ⑪)。

閣法は一般に国会での成立率も高く, 内閣が進める重要な施策は, 閣法により実現がはかられている。従来, 閣法は, 必要性や合理性, そして他の法律との関係等が, 内閣法制局 (**Column ❶**参照) により内閣が閣議決定をする前に綿密なチェックを受けるものとされており, 内閣法制局という役所は日本の法秩序を安定させるにあたって, 大きな役割を果たしてきた。

そこで法律は立法過程で人権が調整された結果であるから, 法律を人々が遵守する限り, ふつうは人権侵害が生じないという想定が出てくる。日本で人権問題の解決は, これまでは基本的に, 立法過程を通じて事前調整されることによりはかられてきたといえる。

Column ❶ 内閣法制局

内閣法制局は, 大日本帝国憲法 (明治憲法) の公布・施行 (1889年・1890年) に先立つ1885年に, 内閣制度の発足とともに, 国法秩序を強力に安定化させる制度として設置された。実に約130年余りという長い歴史と伝統をもつ組織であり，内閣を法律面で支える特別な役所として存在してきた。

閣法の原案を練るのは，行政活動の中心的な基本単位である，各省庁における所管課だ。所管課は企画・立案をし，省庁内での調整，関係他省庁との協議（各省折衝），与党政治家などとの調整をしつつ，法律案を作成する。そして最終的に，内閣法制局が憲法を最高法規とする国法体系上の整合性等につき，詳細な法案審査をして，合憲性・合法性を担保しているとされる。

そこで，閣法が国会へ提出されるということは，重い意味を持ちうるのである。たとえば在外邦人選挙権訴訟判決（最大判平成17・9・14民集59巻7号2087頁）は「選挙の執行について責任を負う内閣がその解決が可能であることを前提に上記の法律案を国会に提出していることを考慮すると，同法律案が廃案となった後，国会が，10年以上の長きにわたって在外選挙制度を何ら創設しないまま放置し，本件選挙において在外国民が投票をすることを認めなかったことについては，やむを得ない事由があったとは到底いうことができない」としている。

3 司法過程による人権の保障――違憲審査制

しかし，人権保障のあり方として，立法過程を通じての意義が大きいとはいえ，法律が常に，真に人権が調整された結果であるとは限らない。日本国憲法は，裁判所がその点についての判断をなしうる制度（**違憲審査制**）を採用している。

憲法81条は「最高裁判所は，一切の法律，命令，規則又は処分が憲法に適合するかしないかを決定する権限を有する終審裁判所である」とし，憲法の保障する基本的人権が保障されるよう，特別な権限を裁判所に与えている。この権限を**違憲審査権**といい，たとえば国会が人権を侵害する法律を制定した場合に，裁判所はその法律を**違憲＝無効**と判断しうる。違憲とされた法律は通常の場合，事実上，その後に効力をもちえないこととなる。

▶ 正確にいえば，その個別の事案において，その法律の効力が否定されるだけだが，裁判所による違憲判断は実際にはその後の法の運用に大きな影響を与える。裁判所，なかでも最高裁は，みずからの下す違憲判決がそのような一般的な力をもつことを前提にして，行動しているものと観察できる。

CHECK

① 憲法は何のためにあるのだろうか。

② 近代市民革命当時の人権と現代における人権は，どういう点が異なっているだろうか。

③ 人権と法律はどのような関係にあるだろうか。

読書案内 Bookguide

芦部信喜『憲法学Ⅱ　人権総論』（有斐閣，1994）
長谷部恭男『法とは何か——法思想史入門』（河出書房新社，2024）
樋口陽一編『ホーンブック憲法〔改訂版〕』（北樹出版，2000）
横田耕一＝高見勝利編『ブリッジブック憲法』（信山社，2002）

CHAPTER

第2章

人権保障の限界

前章でみたように「裁判手続による人権保障」は，人権が実現されるひとつのルートである。次章より先では，このルートに焦点を当てて，個別の人権について判例・学説の憲法解釈論や諸法理を学んでゆくが，本章はそのための《導入》である。

ある人の人権が保障されるからといって，いつ，いかなるときにもその人の権利の主張が貫徹するというわけではない。制約がなされることは人権という概念には織り込み済みともいえる。とはいえ，どのような制約も正当化されるというわけではない。

本章では，どのような人権制約が許され，どのような人権制約が許されないかという，「人権保障の限界」の問題を学ぼう。

1 憲法訴訟と憲法上の争点の提起

憲法76条は「すべて司法権は，最高裁判所及び法律の定めるところにより設置する下級裁判所に属する」と定めている（憲法Ⅱ第**2**編第**3**章）。そして「司法」とは，「具体的な争訟について，法を適用し，宣言することによって，これを裁定する国家の作用[①]」として，通常，理解されている。これは一般に**事件性の要件**と呼ばれる。また裁判所法3条は，「裁判所は，日本国憲法に特別の定のある場合を除いて一切の法律上の争訟を裁判し，その他法律において特に定める権限を有する」と規定しており，ここにいう**法律上の争訟**という言葉を，判例は「法令を適用することによつて解決し得べき権利義務に関する当事者間の紛争」（最判昭和29・2・11民集8巻2号419頁）をいうものと解している。

そして，裁判所の扱う民事・刑事・行政の具体的な事件のなかで，憲法にかかわる争点の提起がなされた場合に，それは「憲法訴訟」と呼ばれている。日本では，事件の解決に付随して違憲審査がなされる**付随審査制**（**付随的違憲審査制**）がとられている。

憲法訴訟とはどういう性質をもつだろうか。憲法上の争点を提起する側からみれば，具体的な事件において，そのまま法令が適用されて処罰されたり，不利益な処分がされたりすると，正義に反してしまうといった状況が生じる場合に，法令よりも上位にある憲法をもち出して大逆転をはかり，人権の実現を訴えるものといえる。憲法訴訟は，定型化しつくせない性質をもっており，そこで，憲法論の立て方というのは，ひとつではなくヴァリエーション豊かである。たとえば，先に挙げた法律上の争訟の定義のなかで，「法令を適用することによつて」という言葉が使われているが，「適用される法律の目的が正当でなく，違憲＝無効だ」とか，「法律は一般的には違憲＝無効ではないとしても，本件の事実関係に適用される限りにおいて違憲だ」といった主張が考えられる。また，法令を憲法に適合的に解釈することで，みずからの行為が憲法の保障を受け，法令の規則対象にないことを明らかにし，不利益や罪を免れたりする。こ

notes

① 清宮四郎『憲法Ⅰ〔新版〕』（有斐閣，1981）。

のように憲法上の争点の主張のしかたは，複数考えられるのである。

 どういう場合に制約は正当化されるか？

1 「公共の福祉」

日本国憲法では，人権の永久不可侵性を謳う11条のすぐ後ろで，憲法が保障する自由および権利について「国民は，これを濫用してはならないのであつて，常に**公共の福祉**のためにこれを利用する責任を負ふ」(憲法12条)，「生命，自由及び幸福追求に対する国民の権利については，公共の福祉に反しない限り，立法その他の国政の上で，最大の尊重を必要とする」(憲法13条) と定めている。公共の福祉という言葉は，さらに個別の人権規定においても，2カ所で用いられている。居住移転および職業選択の自由 (憲法22条1項) と財産権の保障 (憲法29条3項) においてである。このように日本国憲法は，人権が公共の福祉による制約を受けることを明らかにしている。

▶ 「公共の福祉」という言葉の意味を考えるにあたっては，明治憲法下の人権保障のあり方や日本国憲法下での初期の判例の判断方法との比較が有益である。

明治憲法は，日本国憲法と違って違憲審査権を裁判所の権限としておらず，解釈によってそのような権限を導き出すことも否定されていた。さらにいえば，そもそも明治憲法下での人権自体が，「法律ノ範囲内ニ於テ」保障されるという限定されたものだった (**法律の留保**。別の側面について第**1**章 ⇒13頁)。そして実際，とくに全体主義的な戦時体制にあっては，個人の自由や人権が極限まで制約されてしまった。明治憲法下での人権保障は，見せかけの人権宣言 (**外見的人権宣言**) にとどまっていたのである。

日本国憲法が制定され，裁判所は違憲審査権の行使という新たな任務を負うこととなったが，初期の最高裁判決は，実質的な判断をすることなく，憲法12条や13条にいう公共の福祉を決め手として，違憲の主張に対して簡単に合憲の判断を導いていた (最大判昭和24・5・18刑集3巻6号839頁など)。そのため，「公共の福祉」は，人権一般に対していかなる制約をも可能とするような原理として用いられており，明治憲法下における人権保障と変わらなくなってしまい，日本国憲法で「不可侵の人権」が保障されていることが無に帰すとの批判を招いたのである。

そこで公共の福祉という言葉にかかわる解釈論は，戦後初期の憲法学にとって大きな課題のひとつとなったのであった。

学 説

「公共の福祉」という文言の理解をめぐって今日の通説的な学説は，人権間の衝突を調整するための内在的な実質的公平原理としてとらえる，**一元的内在制約説**と呼ばれる理解②を基礎にしている。

これは抽象的な「公益」によって個人の人権を圧倒した明治憲法下での経験を踏まえた，人権保障のための議論であった。というのもこの説は，人権制約が可能な，公共の福祉が人権の規制理由としてもち出せる場合を，その人権と衝突している他の人権との間の調整に限定するためである。

しかし現実には，人権は他の人権のみを理由に制約されるものではない。たとえば，よく挙げられる例としては，都市の景観・美観風致の維持のための規制や，子どもの利益の保護のための規制などがある。そこで学説では，一元的内在制約説に修正を加え，人権以外の一定の公益についても公共の福祉の内容に含めて理解することが有力となっている。また本人を保護するためであるとして国家が干渉的に個人の人権を制約すること（パターナリスティックな規制）も，公共の福祉の一類型として語られるようになっている。もっとも，公共の福祉という概念は抽象的であるので，この概念のみで個別具体的な事例における人権制約の可否を説得的に論ずることは，そもそも困難である。そこで公共の福祉の文言解釈として人権保障の限界を設定するのではなく，具体的な事件における人権の衝突・調整の内容について，人権の性質や規制の目的・形態などを踏まえた違憲審査の基準や方法などに焦点が当てられるようになっている。

判例でも，昭和40年代以降は，先に述べたような内実がなく抽象度の高い公共の福祉論を用いるのではなく，人権が制約されるにあたっての対抗的な利益を明示的に考慮するなど，より丁寧な論証をするようになっている。

notes

② この説によれば，公共の福祉は人権相互の間の衝突の可能性を調整する原理であるが，さらに2つの側面が語られている。自由権保障のための制約については「必要な最小限度においてのみ国家権力による規正が許される」という自由国家的公共の福祉に基づく制約が認められ，社会権の保障のための基本的人権の制約については「必要な限度において」介入ないし干渉が許されるという社会国家的公共の福祉に基づく制約が認められる（宮沢俊義『日本国憲法』（日本評論社，1955）203頁）。

▶ **初期における公共の福祉をめぐる学説の変遷**　公共の福祉という言葉の理解について，日本国憲法制定後，初期の学説で示されていた代表的な立場は，「一元的外在制約説」と「外在・内在二元的制約説」であった。

「一元的外在制約説」は，憲法12条・13条のいう公共の福祉は，権利の中身を問わずに人権を外から制約できる一般的な原理と説明した（美濃部達吉・当初の通説）。これは，抽象的な「公益」により人権が制限されるおそれがあると批判された。「外在・内在二元的制約説」は，経済的自由権や社会権について「公共の福祉」による外在的な制約が認められるのに対し，12条・13条は訓示的規定であって人権制約の根拠とはなりえず，これらについては内在的な制約に服するにとどまると説明した（『註解日本国憲法』）。これに対しては，新しい人権の母胎として13条が位置づけられなくなるなどの批判がされた。

これらの抱える問題について対応する学説として，昭和30年代に本文で述べた一元的内在制約説が現れ，判例・学説に大きな影響を与えたのである。

2　違憲審査の手法としての比較衡量論

基本型――比較衡量

憲法81条の定める違憲審査の行使にあたっては，《憲法の保障する人権への制約が，公共の福祉にかなう必要かつ合理的な制約であるか》を裁判所が判断する。最高裁は，かつての抽象度の高い公共の福祉論を脱し，違憲審査の手法としては基本的に**比較衡量論**（利益衡量論）の立場をとるようになっている。比較衡量論は，明文で公共の福祉による制限を認められた経済的自由の領域においても，また精神的自由の領域においても用いられる，「大きな枠組み」として想定されている。

最高裁がこの「大きな枠組み」を違憲審査の方法として明確に採用したのは，公務員の労働基本権の制限をめぐる事案である全逓東京中郵事件[3]であった（最大判昭和41・10・26刑集20巻8号901頁→第**2**編第**8**章 ⇒243頁）。この判決で最高裁は，憲法28条の「労働基本権は，たんに私企業の労働者だけについて保障される

notes

[3] 全逓信労働組合の役員であった被告人らが，春季闘争の際に，東京中央郵便局の従業員に対して，勤務時間内に食い込む職場大会に参加するよう説得し，職場から離脱させたとして，郵便物不取扱罪（郵便法79条1項）の教唆罪にあたる行為をなしたとして起訴された事案。

のではなく，公共企業体の職員はもとよりのこと，国家公務員も地方公務員も……原則的には，その保障を受けるべきものと解される」という。これを前提としつつ，その制限の可否につき，「**労働基本権を尊重確保する必要**」と，「**国民生活全体の利益を維持増進する必要**」とを比較衡量して決するべきことを示している。

▶ そしてその際には①制限が合理性の認められる必要最小限度のものであること，②国民生活に重大な障害をもたらすおそれを避けるために必要やむをえない場合であること，③違反者に課される不利益は必要な限度を超えないこと，④代償措置が講ぜられなければならないことなどの条件を考慮すべきとされた。

比較衡量の例

比較衡量の方法について，ふたつの例を取り上げて確認しておこう。

(1) 薬事法判決（最大判昭和50・4・30民集29巻4号572頁→第**2**編第**2**章）⇒143頁

薬局の適正配置を定める薬事法（当時のもの）6条2項と適正配置の具体的基準を各都道府県条例に委任した同4項の憲法22条1項適合性につき，最高裁は比較衡量に関して，次のように議論を進めた。

規制措置の憲法22条1項適合性は，「具体的な規制措置について，規制の目的，必要性，内容，これによつて制限される職業の自由の性質，内容及び制限の程度」を検討し，比較衡量して決定すべきである。そのような衡量をするのは「第一次的には立法府の権限と責務」だが，立法府の合理的裁量の範囲については，「**事の性質**上おのずから広狭がありうる」。

本件で注目されたのは，職業の**許可制**と「自由な職業活動が社会公共に対してもたらす弊害を防止するための」**消極的措置**であることだった。「一般に許可制は，単なる職業活動の内容及び態様に対する規制を超えて，狭義における職業の選択の自由そのものに制約を課するもので，職業の自由に対する**強力な制限**」なので，「重要な公共の利益のために必要かつ合理的な措置」でなければならない。またその措置が消極的措置の場合には，「許可制に比べて職業の自由に対するよりゆるやかな制限である職業活動の内容及び態様に対する規制によつては右の目的を十分に達成することができないと認められることを要する」。そして許可制そのものだけではなく，許可条件についても，この要件は妥当する。

(2) **よど号ハイジャック新聞記事抹消事件**（最大判昭和 58・6・22 民集 37 巻 5 号 793 頁→第 **2** 編第 **8** 章 ⅠⅠ**3**）⇒252頁

被拘禁者の新聞記事の閲読の自由への制約の合憲性が問題となった事件で，最高裁は比較衡量に関して次のように述べた。閲読「の自由に対する制限が必要かつ合理的なものとして是認されるかどうかは，右の目的のために制限が必要とされる程度と，制限される自由の内容及び性質，これに加えられる具体的制限の態様及び程度等を較量して決せられるべきものである」。

しかし，衡量をなすにあたっては，別の要素が考慮にいれられなくてはならない。というのも被拘禁者は，拘禁関係に伴う制約の範囲外においては一般市民と同じなので，制約されうる場合について限定されるべきだからである，と。具体的には，監獄内の規律および秩序の維持のためという「目的を達成するために真に必要と認められる程度」に制限が止められるべきであるとされた。それは「当該閲読を許すことにより右の規律及び秩序が害される一般的，抽象的なおそれがあるというだけでは足りず，被拘禁者の性向，行状，監獄内の管理，保安の状況，当該新聞紙，図書等の内容その他の具体的事情のもとにおいて，その閲読を許すことにより監獄内の規律及び秩序の維持上放置することのできない程度の障害が生ずる**相当の蓋然性**があると認められることが必要であり，かつ，その場合においても，右の制限の程度は，右の障害発生の防止のために必要かつ合理的な範囲にとどまるべきものと解するのが相当である」。

判例の基本的なスタンスは，比較衡量という大枠のなかで，事案の性質に照らして，場合により違憲審査のあり方を変えていると説明される。一点，留意したいのは，利益衡量が憲法判例で昭和 40 年代から急になされるようになったわけではない点である。そもそも法的紛争の解決にとって，諸利益を衡量すること自体は避けては通れない。結局のところ，本章の見出しにある「人権保障の限界」とは，究極的には対立する利益の衡量の問題である。これを裁判所がどのような形でなすかが問われるのである。

初期の判例でとられていた抽象的な公共の福祉論は，関連する諸利益を裁判所が衡量判断した「結果」を，ただぶっきらぼうに，そのままに示すものであったといえる。裁判所が利益衡量という手法をとるときの利益のすくい方や比較の方法いかんで，大ざっぱにも精緻にもなりうる。裁判所の判断が恣意的なものとならないためには，何と何が比べられるのかが明らかにされ，事実を基礎に比較衡量が説得的になされなければならない。利益衡量に際しては，政治部門と司法府の機能的能力の問題（民主的正統性，情報収集能力，利益集団の圧力との距離など）や，人権の性質（多数決で決めることが相応しいか，市場の論理になじむか等），公共的な利益の重み（たとえば国際テロリズム対策のためにどこまで基本的人権は制約できるのだろうか等）についての価値選択が必ず伴うことになる。

▶ 比較衡量の手法について，堀越事件と世田谷事件（最判平成24・12・7刑集66巻12号1337頁・同1722頁）の千葉勝美裁判官補足意見では，次のような説明がなされている。判例の姿勢を描写するひとつの理解として注目される。⇒249頁

「……近年の最高裁大法廷の判例においては，基本的人権を規制する規定等の合憲性を審査するに当たっては，多くの場合，それを明示するかどうかは別にして，一定の利益を確保しようとする目的のために制限が必要とされる程度と，制限される自由の内容及び性質，これに加えられる具体的制限の態様及び程度等を具体的に比較衡量するという『利益較量』の判断手法を採ってきており，その際の判断指標として，事案に応じて一定の厳格な基準（明白かつ現在の危険の原則，不明確ゆえに無効の原則，必要最小限度の原則，LRAの原則，目的・手段における必要かつ合理性の原則など）ないしはその精神を併せ考慮したものがみられる。もっとも，厳格な基準の活用については，アプリオリに，表現の自由の規制措置の合憲性の審査基準としてこれらの全部ないし一部が適用される旨を一般的に宣言するようなことをしないのはもちろん，例えば，『LRA』の原則などといった講学上の用語をそのまま用いることも少ない。また，これらの厳格な基準のどれを採用するかについては，規制される人権の性質，規制措置の内容及び態様等の具体的な事案に応じて，その処理に必要なものを適宜選択して適用するという態度を採っており，さらに，適用された厳格な基準の内容についても，事案に応じて，その内容を変容させあるいはその精神を反映させる限度にとどめるなどしており……，基準を定立して自らこれに縛られることなく，柔軟に対処しているのである」。

もっとも，学説の多くは，そのような融通無碍な判例の態度に批判的である（後述**3**）。⇒26頁

利益衡量論と類型化

利益衡量は類型化とともに行われる場合がある。事前に特定のルールの適用を受ける類型を，意味づけをしながら括り出す手法であり，それは，利益衡量を枠づける思考であるといえる。

たとえば北方ジャーナル事件（最大判昭和 61・6・11 民集 40 巻 4 号 872 頁，→第 **2** 編第 **1** 章 ②**2**〔⇒82頁〕）をみてみよう。出版物の頒布等の事前差止めの可否が問題となった本事件で最高裁大法廷は，表現の自由と名誉権（人格権）の間の調整をフラットに，同一平面上で行ったのではないことに注意を払いたい。

最高裁は，表現の自由について「事前抑制の禁止」が原則であり，例外として許されるのは「厳格かつ明確な要件」を充たす場合であることを述べた。つまり，例外的にその表現への事前差止めが許される類型が括り出され，そのような場合に限って，表現の自由が名誉権に劣後することになると示されているのである。

経済的自由規制と精神的自由規制で別の枠組み？

判例の中には次のような言い回しをするものがある。

▶「個人の経済活動の自由に関する限り，個人の精神的自由等に関する場合と異なって，右社会経済政策の実施の一手段として，これに一定の合理的規制措置を講ずることは，もともと，憲法が予定し，かつ，許容するところと解するのが相当」である（小売市場事件判決・最大判昭和 47・11・22 刑集 26 巻 9 号 586 頁→第 **2** 編第 **2** 章〔⇒145頁〕）。

職業は「本質的に社会的な，しかも主として経済的な活動であつて，その性質上，社会的相互関連性が大きいものであるから，職業の自由は，それ以外の憲法の保障する自由，殊にいわゆる精神的自由に比較して，公権力による規制の要請がつよく，憲法 22 条 1 項が『公共の福祉に反しない限り』という留保のもとに職業選択の自由を認めたのも，特にこの点を強調する趣旨に出たものと考えられる」（薬事法判決・最大判昭和 50・4・30 民集 29 巻 4 号 572 頁→第 **2** 編第 **2** 章〔⇒143頁〕）。

上の下線の部分からすると，あたかも《経済的自由規制の場合と精神的自由規制の場合とで審査基準の厳格度が異なり，後者の場合は前者と異なって厳しくなる》という一般的な枠組みが判例から引き出されうるように思われるかもしれない。しかし，これまでの最高裁判例から，「精神的自由は厳格な審査」といった単純化された図式を得ることは困難である。もっとも，厳しい審査をした判例も存在してはおり，詳しくは個別の人権の章でみてゆこう。

3 学　説

二重の基準論

学説の多くは，以上にみたような判例の「柔軟さ」に批判的である。それぞれの状況が大きく異なるケースをすべて利益衡量により解決するのは，裁判所の恣意的判断と隣り合わせであり，表現の自由の制限のように，裁判所が厳格な審査で臨むべき問題がある，といった意識が広く共有されてきた。

そして裁判所の判断を外在的に縛り，どのような権利が問題になっているときにどのような厳格度の審査が必要かを示す「基準」が，学説によって提唱されてきたのである（**審査基準論**〔違憲審査基準論〕）。これは基本的に，アメリカの判例法理に由来する議論であり，次に述べる**二重の基準論**を基礎においている。

二重の基準論は，経済的自由を規制する場合と精神的自由を規制する場合で，裁判所による違憲審査の厳格度は異なるべきであり，前者にあっては立法府の裁量が尊重されて緩やかな基準によって審査されるのに対して，後者にあってはより厳格な基準で審査されなければならない，とするものである。

二重の基準の根拠としてしばしば挙げられるのは，国会と裁判所の統治機関としての機能の違いである。そのような議論のひとつは，**民主的政治過程**に着目する。選挙で選ばれた「全国民の代表」（憲法43条）を通じて行われる民主的政治過程が正常に働くためには，一部の者しか政治に参加できないとか，議会に固定化された少数の者の利益しか反映されないといったしくみであってはならない。たとえば人前で自分の意見を発表したり，デモに参加したり，ビラを配ったりといった表現の自由を中心とする精神的自由権は，この民主的政治過程が健全に保たれることに関わる権利であり，また「こわれ易く傷つきやすい」[4]ものである。

議会が表現の自由規制立法を制定するとは，つまり多数者の意思として表現の自由を規制しようというのであり，それは少数者の表現の自由に大きな脅威を与え，萎縮させることもある。そこで裁判所は，そのような規制が民主的政治過程を捻じ曲げるものでないかを厳格に審査すべきである。これに対して，経済的自由規制立法の場合には，民主的政治過程が健全に働いているならば選挙による国民の意見表明により裁判所がかかわらずとも問題が解決するため，緩やかな審査でよい，とこのように説明する。

また，二重の基準の根拠に関する別のひとつの議論は，裁判所の能力に注目する。経済的自由規制立法は，社会経済的なニーズに応じて作られることが多いが，裁判所が司法手続内でそのような社会・経済政策の当否を判断するには，判断の基礎となる情報を入手し分析検討する能力において，国会と比べて劣る。そこで，立法府の判断を尊重すべしとするものである。

審査の枠組み――審査基準論

日本の学説で有力に説かれている違憲審査の手法ないし方法論が，先述の審査基準論である。これは上に見た二重の基準論を前提に，規制目的とその達成のための手段に着目して審査する（「目的–手段」審査）際に，厳格度の違う基準をあらかじめ想定する。そして人権の性質や規制の手法などから，いずれの基準を用いるべきかを論ずるものである。アメリカの判例法理に由来する議論である。

CHART 審査基準

厳格審査基準⑤	人権制約の目的＝必要不可欠な「やむにやまれぬ政府利益」であること その手段＝目的を達成するための必要最小限度の「ぴったりと裁断された」ものであること
厳格な合理性の基準（中間審査基準）	目的＝重要であること 手段＝目的と実質的な関連性を有すること⑥
合理性の基準	目的＝正当であること 手段＝目的と合理的な関連性を有すること

notes

④ 表現をすることで不利益に扱われることがないという安心感がなければ，多くの人は表現をためらってしまうだろう。警察に目を付けられたらどうしよう，クビになってしまったらどうしよう――そのような不安があると，表現行為に二の足を踏んでしまうものだ。

経済的自由規制立法には，合憲性を推定した緩やかな「合理性の基準」が適用されるのに対し，精神的規制立法には，より厳しい基準（「厳格な合理性の基準」・「厳格審査基準」）が用いられるものとされる。また政治的表現の規制には特に厳しい審査が妥当し，「厳格審査基準」が適用されるべきと説かれている。審査基準論は，裁判所のなす利益衡量を方向づける議論である。

比例原則の理論

学説では，違憲審査の手法として**比例原則**の理論を用いて考察することも有力に説かれるようになっている。比例原則はドイツ由来の理論であり，もともとは警察権の行使を限界づける論理として用いられていた。国によって違いはあるものの，今日では，ドイツをはじめ多くの国々や国際的な裁判機関でも，人権を制約する法令の適否を審査する際に，用いられるようになっており，ある種の「共通語」になりつつあるともいえそうである。

違憲審査の手法としての比例原則は，単純に利益が均衡していることを要求するものではない。比例原則は，目的の**正当性**を確定したうえで，①目的に対する手段の**適合性**，②目的達成のための手段の**必要性**，③利益の均衡性（**狭義の比例性**）を審査する「解析枠組」である。

この手法では審査をどのくらいの厳しさで行うかを，事案に応じて変化させうることから，審査基準論のように人権の性質に応じてあらかじめ設定された厳格度の基準を用いる場合よりも，解析過程の透明性を確保しつつ，柔軟に事案を解決できるという評価もなされている。

先にみた日本の判例の考え方は，アメリカ法からの影響も受けているが，基本的には比例原則に近いものと整理されうる。

以上に概観したように，違憲審査の方法や基準をめぐり，判例のありようと学説の理解との間には小さくない違いがあり，さらに学説も一枚岩ではない。日本の憲法論は，大陸法系の思考方法を基本としながら，英米法系由来の議論

notes

⑤ 厳格審査基準の適用の例として，前科照会事件（最判昭和56・4・14民集35巻3号620頁）の伊藤正己裁判官補足意見が挙げられることがある。

⑥ 手段審査の基準として，学説では「人権を制約することがより少ないほかの方法」がないという「LRAの基準」が挙げられることも多い。これは厳格審査基準の手段審査としても用いられうることも指摘されている。

が継ぎ合わされているという特徴をもっている。憲法を学習するにあたっては，判例と学説の間の距離を意識しながら，日本ならではの特徴をいかし，よりよく人権が保障されるためにはどう考えればよいかを問うてみてほしい。

3 法律の留保（法律の根拠）・明確性

人権を制約する法には，充たさなければならない形式面での要件がある。

1 法律の留保

憲法の保障する人権を制約するには，私たちの代表が制定する法律という法形式の根拠によらなければならないことは法治主義の要請であり，これを**法律の留保**という。もし，法律によらずして憲法の保障する人権が制約されたら，それは憲法41条（「国会は，国権の最高機関であつて，国の唯一の立法機関である」），31条（「何人も，法律の定める手続によらなければ，その生命若しくは自由を奪はれ，又はその他の刑罰を科せられない」）等の規定に違反し，違憲となる。

法律の留保は人権制約の形式面での要件であり，人権制約の実質的な正当化を検討する前の段階で歯止めをかけられるものであるため，効果的な権力抑制ともなる法原則である。

▶ 被拘禁者に対する喫煙禁止の合憲性の争われた最大判昭和45・9・16民集24巻10号1410頁は，「喫煙の自由は，憲法13条の保障する基本的人権の一に含まれるとしても，あらゆる時，所において保障されなければならないものではない」と述べ，監獄法施行規則（当時）による未決拘禁者の「喫煙を禁止する規定が憲法13条に違反するものといえないことは明らか」とした。しかし法律の根拠がないことは本来，法治主義の点で問題を有していたはずであり，特別権力関係論（第**2**編第**8**章 ⇒240頁）の残滓が認められると指摘されている。

2 明確性

人権を制約するには，法律の根拠が必要であるのみならず，その根拠となる規定が明確でなければならない。もっとも，要請される明確性の度合いは，刑罰法規と行政法規では異なる。

刑罰法規（犯罪構成要件）

《どのような行為をすればどのような罪に服するのか，あらかじめ法定されていなければならない》という**罪刑法定主義**は近代刑法の大原則である[7]。

そして罪刑法定主義から，不明確な刑罰法規であってはならないという原則が引き出される（**刑罰法規の明確性の原則**）。判例も，不明確な刑罰法規は憲法31条に違反し無効であると示している（徳島市公安条例事件・最大判昭和50・9・10刑集29巻8号489頁参照）。

徳島市公安条例事件で最高裁の挙げた，刑罰法規の定める犯罪構成要件が曖昧不明確のゆえに憲法31条違反となる理由は，①通常の判断能力を有する一般人に対して，禁止される行為とそうでない行為とを識別するための基準を示さず，刑罰の対象となる行為をあらかじめ告知する機能を果たさないこと，②これを適用する国または地方公共団体の機関の主観的判断にその運用がゆだねられて恣意に流れる等，重大な弊害を生ずること，である。

またその識別のための基準は，「通常の判断能力を有する一般人の理解において，具体的場合に当該行為がその適用を受けるものかどうかの判断を可能ならしめるような基準が読みとれるか」，である。

もっとも，わが国の場合は，憲法適合的な解釈等によって合理的な処罰範囲を導くことで，形式面での欠陥を理由に違憲とすることを回避する強い傾向がある[8]。

表現の自由

明確性という形式についての要請は，表現の自由という規制を受ける実体的な人権の性質ゆえに高められることもある（第**2**章第**1**編②**3** ⇒84頁）。

たとえば札幌税関検査事件（最大判昭和59・12・12民集38巻12号1308頁）[9]は，表現の自由を「憲法の保障する基本的人権の中でも特に重要視されるべきもの

notes

⑦ 罪刑法定主義は近代立憲主義憲法の重要な原理のひとつとされているが，日本国憲法には，これを明確に規定した条文がない。通常，憲法31条に根拠が求められている。

⑧ たとえば広島市暴走族追放条例事件（最判平成19・9・18刑集61巻6号601頁）では，多数意見自身も「規定の仕方が適切ではな［い］」としながら，条文の文言と立法者意図に反するにもかかわらず，「何人も」というのは「本来的な暴走族」に限定する解釈が可能とした。

であつて，法律をもつて表現の自由を規制するについては，基準の広汎，不明確の故に当該規制が本来憲法上許容されるべき表現にまで及ぼされて表現の自由が不当に制限されるという結果を招くことがないように配慮する必要があり，事前規制的なものについては特に然りというべきである」とした。つまり，萎縮効果をもたらさないために，明確性を特に必要とするものである。この判決では，法文の不明確性が憲法21条の表現の自由の問題として，正面から扱われている。

租税法律主義

国家の活動の資金源は，私たちが納める税金である（憲法Ⅱ第2編第**4**章）。歴史的にみて，「議会の同意がなければ課税できない」という課税同意権が，国王の権力を制約し議会の権力を強める梃子(てこ)として働いた。またアメリカ独立戦争では本国イギリス議会による課税に対し，「代表なければ課税なし」というスローガンのもと，本国に対抗したのであった。

憲法84条は「あらたに租税を課し，又は現行の租税を変更するには，法律又は法律の定める条件によることを必要とする」として，**租税法律主義**を定める（憲法30条も参照）。この租税法律主義の内容としては，納税義務者や課税物件などの課税要件および租税の賦課徴収の手続が法律で定められていることを要請する**課税要件法定主義**と，それらが明確に定められていなければならないとする**課税要件明確主義**が内容として含まれていると理解されている。

国家の課税権を背景にして私たちから強制的に徴収される租税について，誰でもがその内容を理解できるように，明確な法律に基づかなくてはならないのは当然のことである。判例も，憲法84条について，国民に義務を課しまたは権利を制限するには法律の根拠が必要であるという原則を，「租税について厳格化した形で明文化したもの」と述べている（旭川市国民健康保険条例事件・最大判平成18・3・1民集60巻2号587頁）。

notes

⑨ 当時の関税定率法21条1項3号は，輸入を禁ずる貨物として「公安又は風俗を害すべき書籍，図画，彫刻物その他の物品」を掲げていた。原告Xは，8ミリフィルム他を郵便で輸入しようとしたところ，函館税関札幌税関支署長から，同規定に該当するとして輸入禁制品に当たるとの通知を受け，これに対する異議の申出も棄却されたため，通知および異議申出棄却決定取消訴訟を提起したのであった。

CHECK

① 日本国憲法にいう「公共の福祉」(12条・13条・22条1項・29条3項)の意味を説明せよ。

② 判例は，人権制約が公共の福祉にかなう必要かつ合理的な制約であるかを審査する際に，どのような判断手法を用いているか。

読書案内 Bookguide

宍戸常寿『憲法 解釈論の応用と展開〔第2版〕』(日本評論社，2014) 第1章

戸松秀典『プレップ 憲法訴訟』(弘文堂，2011)

松本和彦『基本権保障の憲法理論』(大阪大学出版会，2001)

CHAPTER

第3章

幸福追求権

> 憲法13条　すべて国民は，個人として尊重される。生命，自由及び幸福追求に対する国民の権利については，公共の福祉に反しない限り，立法その他の国政の上で，最大の尊重を必要とする。

この条文のいう「個人の尊重」が，日本国憲法の核心にある価値であることは，すでに学んだ。本章で注目するのは，13条が単に価値を謳った条文にとどまるのではなく，法規範としての《力》をもっている点である。それはどのような力なのか。13条にいう「権利」と14条以下に保障される個別の人権とは，どう違うのだろうか。具体的に「個人として尊重される」ことの意味を考えてみよう。

なおプライバシー権については，第**2**編第**4**章を参照されたい。

1 個人の尊厳と個人の尊重──個人主義

第**1**章④**1**⇒11頁でみたように，日本国憲法の謳う人権は「個人の尊厳」に由来しており，その根幹的な価値が，憲法13条前段のいう「個人の尊重」原理として表されている。日本国憲法のよって立つ考え方は「個人がすべての価値の源である」という**個人主義**である。

個人主義へのコミットメントには，かつての日本が経験した**全体主義**への強い否定が含まれている。一人ひとりの個人には，自律的に自分の人生を選び取って生きる力が備わっていることを，日本国憲法は大前提としている。

「個人の尊厳」や，それに基づく「個人の尊重」という基本的な価値は，個別の人権を解釈する際に指導的に働き，また，日本国憲法を頂点とする法秩序のなかで，よりよい人権の保障が実現されることを導く大原則である。

「生命，自由及び幸福追求に対する国民の権利」

1 幸福追求権

憲法13条前段は，「すべて国民は，個人として尊重される」として個人主義を宣明し，これに続いて後段は，「公共の福祉に反しない限り，立法その他の国政の上で，最大の尊重を必要とする」ものとして，「生命，自由及び幸福追求に対する国民の権利」を保障している。

この権利は一般に**幸福追求権**と呼ばれており，前段に謳われている基本価値を，個人の「権利」という観点から表現したものといえる。**包括的自由権**，**包括的人権**，**包括的基本権**とも呼ばれる。

幸福追求権は，14条以下の個別人権の「源」であり，時代に応じて，憲法には列挙されていない「**新しい人権**」を生み出す力をもった条文と考えられている。そして実際，これを根拠に，プライバシーの権利⇒173頁，自己決定権，嫌煙権，環境権など，さまざまな「新しい人権」が主張されてきた。もっともそのほとんどは裁判所の認めるところとなっていない。たとえば1970年代から「良き環境を享受しうる権利」として環境権が提唱されてきたが，最高裁はこの権利について正面から判断しておらず（大阪空港訴訟・最大判昭和56・12・16民集35巻10号1369頁），学説においても消極的な見解が少なくない。

2　幸福追求権の意味をめぐって

一般的行為自由説と人格的利益説

一般に幸福追求権の意味について，**一般的行為自由説**と**人格的利益説**が，相対立する学説として提示されてきた。一般的行為自由説が，あらゆる生活領域に関する行為の自由を幸福追求権の保障対象とするのに対して，人格的利益説は「個人の人格的生存に不可欠な利益を内容とする権利の総体」がその内容であると説明する。

たとえば，服装，飲酒，散歩，登山，海水浴などの行為は，人格的利益説の立場では幸福追求権が保障する対象には入らないが，一般的行為自由説の立場では保障の対象に入ることになる。

しかし，これらの学説の対立が，どのような違いをもたらすのかは，あまり明確ではない。というのも，服装，飲酒，散歩，登山，海水浴などの行為を行う自由について，人格的利益説の立場に立っても，個人の人格的生存に不可欠ではないから国家が自由に制約してよいとは考えられていないからである。具体的な事件の解決にあたって，どちらの説に立つかで合憲・違憲の判断が異なるわけでは，必ずしもない。

▶ たとえば人格的利益説に立つある代表的な論者は，上に挙げた服装，飲酒，散歩，登山，海水浴など行為の自由について，「一部の人について制限ないし剝奪するには，もとより十分に実質的な合理的理由がなければならない」としている（芦部信喜）。

「違憲の強制」からの自由

このような2つの学説を前に，いったい憲法13条とは，どういう性質の条文なのかを理解するのは容易なことではない。助けとなる考え方として，**「違憲の強制」からの自由**として憲法13条を説明する学説がある（小山剛）。これは，憲法がもつ客観法的な側面に着目して，13条を《憲法に違反した強制からの保護》をするものとして説明する。個別人権でカバーされない行為であっても，形式的・実質的に憲法に反した強制が加えられないことが，13条により保障されていると理解するものである。

「人権」と「法原則」

以上の説を併せて考えるに，憲法13条は，①**人権**と②**法原則**という2つの側面をもつものとしてとらえるのが分かりやすいだろう。①は「私の」，「あなたの」権利という人権の側面（主観的権利）であり，②は権力の行使について，「権力ができること」，「できないこと」という，憲法に由来した限界を示す法原則の側面（客観法）である。

これまで侵害されることの多かった表現の自由や信教の自由といった自由（権利）は憲法に明文で保障されているので，13条の包括的人権の問題となるのは，《その他の「自由」》であるといえる。先に挙げた例でいえば，服装，飲酒，散歩，登山，海水浴などであるが，これらについて，もし仮に不当に制約されるのを止められないとしたら，私たちは真に自由を享受するものとはいえない。「違憲の強制」の禁止は権力が守らなくてはならない原則，すなわち権力の限界を画する客観的な法原則である。個人の尊重と幸福追求への権利を謳う13条は，これに応えるものと考えられる。この点において，先述した「違憲な強制」からの自由説が妥当といえよう。

また日本の法文化では，「何かおかしい」と感じられる時に，権利という言葉を使って，異議申立てがなされてきたことを考慮に入れるべきだろう。法原則を権利にひき直すことを通じ，憲法には列挙されていない《その他の「自由」》について，継続的に権利の主張がなされ，裁判所がそのような主張を受け入れる結果として，人権が輪郭を現してゆく。人権の主張は，社会的・象徴的な役割をも果たしているのである。

そもそも人権や権利という言葉は，権力への《抵抗の道具》として主張されてきた歴史をもっているのだった（第**1**章②⇒4頁）。憲法の明文で保障されている具体的な個別人権に並ぶような明瞭な輪郭をもつに至っていないものであっても，それを人権として表現し主張することには，相応の意義がある。したがって憲法13条を**人権**と**法原則**と，両方の視点からとらえることは有益と考えられるのである。以下で，それぞれをもう少し詳しくみてゆこう。

▶ **主観的権利と客観法**　権利には，主観的権利の側面と客観法の側面が備わっている。権利をもつとはどういうことか，表現の自由を例にとって考えてみよう。どういう時に「私」は表現の自由をもっているといえるか。もし国家が〈ブログやX（旧Twitter）で使ってはいけない言葉〉を事前に指定するとしたら，もはや完全な表現の自由があるとはいえない。自由である以上，「私」は自分の意思で，表現をすることもできるし，しないでいることもできなければならないからだ。

そして，自由への侵害を排除できなければ，自由は絵に描いた餅であり，「私」は真に表現の自由をもっていることにはならない。日本国憲法21条「集会，結社及び言論，出版その他一切の表現の自由は，これを保障する」とは，「私」という特定された個人が国家からの侵害を排除することを要求する権利を謳っている。**主観的権利**とは，そういう「特定の誰か」の権利のことである。これを国家の側からみれば，国家は「特定の誰か」にかかわらず，表現の自由を侵害してはならない義務（責務）を負っている。そのようなことを定める法を**客観法**という。

なお，日本国憲法には，国家と宗教の分離を定める政教分離規定（憲法20条3項，89条）のように，「誰かの権利」と直接に対応せずに存在する法や原則も，書き込まれていることに注意が必要である。

人権としての側面——人格権・「新しい人権」

1　人格権

人格権は広い意味にも狭い意味にも用いられているが，ここでは個人の人格にとって本質的な，人格的価値にかかわる利益の総体という意味で用いておく。**2**で述べる自己決定権も，この人格権のひとつである。

まず人格権の典型例としての名誉権は，古くから法的保護の対象であり，わが国でも，私人による名誉権侵害に対して民法・刑法による法律上の保護が与えられている（民法709条・710条，刑法230条）。日本国憲法の制定を受けて，1947（昭和22）年に，それまでの「名誉」と「表現」の調整よりも「表現」のほうにより強い保障を与えるべく，刑法230条の2が加えられた。名誉権の保護と表現の自由とのバランスは，憲法的な価値の間の調整と考えられている。名誉権の保護が憲法のレベルに引き上げられたのは比較的最近といえるが（▶参照），今日では，名誉権侵害は憲法13条違反の問題となると解されている。

▶ 名誉毀損を理由とした出版物の事前差止めをめぐる北方ジャーナル事件（最大判昭和61・6・11民集40巻4号872頁→第**2**編第**1**章②**2**（⇒82頁））では，「人格権としての個人の名誉の保護（憲法13条）」という言い回しを使っている。

2 自己決定権

子どもをもつかどうかを決めること（家族のあり方）や，身じまい（髪型，服装），そして死までの猶予があまり残されていない人が人生のあり方を決めること（医療拒否，尊厳死）など，人生をどう生きるかについての基本的な決定をみずからなす権利として，**自己決定権**が主張されてきた。

日本での自己決定権論に大きな影響を与えたのは，信仰上の理由から手術に際して輸血を拒否していた患者が，無断で輸血をされたことから，病院に損害賠償を請求した「エホバの証人」輸血拒否事件であった。

医師からすれば，輸血をすることで助かる命ならば，輸血をして助けたい。命は崇高な価値があり，命を救うことが医師の義務であるためである。しかし他方で「エホバの証人」の信者にとって輸血は，教義上の理由から受け入れられない。もし《輸血を拒否することで，他の人に何らかの危害や侵害を与えるのであればともかく（J. S. ミル，危害原理，第**1**章③**1**▶（⇒6頁）参照），輸血拒否は何らかの危害を人に与えるものではないのだから輸血拒否できて当然》と主張されたら，どう答えようか。

東京高判平成10・2・9高民集51巻1号1頁は，輸血への同意権を「各個人が有する自己の人生のあり方（ライフスタイル）は自らが決定することができるという**自己決定権**に由来する」とした。これに対し最高裁では，自己決定権は真正面から打ち出されなかった。ただし，「患者が，輸血を受けることは自己の宗教上の信念に反するとして，輸血を伴う医療行為を拒否するとの明確な意思を有している場合，このような意思決定をする権利は，**人格権の一内容**として尊重されなければならない」と述べられている（最判平成12・2・29民集54巻2号582頁）。

3　優生目的での強制不妊手術

個人の尊重を高らかに謳う日本国憲法の下で見過ごされてきた恐ろしい人権侵害が，平成30年に裁判所に訴訟が提起されたことで，はじめて多くの人の知るところとなった。国の政策で，障害のある人に強制された不妊手術である。「優生上の見地から不良な子孫の出生を防止するとともに，母性の生命健康を保護すること」を目的として1948（昭和23）年に制定された優生保護法により，遺伝性の知的障害などの病気があるとされた人へ，強制不妊手術が行われていたのである。問題となった規定は，〔1〕優生保護法の定める特定の疾病や障害を有する者，〔2〕配偶者が特定の障害等を有する者又は〔3〕本人若しくは配偶者の4親等以内の血族関係にある者が特定の障害等を有する者を対象とするものであった。

1996（平成8）年に母体保護法へと改正されるまでの約半世紀の間に，厚生労働省の記録によれば，実に約2万5000人もの障害のある人たちが，強制的に不妊手術を受けさせられていた。

▶ 母体保護法へと制度が変更された時に，不妊手術を受けた人たちが救済される方途が用意されていなかった。さらには不妊手術を受けたことを知らされないままであった人も多い。あたかも手術を受けた人たちが一人またひとり亡くなることで問題を閉じようとしたかのような不誠実な対応だったのであり，正義・公平にかなうとは到底いえない。

全国で12の訴訟が提起され，高裁判決はいずれも，問題となった旧優生保護法規定を違憲とした。そして最高裁も令和6年7月3日に，同規定を憲法13条と憲法14条に違反するとして違憲と断じた（裁判所ウェブサイト）。

最高裁は前年の性同一性障害者特例法4号要件違憲決定を引用し，「憲法13条は，人格的生存に関わる重要な権利として，**自己の意思に反して身体への侵襲を受けない自由**を保障している」（→**4**）とし，不妊手術の強制は，「上記自由に対する重大な制約に当た（り）」「正当な理由に基づかずに不妊手術を受けることを強制することは，同条に反し許されない」と明らかにした。

そして，「本件規定の立法目的は，専ら，優生上の見地，すなわち，不良な遺伝形質を淘汰し優良な遺伝形質を保存することによって集団としての国民全体の遺伝的素質を向上させるという見地から，特定の障害等を有する者が不良であるという評価を前提に，その者又はその者と一定の親族関係を有する者に不妊手術を受けさせることによって，同じ疾病や障害を有する子孫が出生することを防止することにある」とする。かかる立法目的は「特定の障害等を有する者が不良であり，そのような者の出生を防止する必要があるとする点において，立法当時の社会状況をいかに勘案したとしても，正当とはいえないものであることが明らか」として，「本件規定は，そのような立法目的の下で特定の個人に対して生殖能力の喪失という重大な犠牲を求める点において，個人の尊厳と人格の尊重の精神に著しく反する」と断じた。また，最高裁は，同規定は憲法 14 条 1 項にも違反するとした。

▶ 除斥期間　この事件で論点となっていた一つが，本件での請求権が改正前民法 724 条後段の除斥期間の経過により消滅したか，だった。最高裁は，そのようなことは「著しく正義・公平の理念に反し，到底容認することができず，上告人らの本件請求権の行使に対して被上告人が除斥期間の主張をすることは，信義則に反し，権利の濫用として許されないというべきであるから，本件請求権は，同条後段の除斥期間の経過により消滅したとはいえ（ない）」と判断した。

▶ 旧優生保護法が母体保護法に改正されたのは，「らい予防法」（「らい」はハンセン病）の廃止にかかわる。ハンセン病患者には強制隔離政策に加えて不妊手術も行われていた。昭和 24 年から平成 8 年までに行われたハンセン病を理由とする優生手術は 1400 件以上，人工妊娠中絶の数は 3000 件以上に上る（熊本地判平成 13・5・11 判時 1748 号 30 頁）。

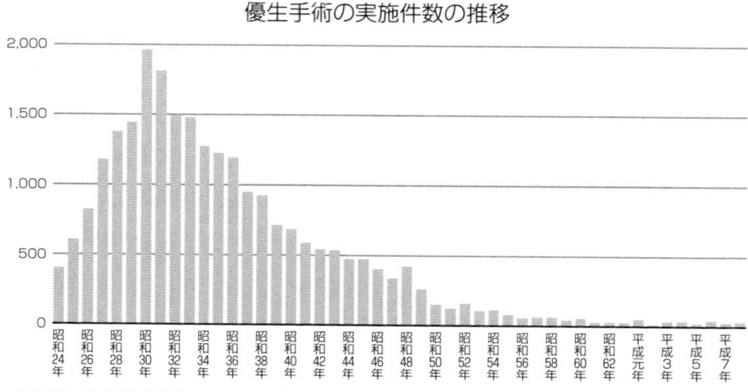

（出典）旧優生保護法に基づく優生手術を受けた者に対する一時金の支給等に関する法律第 21 条に基づく調査報告書 18 頁

4 「自己の意思に反して身体への侵襲を受けない自由」

戸籍上の性別と自ら自認する性別が違うことがあるが（→戸籍と性別について→第1章3 3 ⇒9頁），戸籍上の性別を変更するには，性同一性障害者特例法（2003年）①の定める要件を満たす者が，家庭裁判所に性別の取扱いの変更の審判を申し立てる必要がある（3条）。その要件は，二人以上の医師により，性同一性障害であることが診断されていることと（同条2項），次の表にある5つの要件である（同条1項）。

法3条1項	要件	裁判所による憲法適合性判断
1号	「18歳以上であること」	
2号	「現に婚姻をしていないこと」	最決令和2・3・11裁判所ウェブサイト
3号	制定時「現に子がいないこと」→ 平成20年改正により「現に未成年の子がいないこと」	最決平成19・10・19家月60巻3号36頁（改正前：合憲） 最決令和3・11・30集民266号185頁（改正後：合憲）
4号	「生殖腺がないこと又は生殖腺の機能を永続的に欠く状態にあること」	最決平成31・1・23判時2421号4頁（合憲） →最大決令和5・10・25民集77巻7号1792頁（違憲）
5号	「他の性別の性器の部分に近似する外観を備えていること」	最大決令和5・10・25民集77巻7号1792頁 → 原審へ差戻し → 差戻審（広島高裁）で令和6年7月10日に性別変更が認められた（判例集未登載）

最大決令和5・10・25

4号要件について最決平成31・1・23判時2421号4頁は，合憲としていたが，最大決令和5・10・25民集77巻7号1792頁はこれを判例変更し，憲法13条違反と判示した。

まず権利とその制約について，「**自己の意思に反して身体への侵襲を受けない自由**（以下，単に「身体への侵襲を受けない自由」という）（→**3**）が，人格的生存に関わる重要な権利」として保障されていることは「明らか」であり，「生殖

notes

① この法律が制定された際には，性同一性障害という「障がい」を治すために「自己を身体的及び社会的に他の性別に適合させようとする意思を有する者」を基本的に対象としていた。しかし，もはや世界的に疾病とは理解されておらず，法律名は誤解を招く。なお，特例法制定時に参照されたのは，日本精神神経学会「性同一性障害に関する診断と治療のガイドライン」であるが，本文に紹介した最大決令和5・10・25を受けて，2024（令和6）年8月に名称を「性別不合に関する診断と治療のガイドライン」と変更して第5版へ改訂されている。

腺除去手術を受けることが強制される場合には，身体への侵襲を受けない自由に対する重大な制約に当たる」とした。そして4号要件は性同一性障害を有する者一般に対して手術を「直接的に強制」するものではないとはいえ，治療に手術を必要としない者にも性別変更審判を受けるためには，手術を要求するものとする。「性同一性障害者がその性自認に従った法令上の性別の取扱いを受けること」は，「個人の人格的存在と結びついた重要な法的利益」であるところ，そのような「重要な法的利益を実現するために，同手術を受けることを余儀なくさせるという点において，身体への侵襲を受けない自由を制約する」。したがって，「必要かつ合理的」な制約でない限り，許されない。

そして，必要かつ合理的な制約であって憲法13条に適合するかが，総合的な比較衡量によって判断された。いわく，もともとこのような制約が必要とされる事態は「極めてまれ」な上，法改正を経て，同要件による制約の必要性は低減している。また，医学的知見の進展により，「医学的にみて合理的関連性を欠くに至っている」。本件要件は，身体への侵襲を受けない自由を放棄するか，重要な法的利益を放棄して性別変更を断念するかという「過酷な二者択一を迫る」ものとなったのであり，過剰な自由の制約として「制約の程度は重大」である。そこで，「本件規定による身体への侵襲を受けない自由の制約について」「総合的に較量すれば，必要かつ合理的なものということはでき(ず)」，本件規定は憲法13条に違反する」，と。

「身体への侵襲を受けない自由」が憲法13条の下で人格的生存に関わる重要な権利と認められ，これを制約する要件について法令違憲判断が示されたはじめての例であり，極めて重要な意義を持つ。

▶ **その性別記載は必要？**　世界的に，人の有する「性的指向と性自認（SOGI（ソジ）：Sexual Orientation and Gender Identity）」はさまざまであり，人となりのひとつであることが明らかにされてきた。日本でも，2023（令和5）年に「性的指向及びジェンダーアイデンティティの多様性に関する国民の理解の増進に関する法」（LGBT理解増進法）が制定されるなど，SOGIについて認識が深まるようになり，いろいろな書類から性別欄をなくす動きが続いている。しかし依然として，必要以上に男女の別を意識させる機会が多い。その性別記載は必要か，考えてみたい。

運転免許証：性別記載なし

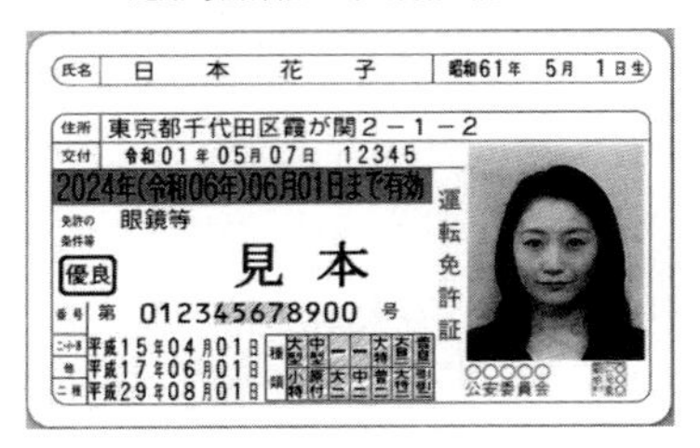

出所：警察庁（https://www.npa.go.jp/policies/application/license_renewal/index.html）

マイナカード：あり
（2026年から性別記載削除）

出所：総務省（https://www.soumu.go.jp/kojinbango_card/03.html）

▶ 経産省トイレ訴訟（最判令和5・7・11民集77巻5号1171頁）　経済産業省に勤める，医師から性同一性障害との診断は受けたものの性別適合手術を受けていないある原告は，執務階とその上下の階での女性用トイレの使用について制限を受け，日常的に相応の不利益を5年弱も受けていた。その制限措置の解除を求める行政措置の要求を認めなかったことが，裁量権を逸脱し濫用したものとして違法とされた。本件で問題となったのは，当該原告を含む職員の環境が適正であることであり，そのための具体的な利益調整や配慮について合理性が判断された。本判決について，「心は女性と称した男性がトイレや女湯に入れると判断した」との批判も一部の国民からなされたが，それは誤った理解である。

なお，トイレ使用は法令による規律はされているものではなく，個別事例ごとに，丁寧な利益調整を重ねる必要がある。

5　裁判所と「新しい人権」の関係

憲法13条を根拠として，いろいろな権利が「新しい人権」として主張されてきたが，それらのほとんどは裁判所に受け入れられていない。なぜか。「新しい人権」の主張は，裁判所と国会の間の役割分担にかかわる，バランスの問題を提起するためである。

というのも，もし社会の展開によって人権と人権の間の調整などがうまくいかなくなったならば，第**1**章⇒13頁でもみたように，本来，私たちの代表者からなる国会が法律を手直ししたり，新たに立法することで人権を調整する任を負う。このルートが何らかの理由によりうまく働かないときに，人権を保護する観点から裁判所の介入が要請され，民主的正統性の観点では議会に劣る裁判所が憲法13条という抽象的な規定を解釈して，調整の任を果たすことになる。そうである以上，裁判官の恣意的な権力行使とならないよう，慎重に事が進められなければならない。これまで「新しい人権」が裁判所によってなかなか認められてこなかったのも，当然であった。

憲法の明文で規定されていない「新しい人権」が13条を根拠に認められるには，社会や法秩序のなかで，それがどのような内容をもつ権利なのか，あらかじめ十分な理解が形成されて，憲法の謳う人権としての共有された理解を得ている必要がある。民事刑事の紛争の司法的救済の過程で，少しずつ「法的保護に値する」と認められ，権利の内実が形成されてゆくことは，そのひとつの方法といえる。

4 法原則としての側面——自由の「守り方」

1 憲法13条の法原則の側面

次に憲法13条のもつ客観法的な法原則の側面について考えてみよう。

権力と個人との関係には，圧倒的な力の差があるため，憲法で基本価値を謳い，「侵すことのできない」人権を明文で個別列挙するだけでなく，二重の備えとして服装，飲酒，散歩，登山，海水浴などを含む《私たちの自由一般》に対する権力行使そのものを制御できることが必要だ。日本国憲法においては13条のもつ法原則の側面が，そのような機能を引き受ける規定と理解できる。不当な権力行使をブロックして自由を守る機能である[2]。

たとえば，学校の規則で「髪を染めてはならない」とされているとする。皆さんの多くは，これに違和感を覚えて「自由にかかわる問題」と感じるのではないだろうか。

仮に「自由にかかわる問題」と感じるとして，それはなぜか。「髪の色の自由が人格的生存に不可欠な人権だ」という主張は，あまり説得的とはいえないだろう。むしろこれは，生徒・学生の生活に学校が口出しできる限界の問題なの

notes

[2] たとえると，コンピュータ・ネットワークでいえば，不正なアクセスからブロックして守る，「ファイアウォール」のようなものである。

ではないか。もし学校が生徒・学生に髪を染めることを禁止できないなら，それを生徒・学生の側からみれば「髪の色を変える自由」をもつこととなるのである。

このような問題は，わが国の判例では真正面から憲法論として扱われるのではなく，「裁量権の逸脱の有無」（違法かどうか）を問うなかで語られることが多い。実際の裁判例として，地裁判決であるが，公立中学校校則による「丸刈り」が争われた事件がある（熊本地判昭和60・11・13行裁36巻11＝12号1875頁）。熊本地裁判決は「丸刈り」校則を，正面から憲法の問題とはしなかったのであるが，校長の裁量権の逸脱について判断するなかで，「その内容が社会通念に照らして合理的と認められる範囲」であるかを問うた。同判決は，専門的，技術的な判断にゆだねられるべきとして，緩やかな審査をしたものの，「本件校則の合理性については疑いを差し挟む余地のあることは否定できない」とも述べている。社会通念上，不合理な髪型規制など，学校がなしうる事柄ではなく，個人の側からみれば自由に任されるべき事柄である。

「その他の自由」の保障の例

最高裁判例にみられる憲法13条の法原則的な理解を，2つの判決に即して確認しておきたい。

第一に，未決拘禁者の喫煙の自由についてである。最大判昭和45・9・16民集24巻10号1410頁では，未決拘禁者の喫煙の自由が，いかようにも制限しうるものではないことを前提としている点が注目される。いわく，「秩序を維持し，正常な状態を保持する」という目的に照らして，「必要な限度において，〔身体の自由の拘束以外にも〕被拘禁者のその他の自由に対し，合理的制限を加えることもやむをえない」。「喫煙の自由は，憲法13条の保障する基本的人権の一に含まれるとしても，あらゆる時，所において保障されなければならないものではな［く］」，総合考察すると「喫煙禁止という程度の自由の制限は，必要かつ合理的なものであると解するのが相当であ［る］」。

第二に，捜査機関の行動との関係での「国民の私生活上の自由」である。公権力のなしうる限界という側面から，捜査機関の行動に枠をはめたという理解のできる判例として，京都府学連事件（最大判昭和44・12・24刑集23巻12号1625頁）がある。京都府学連主催のデモ行進の先頭部を写真撮影した警察官の行為について，最高裁は次のように述べている。「憲法 13 条は，……国民の私生活上の自由が，警察権等の国家権力の行使に対しても保護されるべきことを規定しているものということができる」。

もっとも，これに続けて判決は，「個人の私生活上の自由の一つとして，何人も，その承諾なしに，みだりにその容ぼう・姿態（以下「容ぼう等」という。）を撮影されない自由を有するものというべきである」と述べており，主観的な権利の問題として把握されているようでもある（→第 **2** 編第 **4** 章 ⇒176頁）。この最高裁判決は，客観法的な理解をとった判決としても，主観的な権利の構成をとっているものとしても，どちらの理解も可能だろう。「これを肖像権と称するかどうかは別として，少なくとも，警察官が，正当な理由もないのに，個人の容ぼう等を撮影することは，憲法 13 条の趣旨に反し，許されない」というところからすると，法原則の観点が強いともいえる。

上にみた 2 つのうち，未決拘禁者の喫煙の自由よりも「国民の私生活上の自由」の方が主観的な権利の構成に近いようだが，それは，みだりに容貌等を撮影されない自由の方が，人権としての内実が深まっているためであろう（→第 **2** 編第 **4** 章 ⇒173頁：プライバシー権）。

十分に主観的な権利性が深められていない人権であっても，「権力のできること」，「できないこと」という観点から，権力の行使に客観的な限界を画すことができるのである。

2　適正手続——法の一般原則としての手続的保障

適正手続の保障は，憲法 13 条の有する客観法的な側面として，法の一般原則と理解することもできる（第 **2** 編第 **3** 章 ⇒171頁 3 も参照）。

もともと，手続が踏まれることを重視してきたのは，英米法の伝統である。由来として挙げられるものに，1215 年のマグナカルタ 39 条「自由人は，その同輩の合法的裁判によるか，または国法によるのでなければ，逮捕，監禁，差押，法外放置，もしくは追放をうけまたはその他の方法によって侵害されることはない[3]」がある。なお，これに対して大陸法の伝統は，手続に対して実体

notes

③ 高木八尺ほか編『人権宣言集』（岩波書店，1957）。

を重視する伝統がある（このようなものの見方の違いは，とくに刑事手続に関する権利の理解に一定の影響を与えている〔第**2**編第**3**章〕）。
⇒162頁

日本国憲法上，手続保障に関する条文として憲法31条（「何人も，法律の定める手続によらなければ，その生命若しくは自由を奪はれ，又はその他の刑罰を科せられない」）がある。本条は，手続についてのみ規定しているように読めるが，通説はその手続が適正であること，手続だけでなく実体も法律で定められていること，さらにその実体も適正であることを要求していると理解している。

31条を素直に読むならば，これは刑事手続に関する条文である。憲法には，適正な行政手続に関する条文は，存在していないため，適正な行政手続の憲法上の根拠は何条かが問われてきた。人のもつ自由への侵害の強度において，刑事手続は依然として特別であり続けているとはいえ，行政が広く国民の生活にかかわるようになっている今日（行政国家），私たちの自由にとって行政的介入の与えるインパクトは大きく，適正な手続が踏まれることの重要性は高い。

適正な行政手続について，憲法31条が適用されるとする説や，31条が準用あるいは類推適用されるとする説も有力であるが，13条がより一般的な手続保障の根拠となるとする説も提唱されている。公権力の行使が手続的制約に服してはじめて，人権は十全に保障されるのであり，適正な手続は法の一般原則というべきである。手続を踏むことの重要性がわが国に根づきつつあることを考えると，これを公権力を拘束する法原則のひとつとして，憲法13条に保障の根拠を求めることには，一定の意義があるだろう。

判例は適正な行政手続について，はっきりとした立場を示しているわけではないが，憲法31条に触れており，適正な手続が憲法レベルで保障されるべきことに，少なくとも注意は払っているといえる。

最大判平成4・7・1民集46巻5号437頁（成田新法事件）は，「憲法31条の定める法定手続の保障は，直接には刑事手続に関するものであるが，行政手続については，それが刑事手続ではないとの理由のみで，そのすべてが当然に同条による保障の枠外にあると判断することは相当ではない」とした。もっとも，この事件では，成田新法に基づく工作物使用禁止命令が出されるにあたり，「その相手方に対し事前に告知，弁解，防御の機会を与える旨の規定がなくても」，憲法31条の法意に反しないとされている。

行政手続の場合は，刑事手続の場合と異なり，どういう手続が必要とされるのかやその内容について一律一様に語ることが難しい。今後の判例や学説の展開が待たれる。

▶ 行政手続法と適正手続　平成5年に行政手続法が制定され，不利益な行政処分を受ける際の手続的な問題，すなわち事前の告知および聴聞の機会の保障の大きな前進となった。しかし問題も残っている。行政手続法が適用されないとされている処分が多数残っており，憲法の要請する適正手続原則の具体化を求めなくてはならない場面もいまだ存在するのである。

3　公平負担の原則／特別犠牲を強制されない権利

客観法的な「公平負担の原則」，あるいはこれを主観的権利に引き直した「特別犠牲を強制されない権利」も，憲法13条に基づく法の一般原則として，理解できる。

公的な活動によって，直接または間接に特定の個人に何らかの特別な損失が生じたにもかかわらず何らの塡補もされないとしたら，みんなでその人に負担をおしつけることと同じである。それはその個人を《個人として尊重》していないことを意味しよう。

国家補償という名のもとに，そのような損失を国家が塡補することが行われてきている。これには，「適法行為に基づく損失補償」と「違法行為に基づく損害賠償」が区別されている。その根底にある思想としては，損失を特定個人におしつけるのではなく，金銭という形での解決ではあれ，みんなで平等に負担を負うべきとする「公平負担の原則」がある。この公平負担の原則は，日本国憲法17条・29条3項・40条にも具現化しているといえ，一定の制度化をみているものといえる。

さらに公平負担の原則は，個別の事案においても，不正義を匡(ただ)し救済を求める駆動力となっている。たとえば予防接種事故の救済にみられるように，既存の実定法がうまく対応しない場合にも，被害にあってしまった人の救済のための理論が判例・学説によって構築されてきたのである（Column ❷参照）。

Column ❷ 予防接種事故

予防接種では，副作用により被害を負う者がどうしても出てしまう（「悪魔のくじ」とも呼ばれる）。予防接種事故について国へ損害賠償を請求するには，一定のハードルを越える必要があり（故意過失，違法性〔国賠法1条〕），その要件の充足を厳密に問うなら，被害にあった全員が救済されることは難しい。そこで被害者を救済する理論として，直接に憲法29条3項に基づく損失補償（第**2**編第**2**章⇒159頁）という構成も考えだされた。最終的に損害賠償が法的構成として実務で選ばれたのだが（詳しくは**column ❼**⇒159頁参照），興味深いのは，いずれにせよ「救済されなければならない」ということが大前提とされていた点である。

被害を被った個人が国に対し，憲法13条に照らして法の一般原則違反の責任を問うことのできる道があることは，重要だろう。学説で提唱されている「特別犠牲を強制されない権利」（高橋和之）とは，これらの議論を主観的権利に引き直して表現したものであるといえる。

CHECK

① 憲法が保障する個別の人権と13条の幸福追求権の関係を説明せよ。
② 自己決定権とはどのような権利か。

読書案内 **Bookguide**

小山剛『「憲法上の権利」の作法〔第3版〕』（尚学社，2016）第4章第1節
佐藤幸治「憲法と『人格的自律権』」同『現代国家と人権』（有斐閣，2008）77頁以下

CHAPTER

第4章

法の下の平等

私たちは，常に他者からの評価にさらされている。期末テストの結果が悪ければ，当然，否定的な評価を受ける。努力を怠った結果，他人から「君はダメな奴だ」といわれても，それはしかたのないことかもしれない。その言葉に傷つくことがあっても，私たちは，こうした批判を次の行動を起こすためのモチベーションとして真摯に受け止める必要がある。他方，個人の努力とは関係のない属性や要素（人種や性別など）に基づいて，他人から「君はダメな奴だ」と言われたとすれば，それはしかたのないことではない（「女性だから ダメだ」，「部落出身者だから ダメだ」，など）。そこでは，ある集団や類型に付着した偏見によって，とても短絡的に「君」の評価がなされている。そして，おそらくこうした否定的評価は，いま述べたような偏見や固定観念が除去されない限り，その後も「君」の人生につきまとうことになる。それこそが「差別」である。差別は，これを受けた者が次の行動を起こす動機（やる気）を徹底的に削ぐものであり，その者の「社会的な死」さえも意味する（A・ホネット）。

さて，日本国憲法は，「平等」をどのように考え，「差別」に対してどのような態度をとっているのだろうか。

1 「法の下の平等」を考えるにあたって

1 憲法14条の基本的な意味

憲法14条1項は，「すべて国民は，法の下に平等であつて，人種，信条，性別，社会的身分又は門地により，政治的，経済的又は社会的関係において，差別されない。」と規定している。私たちの憲法は，「法の下の平等」を保障し，「差別」を否定しているのである。

2 絶対的平等と相対的平等

ただ，ここでいう「平等」とは何か，「差別されない」とはどのようなことを意味するのかは，決して自明ではない。私たちは，この世界で，常に区別されながら生きている。たとえば，X大学は，入学試験でAさんを合格とし，Bさんを不合格とするかもしれない。ここでは，AさんとBさんは，X大学によって区別されているのである。しかし，この区別ないし選別は，憲法14条に違反する行為といえるだろうか。また，現状の法制度では，「大人」には結婚を認めているが，一定の年齢に満たない「子ども」には結婚を認めていない（かつて民法731条は，男は18歳に，女は16歳にならなければ婚姻をすることができないと規定し，婚姻開始年齢に性別による違いを設けていたが，2022年の民法改正により男性女性ともに18歳以上とされた）。はたしてこの「区別」を，憲法14条の禁止する「差別」ということができるだろうか。

もし，前者の事例で，AさんとBさんとを，公正に行われた入学試験の成績によって選別していたとすれば，多くの人はこれを憲法14条に違反する行為とは考えないだろう。後者の事例でも，もし未熟な「子ども」どうしの婚姻が過去にいろいろな弊害・問題を実際に引き起こしてきたとすれば，やはり多くの人は，婚姻について大人と子どもを区別する現状の制度を憲法の禁止する「差別」とは考えないだろう。

そうすると，憲法14条の平等原則は，ある人（たち）とある人（たち）を，どのような状況下でも，常に等しく扱うことを要請するものではないということになる。ある人（たち）とある人（たち）との間にある事実的・実質的な違い（能力，年齢，財産，職業など）を見ずに，両者をとにかく等しく扱うのだ，という考えを**絶対的平等**と呼ぶが，私たちの憲法は，こうした平等観を採用していないのである。先の例で，一生懸命勉強してよい成績をとったAさんと，あまり勉強せずに成績の振るわなかったBさんとを「等しく」扱うことは，かえって公正を害するだろう（「悪平等」とも呼ばれる）。こう考えると，平等とは，事実的・実質的な違いがない者どうしを等しく扱うこと（等しき者を等しく扱うこと）を要求するものであって，各人の事実的・実質的な違いを考慮に入れた**合理的な区別**は許されると考えるべきである。

私たちの憲法は，このような平等観，すなわち**相対的平等**を採用していると解されている。この考えの下では，前記のような入学試験で，Aさん・Bさんを，2人の努力や学力の違いを考慮して選別することは，合理的な区別として，憲法上当然に許容されることになる。

3　法適用の平等と法内容の平等

ところで，憲法14条の保障する「法の下の平等」の意味について，かつては，これをもっぱら法適用の平等とみる見解（**法適用平等説**）と，法内容の平等まで含むとする見解（**法内容平等説**）とが対立していた。前者は，行政機関や裁判所が，ある法律を恣意的に適用してはならない（同じ状況下では等しく適用すべきである）ということを14条の「平等」としてとらえる考えである。後者は，それに加えて，適用される法律の内容それ自体が平等であることを14条の「平等」に含める考えである。もともと不平等な内容の法律を平等に適用したところで，不平等や不公正が広がるだけだから，現在では，法内容の平等まで含める後者の考えが妥当とされている。

いまの私たちの感覚からすれば至極当然のことのように思われるが，戦前のヨーロッパ大陸諸国ではそうではなかった。というのも，私たちの代表である立法者（議会）への信頼が厚く（まさか私たちの代表が不平等な法律を作るはずがない），法律の権威性も非常に高かったため（違憲審査制も否定されていた），憲法の「平等」は，立法者を拘束するものではなく，立法者の作った法律をテキトウに適用しかねない行政や司法のみを拘束するものと考えられていたのである

(法適用平等説が,「立法者非拘束説」ともいわれる所以である)。

4 機会の平等と結果の平等

また,14条の保障する「平等」が,**機会の平等=形式的平等**か,**結果の平等=実質的平等**か,という議論もある。そもそも近代憲法は,身分制を廃止して,ある者が生まれながら有しているプラス(「特権」)やマイナス(「足枷」)を取っ払い,誰もが同じ「国民」として自由に生きていけること,言いかえれば,人々が身分のようなものに束縛されず,ひとりの個人として,等しくその人生をスタートできることを目的としていた(機会の平等)。そして,その結果生じた格差は,基本的には各人の責任であると考えられていた。

しかし,19世紀から20世紀になると,資本主義の発展によって,この格差(貧富の差)が目を覆いたくなるほどひどいものとなる(第**2**編第**5**章参照 ⇒191頁)。そこで,20世紀の社会福祉国家においては,社会的・経済的弱者に手厚い保護を与えて,機会(スタートライン)をそろえるだけでなく,結果(ゴールライン)をそろえることまでが要請されるようになった(結果の平等)。

もっとも,このような「平等」は,自らの努力と能力によってお金を稼いだり,地位を築いた人々の自由を制約し,その動機(やる気)を失わせることにもなる。そこで,国家による結果の平等=実質的平等の実現は,直接には平等原則(憲法14条)の問題ではなく,社会権(憲法25条~28条)の問題であるとも考えられている。

5 14条から導き出される国家の積極的な責務

とはいえ,機会の平等=形式的平等の実現(凸凹をならしてスタートラインをそろえる)については,確実に憲法14条に基づく国家の責務であるといえる。

たしかに,近代憲法は,身分制を否定した。しかし,憲法で身分制は“NG”とされたからといって,身分制の名残りは存在しうるし(人の固定観念や偏見はそう簡単に拭い去れない),近代憲法が制定された当時には必ずしも意識されなかった被差別集団が実際に存在したり,制定後に新たな被差別集団が生まれることも考えられる。こう考えると,今日においても,私たちの社会で機会の平等(スタートラインの平等,アクセスの平等)が本当に実現されているかは疑問である。たとえば，女性は，ただ女性であるという理由で，就職の機会などを不当に狭められていないか，細心の注意が必要である。この点で，**男女雇用機会均等法**といった法律を制定し，女性の社会的アクセスの平等を実現することは，14条の平等原則に基づく国家の重要な責務というべきである。

▶ 男女雇用機会均等法は，「法の下の平等を保障する日本国憲法の理念にのっとり雇用の分野における男女の均等な機会及び待遇の確保を図るとともに，女性労働者の就業に関して妊娠中及び出産後の健康の確保を図る等の措置を推進することを目的」として，1985年に制定された（1条）。たとえば，同法5条は，「事業主は，労働者の募集及び採用について，その性別にかかわりなく均等な機会を与えなければならない」と規定し，6条は，事業主は，①労働者の配置・昇進・降格等，②福利厚生，③労働者の職種・雇用形態の変更，④退職の勧奨，定年・解雇，労働契約の更新について，労働者の性別を理由として，差別的取扱いをしてはならない，と規定している。

このことと関連して，**アファーマティブ・アクション**（積極的差別是正措置。日本では**ポジティブ・アクション**[1]と呼ばれることもある）の位置づけが問題となる。人間は弱さを抱えた存在であり，「差別はよくない」などとスローガン風にいわれても，とりわけ，ある集団に対する偏見が社会の隅々にまで広がってしまっているような場合には（構造的差別），なかなかその差別を是正することはできない。アメリカにおける人種差別が，そうであった。そこでアメリカでは，とくに1960年代以降，人種的少数派のような被差別集団に対し，大学の入学，雇用，公共事業の発注などの場面で優先的な処遇を与えるといった積極的な差別是正措置がとられるようになった。これがアファーマティブ・アクションである。

ただ，アファーマティブ・アクションは，少数派を，少数派に属するという理由のみで優遇することになるため，多数派に対して「逆差別」になる可能性がある（多数派の受験生は，みずからが多数派に属するという理由で，その能力や成績にかかわらず，入試において少数派よりも不利な扱いを受けることになる）。こうした

notes

① **ポジティブ・アクション**　内閣府男女共同参画局によれば，「社会的・構造的な差別によって不利益を被っている者に対して，一定の範囲で特別の機会を提供することなどにより，実質的な機会均等を実現することを目的として講じる暫定的な措置のこと」をいう。先述のアファーマティブ・アクションと本質的な意味の違いはない。

アファーマティブ・アクションを，結果の平等＝実質的平等の実現という観点から正当化することもできるかもしれないが，そもそも，このような少数派が，社会的・構造的差別によって多数派と同じスタートラインにも立てていないのだとすれば，これを，機会の平等＝形式的平等を実現する手段，凝り固まった差別的な「構造」を揺さぶるための手段として正当化することもできるかもしれない。

▶ 日本では，江戸時代の身分政策によって作られた被差別部落に対する差別が長く問題となってきた（同和問題）。明治時代には，穢多非人等の称や身分を廃止する「解放令」（1871 年）が出されたものの，被差別部落への差別は続いた。戦後は，同和対策事業特別措置法（1969 年）や地域改善対策特別措置法（1982 年）などのもと，部落問題解消のために，同和地区の住民に対する優遇措置等がとられた。だが，現在でも，就職や結婚などの場面で差別は残っているともいわれる。

Column ❸ 同和問題の根深さ

大阪市が 2020（令和 2）年度に実施した調査（大阪市「人権問題に関する市民意識調査報告書」令和 4 年 3 月）では，大阪市に居住する満 18 歳以上の男女の 32.2％が，同和地区や同和地区の人に対する差別意識は「現在も残っている」と答え，25.4％が，差別意識は「弱まりつつある」と答えている。逆に，「差別意識はもはや残っていない」と答えた者は，全体の 7.4％しかいない。そして，同和問題の存在を認識している者に，同和問題にかかわる考え方を聞いたところ，38.8％の者が，「昔からの偏見や差別意識を，そのまま受け入れてしまう人々が多い」という問いに対して「そう思う」と答えている。

▶ 先述の男女雇用機会均等法などの制定にもかかわらず，社会における男女差別がなくなったとはいえず，女性の社会進出が順調に進んでいるわけではない。**男女共同参画社会基本法** 8 条は，国は「男女共同参画社会の形成の促進に関する施策（積極的改善措置を含む。……）を総合的に策定し，及び実施する責務を有する」と規定し，これを受けて政府により策定された第 2 次男女共同参画基本計画（2005 年）は，2020 年に指導的地位に女性が占める割合を少なくとも 30％程度とする目標を設定した。しかし，現状においても，その目標が達成されているとはいえない。たとえば，企業等で役員・管理職を務める女性の割合は 14.8％

(2019年)，国会議員の女性比率は16%（2023年7月）であった。また，世界経済フォーラムによるジェンダー・ギャップ指数（2023年）でも，日本の順位は146か国中125位と低迷しており，日本における女性の社会参画は他の先進諸国と比べて低い水準にとどまっている。なお，第5次男女共同参画基本計画（2020年）では，「2020年代の可能な限り早期に」指導的地位に女性が占める割合を30%程度にするとして，目標が改めて設定されている。

▶ 九州大学は，2012年度から，理学部数学科の一般入試において「女性枠」を設けること（入試定員9名のうち5名。こうした措置を「割当制（quota）」と呼ぶ）を予定していたが，男性に対する逆差別ではないかとの批判もあり，結局は実施しなかった。この点，アメリカの連邦最高裁は，2003年に，カリフォルニア大学デイビス医学校の入試における人種的少数派への「割当制」を違憲とする一方で，学生集団の多様性を確保するため，成績を基本としつつ，「人種」を加点要素として考慮するようなミシガン大学ロースクールの入試制度を合憲としている（Grutter 判決）。もっとも，連邦最高裁は，2023年，ハーバード大学とノースカロライナ大学（ともに学部）の入試におけるアファーマティブ・アクションに関して，一定の「人種」が減点要素として考慮されていたこと，Grutter 判決が要請する人種を考慮する入試制度の終了時期が欠けていたこと（アファーマティブ・アクションはあくまでも経過措置のひとつで，時限的であるべきと理解されていたため）などから違憲とした（Students for Fair Admissions 対 Harvard 判決）。この判決では，入試においては人種等の属性ではなく，個性（経験や努力）が評価されるべきことが強調されている。

憲法上許される区別と，禁止される差別

1 裁判所の基本的な考え方

1でみたように，憲法14条は，相対的平等の考えを採用し，事柄の性質に即応した合理的な区別を許容している。平等原則にかかわる事案に対する最高裁の基本的態度をかたちづくったとされる1964（昭和39）年の判決[2]（最大判昭和39・5・27民集18巻4号676頁）も，憲法14条は，「国民に対し絶対的な平等を保障したものではなく，差別すべき合理的な理由なくして差別することを

notes

② 高齢を理由とした，公務員に対する待命処分（ある種のリストラ）を合憲とした判決である。

禁止している趣旨と解すべきであるから，事柄の性質に即応して合理的と認められる差別的取扱をすることは，なんら右各法条の否定するところではない」と述べている。要するに，ある人（たち）とある人（たち）を区別したとしても，その区別に**合理的な理由**が認められれば（その区別が理屈にかなったものであれば），違憲とはされないというわけである。

▶ この判決は，「合理的と認められる差別的取扱をすること」（傍点著者）は憲法に違反しないと述べており，「合理的」「差別」という行為類型が存在していることを示している。しかし，議論の混乱を避けるためにも，憲法上，「差別」という言葉は，合理的な理由を欠く，ある人（たち）に対する排除的で，侮辱的な行為にのみ使うべきだろう。この点で，「差別」が「合理的」であるということは，ない。言葉の用法についてはいろいろな議論があると思うが，さしあたりは，ある区別が，合理的な理由に基づいている場合には，それは合理的な「区別」として合憲になり，それが合理的理由に何ら基づいていない場合には，それは「差別」として違憲になると考えるべきだろう。

2 「合理的」の意味その1——合理性の対象

しかし，ここでいう，「合理的」とは，具体的に何を意味するのだろうか。これは非常に重要な問題なのだが，先の判決で，「事柄の性質に即応して」という言葉がつけられているように，この合理性を画一的に判断する基準はない。

とはいえ最高裁は，多くの事案で，①法律上，ある人（たち）とある人（たち）を区別する**目的（立法目的）**に合理性があると認められ，②この**目的を達成する手段（区別手法）**に合理性があると認められる場合に，これを「合理的」な区別として是認してきている。

平等とは，ある人（たち）とある人（たち）の「比較」の問題だから，憲法14条の平等原則違反が主張される場合，法律等によって，まず，比較可能な「誰か（$=\alpha$）」と「誰か（$=\beta$）」（男性と女性，嫡出子と嫡出でない子，等々）が区別（別異取扱い）されていなければならない（このような「区別」の実態が認められなければ，そもそもそれは憲法14条の問題とはいえない）。そして，単純にいって，αとβを区別する「目的」が，“αが嫌だから”（たとえば，男性は男性というだけで生理的に嫌だ）とか，“αを傷つけたいから”（たとえば，同性愛者への敵意を理由とした区別）では，①の合理性を満たしているとは到底いえない。①は，この点で，区別の「目的」そのものに合理性を求めているわけである。

また，かりにαとβを区別する目的に合理性があると認められても，この目的を達成するために具体的に採用された手段（具体的な区別の手法）が合理的である必要がある。ただ，この手段の「合理性」にも，複数の意味がある。たとえば，(i)αとβを区別することが，立法目的の達成にとって意味（効果）があるのかが問われる場合と，(ii)その意味があるとしても，両者を区別する程度や態様が問われる場合がある。このとき，(i)は，「区別そのもの」の合理性を問題としているのに対して，(ii)は，区別の「程度」や「態様」の合理性を問題としていることになる。

▶ かりに①（＝立法目的）や②(i)の合理性が認められない場合は，「区別そのもの」が違憲となる。②(ii)の合理性が認められない場合は，「区別そのもの」は許容されるが，その「程度」や「態様」の甚だしさが違憲となる。

3 「合理的」の意味その2――合理性の内容・レベル

繰り返しになるが，最高裁は，合理性は「事柄の性質に即応して」判断されると述べている。これは，「事柄の性質」，たとえば，(1)αとβの区別が行われた領域や分野，(2)区別によってαが受ける不利益・負担の質や大きさ，(3)区別事由（区別の指標とされた人の属性）などによって，求められる合理性の内容やレベルが変わることを意味している。

▶ したがって，平等にかかわる事案で最高裁が用いる「合理的な理由」論ないし「合理的な根拠」論は，違憲審査基準としてのいわゆる合理性基準（合憲性を推定したゆるやかな審査）とは異なる（石川健治）。「事柄の性質」によって，「合理性」が厳格に審査されることも，ゆるやかに審査されることもあるのである。要するに，ここでの「合理性」は，特定の審査基準を指示しない，より一般的な意味で用いられている。審査の厳格度を決めるのは，上で挙げたような「事柄の性質」である。

(1) 領域・分野

コンピュータの中の複雑な接続・回路を見て，それが「合理的」か，「理屈に適っているか」を，あなたは判断できるだろうか。理工学部の学生であれば別かもしれないが，法学部の学生にとっては，このような専門技術的事項の

「合理性」を判断することは難しいだろう。

こう考えると，法律の専門家である裁判官が，ある区別の合理性を判断することが難しい領域・分野がある。たとえば租税法の領域である。最高裁は，旧所得税法が，給与所得者（= α）には，事業所得者（= β）と異なり，必要経費の実額控除を認めず，法定額の概算的な控除（給与所得控除）しか認めていないことが憲法14条に違反するかが争われた事件で（ここでは，給与所得者と事業所得者との区別が問題とされている），租税法の定立については，「立法府の政策的，［専門］技術的な判断にゆだねるほかはなく，裁判所は，基本的にはその裁量的判断を尊重せざるを得ない」とし，「租税法の分野における所得の性質の違い等を理由とする取扱いの区別は，［①］その立法目的が正当なものであり，かつ，［②］当該立法において具体的に採用された区別の態様が右目的との関連で著しく不合理であることが明らかでない限り，その合理性を否定することができず，これを憲法14条1項の規定に違反するものということはできない」と述べた。

ここでは，①について，"恣意的とはいえない"といった程度の正当な目的があればよく，②について，著しく不合理であることが明白な場合でなければ違憲とはしないとの判断枠組み（明白の原則）が採用されており，裁判所が「合理性」を非常に緩やかに審査していることがわかる（**サラリーマン税金訴訟**・最大判昭和60・3・27民集39巻2号247頁。結論としても上記区別は合憲と判断された③）。要するに，租税法領域における区別は，もちろんαにとっては酷なことなのだが，その領域の**専門技術性**ゆえに（さらに判決は，租税負担の決定は，立法府による国政全般からの総合的な政策判断を必要とすると述べている），基本的には，その「合理性」が広く許容されることになろう。

▶ 他にも，憲法自体がその創設を法律，すなわち国会に明示的にゆだねているような「制度」の内部で別異取扱いが生じているような場合に，裁判所は国会の立法裁量を重視してその「合理性」を緩やかに審査する傾向がある。たとえば憲法47条は，「選挙区，投票の方法その他両議院の議員の選挙に関する事項は，法律

notes

③ 本判決は，①αとβの区別の目的，すなわち，「租税の徴収を確実・的確かつ効率的に実現すること」に正当性を認め，②その手段（給与所得控除制度）も，同制度の法定額が，「給与所得に係る必要経費の額との対比において相当性を欠くことが明らかであるということはできない」とした。

でこれを定める」と規定し，選挙制度の創設を，明示的に法律＝国会にゆだねている。そのため，選挙制度のなかにおける区別の「合理性」は，制度創設者である国会の広い裁量権を前提にした緩やかな審査が行われることになる（第**2**編第**6**章②**2**参照）⇒212頁。こうした考え方は，相続制度における区別や，国籍制度における区別にも当てはまる。私たちの憲法は，ある特定の相続制度や国籍制度を要求しているわけではなく，むしろその選択や創設を，国会の手にゆだねているからである（憲法24条2項・10条をそれぞれ参照のこと）。たとえば，ある判例は，相続制度は，「それぞれの国の伝統，社会事情，国民感情」や家族観などを踏まえた立法府の合理的裁量判断によって定められるとしている（最大決平成7・7・5民集49巻7号1789頁）。

⑵　不利益・負担の質や大きさ

αとβが区別されているとしても，その区別によってαがそれほどの不利益や負担を受けていないならば，裁判所は，この区別の「合理性」をそれほど厳しく審査しなくてよいかもしれない。逆に，その区別によってαが重大な不利益を受けているならば，裁判所は，その区別を批判的にとらえ，その「合理性」を厳しく審査すべきとも考えられる。

▶ ここでの「重大な不利益」とは，質的な重大性と量的な重大性の両方を含む。質的側面の検討においては，「二重の基準」（第**2**章②**3**参照）⇒26頁的な思考が重要であると説かれる。そこでは，αとβの区別によって，αが受ける不利益（区別の対象となる権利）が表現の自由のような精神的自由にかかわるものであれば，この区別の「合理性」は厳格に審査されるべきとされる（芦部信喜）。

かつて日本の刑法は，尊属（父母や祖父母）を殺した場合（尊属殺）と，他人を殺した場合（普通殺）とを区別し，前者については，死刑か無期懲役刑という大変重い刑を科していた（処断刑の下限は懲役3年6月を下ることがなく，それにより，いかに酌量すべき情状があっても，執行猶予を付すことができなかった）。要するに，刑罰について，「尊属」を殺した者，すなわち卑属（＝α）と，「他人」を殺した者，すなわち卑属でない者（＝β）とを区別していたのである。どちらも同じ「殺人者」なのだから，両者の区別を憲法上あれこれ論じるのはおかしいと思う人もいるかもしれないが，現実に起きた次のような事件を考えると，問題の本質が見えてこよう。すなわち，実の父から姦淫され，以後10

年間も夫婦同然の生活を強いられ，あげくこの父の子を5人も生むことになった女性が，29歳になり，職場の同僚男性と結婚したいと父に打ち明けたところ，その父から脅迫虐待などを受けたために父を絞殺した，という事件である。

この事件を聞いて，この女性に同情しない者はいないのではないか。もちろん，人を殺してはならないのであって，彼女に何らかの刑罰を科す必要はあるだろうが，その事実関係からして，執行猶予を付けた懲役刑でもよいように思われる。しかし，当時の刑法は，本件のような尊属殺と普通殺とを区別しており，法律上，前者について執行猶予を付すことは許されなかった。こうしてみると，本件のような被告人（＝尊属を殺した卑属 α）にとって，この刑法上の別異取扱いは，死活問題である。この区別があることによって，実際にどのような刑罰を科されるのか，また執行猶予が付くのかが変わってくるからである。要するに，本件区別が α に与える不利益は，大きい。

最高裁は，この**尊属殺重罰規定事件**（最大判昭和48・4・4刑集27巻3号265頁）で，①「尊属に対する尊重報恩」といった「自然的情愛ないし普遍的倫理の維持」という本件区別の目的を合理的としながらも，②尊属殺に対する刑の「加重の程度が極端であつて，……立法目的達成の手段として甚だしく均衡を失し，これを正当化しうべき根拠を見出しえない」として，尊属殺重罰規定を著しく不合理なもので，違憲無効であるとした。これにより，本件被告人に普通殺に関する規定（刑法199条）を適用し，結論として，3年の執行猶予が付いた懲役2年6月の刑を言い渡したのである。本判決が，この事件で，上述したサラリーマン税金訴訟で使った明白の原則を適用せず，少なくとも区別の「程度」に対してやや厳しい審査を行ったのは，本件区別が α に（刑罰という）重大な不利益を与えるものであったからだろう。

▶ なお，本判決に対しては，そもそも①目的が，「一種の身分制道徳の見地」，あるいは，「尊属」に対する「卑属」（子，孫）の従属を強調する「旧家族制度論的倫理観」を反映したものであり，個人の尊厳を基本的立脚点とする現行憲法の下では不合理であるとする有力な批判がある（田中二郎裁判官の意見参照）。上でみた本判決が，「程度」が極端でさえなければ，「尊属に対する尊重報恩」を維持するために尊属殺と普通殺を「区別すること」（別異取扱い）を許容しているのに対して（前記**2**②(ii)参照），このような「**目的違憲**」説は，両者の区別それ自体を違憲と考える。また，本件区別は，「卑属」という「社会的身分」（憲法14

条1項）に基づく区別ととらえることができるとし，こうした観点から厳格な審査を行うべきだった，とする見解もある（(3)参照）。

Column ❹ 尊属殺重罰規定事件の後

本判決の翌年，最高裁は，尊属に対する傷害致死罪の法定刑を通常の傷害致死罪と区別する規定（刑法205条2項〔当時〕）を，本判決の枠組みに従い「合憲」と判断している（最判昭和49・9・26刑集28巻6号329頁）。本判決が，加重の程度が極端でない限り，区別それ自体を許容・温存するものであったために，こうした合憲判断が可能だったのである。なお，1995（平成7）年の刑法改正によって，尊属関連の加重規定（尊属殺人，尊属傷害致死，尊属遺棄，尊属逮捕監禁）は，加重の「程度」にかかわらず，すべて削除された。この点，立法府（国会）は，本判決（最高裁）とは異なる観点（目的違憲説）に立っていたと考えることもできる。

尊属殺重罰規定事件判決は，別異取扱いがαに与える負担の大きさが，裁判所による「合理性」審査を厳格化させた例として考えることができる。他方で，区別がαに与える不利益や負担が小さいと考えられたために，裁判所による「合理性」の審査が緩くなったとみられる事例もある。たとえば，嫡出でない子（＝α）の法定相続分を，嫡出子（＝β）の2分の1とする民法の規定が憲法14条に反するかが争われた事案で，平成7年の最高裁決定（最大決平成7・7・5民集49巻7号1789頁。以下，「平成7年決定」と呼ぶ）は，この規定が「相続制度」にかかわるものであること（前記(1)参照）に加えて，その法定相続分の定めが「遺言による相続分の指定等がない場合などにおいて補充的に機能する規定であること」（補充性）を考慮して，その「合理性」の審査基準を緩めた。つまり，遺言があれば，嫡出でない子も嫡出子と同等の（場合によってはそれ以上の）相続を受けることもありうるのであり，本件規定自体が嫡出でない子（α）に対して常に大きな不利益を与えるものではないとの考えが，立法府の裁量判断を尊重した緩やかな審査を導いたように思われるのである。

▶ 平成7年決定は，①法定相続分区別の目的を，「法律婚の尊重［法律婚により生まれた嫡出子を尊重すること］と非嫡出子の保護の調整」ととらえ，これを，民法が**法律婚主義**を採用している以上は「合理的」であると評価したうえ，②

2分の1という違いも,「右立法理由との関連において著しく不合理であり,立法府に与えられた合理的な裁量判断の限界を超えたものということはできない」として,本件の区別を合憲とした。要するに,平成7年決定は,本件区別が相続制度にかかわること,補充的規定であることから,立法府に広範な裁量を認め,その立法府が,相続制度を構築するうえで法律婚主義を基本にすえた以上は,法律婚の子と事実婚の子の相続分に2分の1程度の差がつくことは致し方ない(むしろ,嫡出でない子が嫡出子の2分の1の相続を受けられることを保障している)と判断したわけである(本件区別に関する新たな最高裁の判断につき,⇒68頁 3 **2** 参照)。

(3) 区別事由

かつての最高裁は,「合理性」審査の強弱を決する際に考慮すべき「事柄」として,「区別事由」を重視してこなかった。**(1)**で述べた分野・領域と**(2)**で述べた負担の性質・重さによって審査の厳しさ緩さを決定ないし設定してきたのである。

他方で,学説の多くは,審査基準の設定における考慮要素として,αとβを区別する際に指標となった**人の属性**(区別事由)を重視してきた。とくに,憲法14条1項に掲げられる**後段列挙事由**(「人種,信条,性別,社会的身分又は門地」)によってαとβと区別している場合には,歴史的にこれらの事由に基づく差別が広く存在してきたことを踏まえて,分野・領域や負担の性質・重さにかかわらず,裁判所は当該区別の「合理性」を,疑いの目をもって(つまりは厳しく)審査すべきと説いてきた(後段列挙事由に特別の意味を認めるため,「**特別意味説**」と呼ばれることもある)。

このような考えによれば,たとえば女性にのみ6カ月の再婚禁止期間を設けていた民法上の規定[4]は,後段列挙事由の1つである「**性別**」に着目した区別として,厳しく審査されることになる。また,上述した嫡出でない子の相続分区別規定も,「嫡出でない子」という「**社会的身分**」に着目した区別として,やはり厳格度の高い審査を受けることになろう。さらに,上述した尊属殺重罰規定も,「卑属」という「社会的身分」に着目した区別として,厳しい審査を

notes

④ **再婚禁止期間**　民法733条は,「女は,前婚の解消又は取消しの日から6箇月を経過した後でなければ,再婚をすることができない」と規定していた。**notes** ⑤も参照。

受ける可能性がある。

▶ 再婚禁止規定に関して最高裁は，「女性の再婚後に生まれた子につき父性の推定の重複を回避し，もって父子関係をめぐる紛争の発生を未然に防ぐ」とする同規定の目的には（父子関係の早期明確化という観点から）合理性を認められるが，同規定の定める再婚禁止期間のうち100日を超える部分については，民法772条の定める父性推定の重複を回避するために必要な期間ということはできないとして[5]，憲法14条1項・24条2項に違反すると判断した（最大判平成27・12・16民集69巻8号2427頁⇒235頁）。しかし，最高裁は本件で，性別が後段列挙事由に当たることを理由に審査を厳格化したわけではなく，この区別が「憲法24条1項の規定の趣旨に照らし，十分尊重に値する」婚姻の自由を直接制約するといった事情（「婚姻」は「重要な法律上の効果」を生じさせるものでもある）を「十分考慮に入れた〔合憲性の〕検討をすることが必要である」と述べるにとどめた（この点で，先述した負担の性質・重さを重視している）。

かりに区別事由に基づく厳格な審査が行われていたならば，（父子関係の早期確定はDNA鑑定等によってもなしうるために）再婚禁止期間の設定それ自体が違憲とされていた可能性もある。

いわゆる夫婦同氏制度（民法750条）についても，多くの場合，婚姻の際に女性が自らの氏を変えざるを得ないという実態があり，性別に着目した区別という側面があるが，最高裁は，「〔民法750条の〕文言上性別に基づく法的な差別的取扱いを定めているわけではなく，本件規定の定める夫婦同氏制それ自体に男女間の形式的な不平等が存在するわけではない」という点を重視し，憲法14条違反を否定している（最大判平成27・12・16民集69巻8号2586頁）。

▶ 「社会的身分」の意味については，様々な考えが提示されているが，「〔①〕人が社会において一時的ではなく占めている地位で，〔②〕自分の力ではそれから脱却できず，〔③〕それについて事実上ある種の社会的評価が伴っているもの」ととらえる見解（芦部信喜）が有力である。「嫡出でない子」という地位は，①②③いずれの要件も満たすものといえよう。

なお，「合理性」に対する厳しい審査とは，①区別の目的が「やむにやまれぬ」ほど必要不可欠なものか，少なくとも重要なものであることを要求し，かつ，②

notes

[5] 民法772条2項は，離婚から300日以内に生まれた子は前夫の子，結婚後200日を過ぎた後に生まれた子は現夫の子と推定する旨規定している。この規定からすると，かりに再婚禁止期間がなく，離婚と同時に再婚した女性が，再婚後200日から300日の間に生んだ子は，推定上，前夫の子であるとともに現夫の子になってしまう。この父性推定の重複を回避するためには，離婚と再婚を100日ずらすこと（再婚禁止期間を100日とすること）が必要であるし，またそれで足りるということになる。なお，2022年の民法改正により，再婚禁止期間は全面的に廃止された（父性推定の重複回避のために別の規定が新設された）。

裁判所が，合憲性の推定を排除して，その目的達成の手段が本当に目的達成にとって有効なのか，また，本当に必要なのかを社会的事実に照らして具体的・実質的に審査していくことを意味する。ポイントは，裁判所が，立法府の主張する区別の「合理性」に懐疑的な目を向けて，①当該区別を正当化するに足る実質的な目的が本当にあるのか，②立法府が述べるように，その手段が本当に目的と関連していて，それに過剰性はないかを厳密に審査する点にある。

3では，学説が，なぜ特別意味説にこだわってきたのか，あるいは，なぜ後段列挙事由による区別には一律に厳格度の高い審査を適用すべきと考えてきたのかについて，やや立ち入って検討してみたい。

3 「差別」問題へのセンシティビティ

1 憲法の反差別原理と厳格な審査

すでに述べたように，近代憲法は，そのなかに**反差別原理**を埋め込んでいる。それは，近代以前の身分制的秩序のなかで，人が，その者の個性や努力などではなく，その者の身分や所属集団にまとわりつく偏見や固定観念によって短絡的に評価されていたこと――「身分」や「集団」への否定的イメージによって，「個人」が一括りに評価されていたこと――への強い異議申立てを含んでいたからである。つまり，偏見に基づく差別から「個人」を救い出すこと（**個人の尊重**）が，近代憲法の重要な柱になっていたのである。

このように考えると，憲法14条1項の後段列挙事由には，やはり特別な意味があると考えるべきだろう。歴史的にみて，人は，人種・信条・性別・社会的身分・門地によって「差別」されてきたのであり，これらの事由に着目した区別は，上述の反差別原理からしても，はじめから差別ではないか，という疑いの目をもってみるべきだからである（**不合理の推定**）。

たとえば，かつて「男尊女卑」という言葉が存在していたように，歴史的に，女性に対する偏見や差別は存在した。このことから，現在でも，こうした偏見に基づく――実際には合理的な理由などない――差別的な法律がつくられる可能性はある。しかし，通常，立法者は，こうした偏見を隠し，表面上はもっともらしい理由を掲げるだろう。とくに，被差別集団は，政治過程においても少数派であることが多いから，このような**“目的偽装”**が政治過程で暴露され，是正される可能性は低い。したがって，裁判所としては，性別など，後段列挙事由に着目した区別については，不合理を推定し（「差別」の存在を疑い），厳格度を高めた審査を行う必要がある。

▶ 厳格度を高めることで，裁判過程において「差別」を暴き出すことができる。いま述べたように，立法者が，真の差別的意図や動機（A）を，もっともらしい目的（B）によって隠蔽したとしよう。このとき，採用された手段が，表面上掲げられたBと本当に関連するのか，Bにとって本当に必要かを厳格に問うことは，隠された差別的意図（A）を燻り出す機能を果たす。

また，仮に差別的な意図がないとしても，後段列挙事由に着目した区別は，それ自体，αはβとは“違う”（劣っている）とのイメージを再生産し，差別意識や偏見を助長してしまうことがある。多数派がいまだ偏見を除去しきれていないところに，改めてαとβとの法的区別が行われることで，その区別が，αの従属的地位を強調するメッセージとして社会に伝達されてしまう可能性があるわけである（**メッセージ伝達機能**）。そうすると，後段列挙事由に着目した区別は，②で述べた分野・領域や負担の性質・重さにかかわらず，区別自体否定的なものとしてとらえるべきであり，その正当化には「やむにやまれぬ」ほど必要不可欠な目的か，少なくとも重要な目的が要求されると考えるべきだろう。

このように，憲法の反差別原理を重視すれば，後段列挙事由に着目した区別については，分野・領域や負担の性質・重さにかかわらず，その「合理性」を厳しく審査すべきである。

▶ 反差別原理の重要性を踏まえて，憲法14条1項の前段（「すべて国民は，法の下に平等であ〔る〕」）と後段（「差別されない」）を分離して考える見解が説かれている（木村草太）。前段の《平等》問題では，別異取扱いの合理性が問われるのに対し，後段の《差別》問題では，差別か否かが，その意図や効果という点から，より直接的に問われるというのである。本章は，憲法の反差別原理を重視するという点で，こうした見解と考えを共通しつつも，前段と後段をまずは連続的にとらえ，「合理性」審査の厳格化によって，《差別》問題を燻り出していくというアプローチを採用している。

2　最高裁と反差別原理

この点で，「合理性」審査の厳格度を決する際に考慮すべき「事柄」として，区別事由を重視してこなかった従来の判例は，「差別」問題に対するセンシティビティを欠いてきたといわざるをえない。このことは，嫡出でない子の相続分区別規定の「合理性」を，それが「社会的身分」に着目した区別であるにもかかわらず，緩やかに審査してきた点にあらわれている。

しかし，近年の最高裁は，学界の通説である特別意味説を正面から認めたわけではないものの，区別事由にウエイトを置いた判断を行うようになってきている（「事柄の性質に即応して」合理性を判断するという判例の基本的な判断枠組みは，もともと区別事由について考慮することを排除するものではなかった）。

たとえば，子どもに日本国籍を付与する要件として，日本人の親の認知に加えて，「父母の婚姻……により嫡出子たる身分を取得」すること（たとえば，日本人の父と外国人の母が法律上婚姻していること）を求める国籍法3条の規定が，嫡出でない子と嫡出子とを区別するものとして憲法14条に違反するかが争われた事件（最大判平成20・6・4民集62巻6号1367頁）で，最高裁は，憲法が国籍制度の創設を法律に委ねていることから（憲法10条），国籍付与の要件設定については立法府の裁量が認められる旨を説きつつも（分野・領域），つぎのように述べて，上記区別の「合理性」を事実上厳しく審査した。

「日本国籍は，我が国の構成員としての資格であるとともに，我が国において基本的人権の保障，公的資格の付与，公的給付等を受ける上で意味を持つ重要な法的地位でもある［負担の性質・重さ］。一方，父母の婚姻により嫡出子たる身分を取得するか否かということは，子にとっては自らの意思や努力によっては変えることのできない父母の身分行為に係る事柄である［区別事由］。したがって，このような事柄をもって日本国籍取得の要件に関して区別を生じさせることに合理的な理由があるか否かについては，慎重に検討することが必要である」。

最高裁は，①本件区別の目的は，「我が国社会との密接な結び付き」を求める点にあるとし，その合理性を認めながらも（我が国より他国と強い結びつきをもつようであれば，日本国籍を付与する意味は減じられるし，かえって混乱も生じる），

②父母の婚姻が，本当にこの「結び付き」を担保することになるのかを，社会事実などを踏まえて慎重に検討したうえ，現在では，婚姻要件と上記目的との間に合理的関連性が認められないと判断した。つまり，ライフスタイルの多様化などによって，父母が婚姻したからといって，親子が常に（日本で）同居し，「我が国社会との密接な結び付き」が生まれるわけでもないし，逆に，婚姻していないからといって，親子が常に離散し，「結び付き」が確保されないわけでもないため，「婚姻要件」を求めることの手段的合理性がいまや乏しくなってきた，というのである（2**2**②(i)参照 ⇒58頁）。最高裁は，このように区別事由を考慮することで，審査の厳格度を上げ，結果的に本件の別異取扱いを違憲と判断したのである。

この**国籍法違憲判決**は平成20年のことであったが，最高裁は，その5年後の平成25年には，平成7年決定では合憲としていた嫡出でない子の相続分規定を違憲と判断した（最大決平成25・9・4民集67巻6号1320頁）。この平成25年決定の論理には不明瞭なところがあるが，少なくとも，同決定において，「本件規定の存在自体が……［嫡出でない］子に対する差別意識を生じさせかねない」と認められたこと（メッセージ伝達機能），本件区別が「子にとっては自ら選択ないし修正する余地のない事柄を理由」とするものであると明示されたことは注目されてよいだろう。

▶ 本決定が，これまで最高裁が示してきた判断枠組みのどの段階でその違憲性を判断したのかは明らかではない。国民意識の変化等により，本件規定の不合理の推定がさらに強くなったことで，「法律婚主義の尊重」という政策的な目的では，もはやこの「差別」的区別を正当化できなくなったということだろうか。そうなると，本決定は，目的違憲の判断を行ったことになる。

以上のようにみると，最高裁は，学説の主張してきた特別意味説の趣旨に一定の配慮をみせてきているように思われる。反差別原理が近代憲法の重要な柱であるとすれば，この方向性自体は決して間違っていないといえよう。

Column ❺ アメリカにおける同性婚問題

2013年，アメリカの連邦最高裁判所は，連邦法である婚姻防衛法（Defense

of Marriage Act, DOMA）が，連邦における「婚姻」はあくまで「異性婚」を意味し，「配偶者」は「異性」の相手方を意味すると定義し，ニューヨーク州によって認められた同性婚カップルに連邦法上の「婚姻」の効果を否定したことを，平等保護条項等に反して違憲と判断した（Windsor 判決）。最高裁は，「婚姻防衛法」の目的はもっぱら，同性婚を「第二級の婚姻」として位置づけ，同性カップルにスティグマを与えることにあるなどと判断したうえ，この法的規定によって同性婚に対する否定的メッセージが社会に伝達されるとした。

もっとも，この判決では，州が同性婚を禁じていることの合憲性について判断しなかったため，一部の州では依然として同性婚は承認されていなかった。そこで，同性婚が認められていない 4 つの州に居住する同性カップルが，州の同性婚を禁じる規定を違憲と主張して提訴したのが後の Obergefell 事件である。最高裁は，従来から婚姻の権利を合衆国憲法上の基本的権利と認めていたが，2015 年に出された Obergefell 判決は，それは婚姻に関する選択が個人の自律にかかわり，婚姻が二人の絆（bond）を支えるものであるからだと述べた。そのうえで，同性カップルに婚姻を認めないことは，彼らの「平等な尊厳（equal dignity）」を貶めることから，同性婚を認めない州法の規定は平等保護条項等に反して違憲と判断した。

近年，日本でも，同性婚を認めない民法上の規定の違憲性が裁判で争われるに至っている（→第**1**章**3**3参照）。同性愛者・同性婚と異性愛者・異性婚との間の区別に合理的な理由があるのか，それとも，こうした区別は偏見や敵意に基づく単なる《差別》にすぎないのか，当事者の視点にも立ちつつ具体的に検討してみてほしい。

CHECK

① 絶対的平等と相対的平等の違いとはどのようなものか。

② アファーマティブ・アクションとは何か。

③ 憲法 14 条 1 項の後段列挙事由に関する特別意味説とはどのような考え方をいうのか。

読書案内　Bookguide

木村草太『平等なき平等条項論――equal protection 条項と憲法 14 条 1 項』（東

京大学出版会，2008）
安西文雄「『法の下の平等』に関わる判例理論」戸松秀典＝野坂泰司編『憲法訴訟の現状分析』（有斐閣，2012）
辻村みよ子『ポジティヴ・アクション――「法による平等」の技法』（岩波書店，2011）
茂木洋平『アファーマティブ・アクション　正当化の法理論の再構築』（尚学社，2023）
西山千絵「法の下の平等」山本龍彦＝横大道聡編著『憲法学の現在地』（日本評論社，2020）

第2編
個別の人権

PART

CHAPTER

第1章

精神的自由

憲法 19 条・20 条・21 条そして 23 条は，人の精神活動の自由を謳っている。大日本帝国憲法のもとで，表現することが抑圧されたのみならず，心のなかの考えまで弾圧の対象となった。そのため日本国憲法では，内心における精神活動そのものを保障する 19 条をはじめとして，手厚く精神活動の自由が保障されている。

でも憲法で保障されているからといって，これらの自由を「あたり前」と思ってはいけない。国家が人の精神活動をコントロールするような事態が二度と起こらないよう，自由を保持する「不断の努力」（12 条）が必要である。

「心のなかで考えること」を，宗教という観点からこれをみれば信教の自由（20 条）となり，学問的な真理探究という観点からみれば学問の自由（23 条）となる。それらはいずれも「外部へ表現すること」と密接であるため，表現の自由（21 条）との関係は深い。本章では，それぞれの自由が保障されることの意味を，判例の理解を中心に学んでゆく。

1 思想・良心の自由

「思想及び良心の自由は，これを侵してはならない」と謳う日本国憲法19条は，包括的に人の内心における精神的活動そのものを保障する規定である。大日本帝国憲法下で，表現の抑圧のみならず思想の弾圧までなされた歴史が，本条が設けられた背景にある。

「心の内で考えること」は「外部へ表現すること」と密接な結びつきがあるため，思想・良心の自由（19条）と表現の自由（21条）の関係は深い。場合によっては信条による差別の禁止（14条）とも重なる。内心を宗教という観点からとらえれば信教の自由（20条）の，そして学問的な真理探究という観点に引き寄せれば学問の自由（23条）の問題となる。

1 思想・良心の意味と核心

憲法19条は「思想及び良心」を保障するが，判例ではしばしば「思想，信条」という言い回しが使われる。以下では，これらを包括する言葉として「内心」を使うこともある。

自分の心のなかでなら，どんなことを考えるのも自由である。「内心に立ちいたつてまで要求することは法の力を以てするも不可能である。この意味での良心の侵害はあり得ない」（謝罪広告事件・最大判昭和31・7・4民集10巻7号785頁の田中耕太郎裁判官補足意見）といわれたように，内心にとどまる限り，考えは絶対的に保障され，法的に非難されることはない。

判例は内心の自由の保障範囲を必ずしも明確に説明していないが，核心には，「歴史観ないし世界観」といった人格と密接な内心作用が据えられているものと考えられる[1]。判例では，①特定の思想を強制されないことと，②特定の思想の有無について告白することを強要されないこと（ピアノ伴奏事件・最判平成19・2・27民集61巻1号291頁，起立斉唱事件・最判平成23・5・30民集65巻4号1780頁等）に違反することは，思想・良心の自由を「**直ちに制約**」しうると想

notes

① たとえば後でみる起立斉唱事件最判では，「歴史観ないし世界観」と「これに由来する社会生活上ないし教育上の信念等」が慎重に区別され，前者が19条保障の中核に据えられているようにみえる。

定されているようである[2]。また思想・良心の自由への**間接的制約**にあたる場合があると理解されている（⇒77頁**3**参照）。

▶ 学説は大別すると思想・良心の自由の保障範囲について，人の人格形成に関連のある内面的精神活動に限定して解する説（信条説）と，広く内面を包括的に保障すると解する説（内心説）とがある。

2 外部的行動と内心

内心にとどまる限りは絶対的な保障を受け，いかなる制約も正当化されないが，外部に「行動」として表出した内心は，他者や社会公共と接点を持つため，制約の対象となる。しかし外部的行動と内心は密接なつながりがあることから，外部的行動の制約が内心の制約となる場合もある。19条をめぐる問題の多くは，内心に基づく外部的行動との関連において生じている。

外部的行動の制約と内心の制約との関係について，新聞紙に謝罪広告を掲載することを謝罪したくない被告に裁判所が命令できるのかが論点となった前述の謝罪広告事件で最高裁は，掲載を命じることが，場合によっては「良心の自由を不当に制限する」こともありうると認めている[3]。ただ当該事件のように，「単に事態の真相を告白し陳謝の意を表明するに止まる程度のもの」については強制しうるとの判断を示した。

また外部的行動と内心の密接な関係について，私人間の争いについてであるが[4]，企業者が労働者の雇入れに際して学生運動へ参加した事実などの申告を求めたことが19条違反となるか等が争われた三菱樹脂事件（最大判昭和48・12・12民集27巻11号1536頁）で，最高裁は次のように認めている。「元来，人の思想，信条とその者の外部的行動との間には密接な関係があり」，学生運動

notes

[2] ピアノ伴奏事件と起立斉唱事件で，校長の職務命令（ピアノ伴奏命令・起立斉唱命令）は，①「特定の思想を持つことを強制したり，これに反する思想を持つことを禁止したりするものではなく」，②「特定の思想の有無について告白することを強要するものともいえない」ため，「個人の思想及び良心の自由を直ちに制約するものと認めることはできない」としている。

[3] 本判決には「謝罪の意思表示の基礎としての道徳的の反省とか誠実さ」は思想良心に含まれないとした田中耕太郎裁判官補足意見や，「事の是非善悪の判断」も含むとする藤田八郎・垂水克己裁判官反対意見が付されており，最高裁内部で内心の自由の保障範囲をめぐる議論があったことが窺われる。

[4] その他の私人間における内心の自由や，団体の決定と構成員の内心の自由の衝突に関わる問題は第**2**編第**8**章（⇒240頁）で取り扱う。

への参加という行動は，必ずしも常に特定の思想，信条に結びつくものではないが，「多くの場合，なんらかの思想，信条とのつながりをもつていることを否定することができない」。特定の思想の有無そのものではなく事実の申告を求めることに，内心との「つながり」が肯定された点は注目されよう。

他方で，内心と外部的行動をすっぱり切断し，後者の問題とすることで，憲法19条の問題が生じないとした例も少なくない。麹町中学内申書事件（最判昭和63・7・15判タ675号59頁）では，原告Xが高等学校の受験に際し，中学校から提出された調査書（内申書）の記載が理由ですべての高等学校に不合格となったことが争われた。内申書の「備考」欄等に，「校内において麹町中全共闘を名乗り，機関誌『砦』を発行した」などの記載があったのである。最高裁は，内申書の「記載に係る外部的行為によつてはXの思想，信条を了知し得るものではない」などとして，違憲の主張をしりぞけている。

また，渋谷暴動事件（最判平成2・9・28刑集44巻6号463頁）では破壊活動防止法39条・40条の煽動罪の合憲性が論点となった。最高裁は「せん動として外形に現れた客観的な行為を処罰の対象とするものであって，行為の基礎となった思想，信条を処罰するものでないことは，各条の規定自体から明らかである」ことを理由として合憲と判断した。

3 「直ちに制約」する場合と「間接的な制約」の場合

思想・良心の自由を「直ちに制約」する場合と「間接的な制約」の場合を区別する議論が判例に登場したのは，公立学校での「日の丸」・「君が代」の扱いをめぐる訴訟を通してであった。

▶ 1990年代半ばより，公立学校の式典で日章旗を掲げ，「君が代」を斉唱する方針による行政指導が強まったが，教育現場を中心に反対も強く，社会的にも大きな問題となった。そのようななかで「国旗及び国歌に関する法律」が99年に制定され，それを機に学校儀式で国旗掲揚・国歌斉唱をとり行うことについて，さらに強力な行政指導が行われ，数多くの訴訟が提起されることとなった。

「直ちに制約」する場合

ピアノ伴奏事件⑤も起立斉唱事件⑥も，思想および良心の自由への制約の有無について，一般的・客観的見地から判断するという枠組みを示した。いずれも同様の論理展開であるので，起立斉唱事件を例にとり，みてみよう。

最高裁は，「我が国において『日の丸』や『君が代』が戦前の軍国主義や国家体制等との関係で果たした役割に関わる上告人ら自身の歴史観ないし世界観及びこれに由来する社会生活上ないし教育上の信念等」が問題となっているととらえる。起立斉唱行為は「一般的，客観的に見て，これらの式典における慣例上の儀礼的な所作としての性質を有するものであり，かつ，そのような所作として外部からも認識されるもの」であって，本件職務命令は「歴史観ないし世界観を否定することと不可分に結びつくもの」ではない。また起立斉唱行為は，「それ自体が特定の思想又はこれに反する思想の表明として外部から認識されるものと評価することは困難」であり，職務命令の場合は「一層困難である」。そこで本件職務命令は，「特定の思想を持つことを強制したり，これに反する思想を持つことを禁止したりするものではなく」，「特定の思想の有無について告白することを強要するもの」ともいえず，「個人の思想及び良心の自由を直ちに制約するものと認めることはできない」とした。

「間接的な制約」の場合

その上で起立斉唱事件では，起立斉唱行為が，「**一般的，客観的**に見ても，国旗及び国歌に対する**敬意の表明の要素を含む行為**」であることに注目された。この点が先例である音楽専科の教諭のピアノ伴奏との違いとしてピックアップされて，下記のような間接的制約論が展開された。

「自らの歴史観ないし世界観との関係で否定的な評価の対象となる『日の丸』や『君が代』に対して敬意を表明することには応じ難いと考える者」が起立斉唱行為を命じられると，「その行為が個人の歴史観ないし世界観に反する特定の思想の表明に係る行為そのものではないとはいえ，個人の歴史観ないし世界

notes

⑤ 東京都内の公立小学校校長が，音楽専科の教員であるＸに入学式で「君が代」ピアノ伴奏を行うよう職務命令を発令したところ，Ｘがこれを拒否したため，職務命令違反を理由とする戒告処分が下され，処分取消しが求められた事件。

⑥ 式典で国旗に向かって起立し国歌を斉唱することを命ずる校長の職務命令の合憲性が争われた事件。ほとんど内容が同じである三つの小法廷判決（つまり実質的な大法廷判決）が出された（最判平成23・5・30民集65巻4号1780頁，最判平成23・6・6民集65巻4号1855頁，最判平成23・6・14民集65巻4号2148頁）。

観に由来する行動（敬意の表明の拒否）と異なる外部的行動（敬意の表明の要素を含む行為）を求められることとなり，その限りにおいて，その者の思想及び良心の自由についての**間接的な制約**となる面があることは否定し難い」。

これは理解するのが容易とはいえない文章であるが，外部的行動一般への間接的制約が語られているのではなく，限定的に，「一般的，客観的に見ても，国旗及び国歌に対する敬意の表明の要素を含む行為」について，特定の人の思想および良心の自由への「間接的な制約となる面」が認められているといえる。

そして制約が正当化されるかどうかの判断枠組みは，「職務命令の目的及び内容並びに上記の制限を介して生ずる制約の態様等を**総合的に衡量**して，当該職務命令に上記の制約を許容し得る程度の必要性及び合理性が認められるか否かという観点から判断する」とされた。本件については，制約を許容しうる程度の必要性および合理性が認められると判断している。

判例から，「思想及び良心の自由」の憲法的な保障範囲や制約について，はっきりとした輪郭を描き出すことは困難である。憲法が思想・良心を保障することの意味は，今後の議論の展開が待たれる。

表現の自由

1　表現の自由の意味

SNSで発信する，皆の前で話す，フライヤーを作ってネットプリントできるようにする，音楽を作る，絵を描く――。これらはすべて「表現の自由」に関係している。表現の自由は，方法においても内容においても，保障の範囲が広く理解されるようになっていて，心のなかを外に表すことに関連するおよそすべての，**コミュニケーションの全過程にかかわる自由**であると理解されるに至っている。

表現の自由を空気のようにあたり前と感じている人もいるかもしれない。でも，むしろ国家による規制のもとにあるのが普通だったのであり，表現の自由を求める先人たちの闘いの末に今がある。そして，自由に表現できることをあたり前とする社会を維持するための不断の努力を続けなければ，あっという間に息詰まる社会になってしまいかねない。「フォロワー数は自分に突きつけられる銃口の数」というネット格言もある。表現の自由はいつの時代も，常に今日的な問題である。

何かを表現するということは，人間の本質的欲求に深く結びついていて，また政治や社会を変える原動力でもある。「ペンは剣よりも強し」というように，表現活動が私たちの心や行動に与える影響は，とても大きい。そのため，昔から表現活動は，権力者による抑圧の恰好の対象だったのである。

戦前の日本では，「表現の自由」という考え自体，取り締まる側にも市民の側にもきちんと認識されてはいなかった。取り締まられない限りでの「自由のような空間」にとどまっていたのである。大日本帝国憲法29条は「日本臣民ハ法律ノ範囲内ニ於テ言論著作印行集会及結社ノ自由ヲ有ス」とあり，「法律の範囲内において」しか保障されない自由であった。これに対し，日本国憲法21条は，「集会，結社及び言論，出版その他一切の表現の自由は，これを保障する」と高らかに謳っている。

▶ 今日的な意味での表現の自由論が世界で最初に展開しはじめたのはアメリカであり，1919年の幾つかの判決が起点とされている。アメリカの議論は諸国の表現の自由論に大きな影響を与えてきた。日本においても，とくに学説に与えた影響は多大であり，また判例もアメリカの議論に学び，これを下敷きにして展開してきたといえる。

表現の自由を手厚く保障する根拠

表現の自由は他の人権と比較して**優越的地位**をもつという言い方もされる。では，そもそも，なぜ表現の自由は大切なのか，その価値とは何か。表現の自由を手厚く保障する根拠としては，いろいろな理由が挙げられており，表現の自由の価値は，これらが組み合わさって相互補強的に説明されうる。

たとえば，よど号ハイジャック新聞記事抹消事件で最高裁は，「およそ各人が，自由に，さまざまな意見，知識，情報に接し，これを摂取する機会をもつことは，その者が個人として自己の思想及び人格を形成・発展させ，社会生活の中にこれを反映させていくうえにおいて欠くことのできないものであり，また，民主主義社会における思想及び情報の自由な伝達，交流の確保という基本的原理を真に実効あるものたらしめるためにも，必要なところである」と述べている（最大判昭和58・6・22民集37巻5号793頁）。

下線を引いた箇所にもみられるように，表現の自由が手厚く保障されるべき理由として，人格形成にとっての意義（**自己実現**）と，民主主義社会にとっての役割（**自己統治**）が，しばしば挙げられてきている。とくに後者の観点は，最高裁が強調してきたところである（北方ジャーナル事件・最大判昭和61・6・11民集40巻4号872頁等を参照）。

また，表現の自由の価値を正当化する議論には，何が「正しい」ことか，何が「真理」なのかは，社会で自由闊達な意見が交わされてこそ，近づくことができるとする「**表現の自由市場**」論⑦がある。

さらに，表現の自由には，「こわれやすく傷つきやすい」という特性があることも，表現の自由が手厚く保障されるべき理由として挙げられる。度胸のある変わり者しか声をあげられない社会は「自由」からは程遠いし，民主主義社会とはいえない。表現を**萎縮**させたり，抑止させたりする効果をもつ規定は，すみやかに取り除かなければならないのである。

以上の理由が重なり合って，表現の自由の価値を支えている。表現の自由が重要な機能を果たすことについて，今日では判例・学説ともに異論の余地がない。

類型的アプローチ

もっとも，表現の自由に関わる事件において，裁判所が具体的にどのような手法で表現の自由を保障するべきかは，学説と判例で一致をみているとはいえない。学説では，判例は抽象的には表現の自由の重要性を述べてはいるものの，真に特別な保護を認めているとはいえないとの批判も強くなされている。

アメリカの判例・学説は，表現の自由について，**二重の基準論**（→第**1**編第**2**章 ⇒26頁）を背景として，裁判官の思考をあらかじめ枠づけるアプローチを採用してきた。個別の事案に依存させることなく，一定の類型に当てはまるものを

notes

⑦ アメリカ合衆国連邦最高裁判所判事を務めたO・W・ホームズの議論に由来する。

一律に扱うことで，表現の自由の優越的地位を担保しようとするものである。そのような類型的アプローチは日本での議論にも大きな影響を与えてきている。そこで以下では，表現の自由をめぐる問題を，いくつかの代表的な類型をピックアップしながらみてゆくこととする。

2 事前抑制・検閲の禁止

事前抑制とは，許可制のように，表現行為が行われるタイミングよりも前に規制を加えることをいう。表現の自由市場への情報の流入段階で，いわば元栓を閉めてしまうことは，表現の自由へのもっとも厳しい制限である。表現活動が害悪をもたらす場合は事後的な制裁により対処すべきであり，表現の事前抑制は原則として禁じられ，例外的に許される場合には厳格な審査が必要である。

もっとも日本では，以下で判例を確認するように，「事前抑制の典型である**検閲**として絶対的に禁じられる内容は狭く限定的に，事前抑制の禁止の原則については例外を広く容易に認める」という姿勢を示しており，事前抑制・検閲の禁止は，表現の自由を保障する手法として役に立っているとは，必ずしもいえない。

検閲の概念

憲法21条2項前段は「検閲は，これをしてはならない」と定める。では事前抑制と検閲はどのような関係にあるか。

これについては二つの立場がある。ひとつは21条1項と2項とを区別することなく理解する一元説であり，もうひとつが，21条1項と2項を区別して理解し，事前抑制は例外を許容するが，検閲は例外を許さない絶対的禁止として考える二元説である。

判例が二元説の立場を示したのは，札幌税関検査事件（最大判昭59・12・12民集38巻12号1308頁）である。当時の関税定率法21条1項3号が「公安又は風俗を害すべき書籍，図書，彫刻物その他の物品」を輸入してはならないと定めており，当該規定に基づいて税関職員が書籍等の輸入にあたって内容を検査すること（税関検査）の検閲該当性が問題となった。

最高裁は，憲法の「検閲の禁止」は「公共の福祉を理由とする例外の許容

（憲法12条，13条参照）をも認めない趣旨を明らかにしたもの」として，「絶対的禁止と解すべき」とした。そして検閲については，次の四つの要件を満たすものと定義している。①行政権が**主体**となって，②思想内容等の表現物を**対象**とし，③その全部または一部の発表の禁止を**目的**としており，**態様**としては④網羅的一般的な事前審査，である。そして本件について，この要件をあてはめるに，税関検査は検閲にはあたらないとした。

検閲の絶対禁止が成り立つためには，定義を狭く限定する必要があるが，狭くしすぎると，該当する制度が存在せず，結局，意味がない。本判決の定義はまさにそういうものであると批判されている。

事前抑制

そうであるとはいえ最高裁も《絶対的に禁止される検閲以外について緩やかに判断する》という立場はとっていない。検閲以外の事前抑制についても原則的に許されず，厳格な審査に服することを明らかにした判例が，名誉毀損表現の裁判所による事前差止めが争われた北方ジャーナル事件（最大判昭61・6・11民集40巻4号872頁）である。

この判決は，「**原則・例外**」という思考方法を軸に議論を進めている点に特徴がある。最高裁は，上掲・札幌税関検査事件の定義を用いて，裁判所による事前差止めは検閲にはあたらないが，事前抑制には該当するとした。そして事前抑制を事後制裁の場合と区別して，「表現行為に対する事前抑制は，表現の自由を保障し検閲を禁止する憲法21条の趣旨に照らし，厳格かつ明確な要件のもとにおいてのみ許容されうる」とする。

そして，「公共の利害に関する事項」である場合，「表現行為に対する事前差し止めは，**原則**として許されない」としつつ，例外として許される場合につき，次のように要件をルール化した。①「その表現内容が真実でなく，又はそれが専ら公益を図る目的のものでないことが明白であって」，②「かつ，被害者が重大にして著しく回復困難な損害を被る虞があるとき」は「**例外**的に事前差し止めが許される」。また，手続的には「口頭弁論又は債務者の審尋を行い，表現内容の真実性等の主張立証の機会を与えることを原則」とし，例外として債権者の提出した資料により実体的要件が認められるときは口頭弁論または債務者の審尋なしで差し止めることができるとした。

この要件は「厳格かつ明確」であろうか。①の要件では,「又は」という接続詞によって差止めが許される対象が「専ら公益を図る目的のものでないことが明白」なものにまで広げられており,《事前抑制が事後制裁よりも厳しく審査される》という前提を掘り崩すおそれをはらんでいるのではないか。

さて,以上にみた北方ジャーナル事件は,公務員または公職選挙の候補者に対する名誉毀損表現の仮処分による事前差止めの事例であった。ではプライバシー権(→第**1**編第**3**章[⇒34頁],第**2**編第**4**章[⇒173頁])侵害を根拠とした出版差止めではどうか。名誉毀損とプライバシー侵害では,その保護する法益が違う。名誉毀損は社会的評価を保護法益とするが,プライバシーは社会的評価から自由な領域を保護されるべき法益と考えている。つまり名誉毀損とは異なって,侵害されたプライバシーを,さらなる言論で対抗して回復することは,事柄の性質上,不可能である。そこで裁判所による事前の救済として出版差止めが求められることが多い。この領域については,事例判断の最高裁判決(「石に泳ぐ魚」事件)があるものの,未だ判例上のルールが確立しているとはいえない段階にある。

「石に泳ぐ魚」事件は,小説「石に泳ぐ魚」が顔面に大きな腫瘍を持つある登場人物について,執拗かつ殊更に腫瘍を描写し過去を描いていたところ,登場人物と同じような腫瘍という特徴や経歴を有する私人が,本件小説の描写等によりプライバシー権,名誉権および名誉感情を侵害する不法行為があったとして,単行本での出版等による公表の差止め等を求めた事件であった。最高裁は,**個別的な利益衡量**により差止めを命じた控訴審判決を,ほとんど理由を述べることなく是認した(最判平成14・9・24判時1802号60頁)。

その後,下級審決定であるが,著名な政治家の長女の離婚という事実を報じた週刊誌の記事の差止めが求められた週刊文春差止仮処分事件では,北方ジャーナル事件で示された要件を参考に,また「石に泳ぐ魚」事件も比較検討の素材としながら,表現対象の事項により三つのタイプに分けてルール化が試みられた。三つのタイプとは,①「公共の利害に関する事項」(北方ジャーナル事件),②「公共の利害に関する事項」に係ると主張されている事項,③「公共の利害に関する事項」ではない事項(「石に泳ぐ魚」事件)であり,②について,差止めの基準を定式化したものである(異議審決定〔東京地決平成16・3・19

判時1865号18頁〕，抗告審決定〔東京高決平16・3・31判時1865号12頁〕）。

具体的には，プライバシー侵害を理由とする出版物の印刷，製本，販売，頒布等の事前差止めについて，当該出版物が公共の利害に関する事項に係るものといえるか，もっぱら公益をはかる目的のものでないことが明白であり，かつ被害者が重大にして著しく回復困難な損害を被るおそれがあるといえるかを問い，当該表現行為の価値が被害者のプライバシーに劣後することが明らかであるかを判断するものである。

3　明確性の法理・過度広汎性ゆえに違憲

「不明確である」とか「過度に広汎である」という法令の規定のあり方を問うて違憲の主張を可能とする法理に，**明確性の法理**（**漠然性の法理**），**過度広汎性の法理**がある[8]。いずれもアメリカ由来の議論であり，少なくとも理論のうえでは，日本の判例でも類似の法理が受け入れられている。学説では，表現の自由がかかわる場合については，萎縮効果の早期の除去という観点から，とくに高度の明確性が求められると解されている。もっとも判例はこれらの法理を用いて違憲無効としたことはなく，素直に読めば不明確だったり広汎だったりする条項も，解釈を施したうえで合憲とされるのが通常である。

4　表現内容規制と内容中立規制

「表現内容規制／内容中立規制」という二分論は，表現の自由を最大限に保障するためにあらかじめ類型を設定するというアプローチにおける，基本的な類型である。表現の自由への規制を，表現の内容に注目した規制である**内容規制**と，街頭演説・ビラ貼り・ビラ配り規制など表現の手段・方法等を規制する**内容中立規制**に分ける議論は，アメリカの判例・学説で展開したものであり，日本の学説でも一般に受け入れられている。

内容規制を厳しく審査する必要があるのは，不当な動機に基づく規制である

notes

⑧　明確でありながら広汎な規定もあり，これら二つの法理は概念的には区別されうるが，表現の自由をめぐってはとくに，実際には両者は重なりあうことも多い。また日本の最高裁は，基本的には，これらを区別して論じていない。過度広汎性ゆえに違憲の法理は，アメリカでは憲法上の争点の主張適格の問題として展開してきたが，日本の判例ではそのような点での展開はみられない。

可能性が高いことや，公共討論を歪曲する効果をもつことが挙げられている。とくに，内容規制のなかでも**観点に基づく規制**は，最も強く違憲性の推定がはたらく類型であるとされる。たとえば，もしも政権党を批判する見解をテレビで流してはいけないなどとされるならば，「政権に批判的」という特定の観点が表現の自由市場から排除されてしまい，表現の自由の民主主義的価値を大きく損なってしまう。これに対して表現内容に中立な規制であれば，別の時，場所，態様等のルートから表現の自由市場へ流入することができるため，恣意的に表現が抑圧される危険がより少ないであろう。そこで内容規制よりも厳格度を緩めた審査基準が妥当する。

日本の判例も，「表現内容規制・内容中立規制」二分論を抽象的なレベルでは受け入れているようにみえる。そのことは，たとえば，名誉毀損表現など表現の内容に着目する規制をめぐっては表現の自由を重視するような一定の判例の展開がある一方で，ビラ貼り規制等につき表現手段の規制という点を述べながら緩やかな審査をしていることにみてとれる。また猿払事件（最大判昭和49・11・6刑集28巻9号393頁）における，公務員の政治的行為への国家公務員法および人事院規則による規制は「意見表明そのものの制約をねらいとしてではなく，その行動のもたらす弊害の防止をねらいとして禁止する」ものであり，「行動の禁止に伴う限度での**間接的，付随的な制約**に過ぎ［ない］」といった言い回しからは，「意見表明そのもの」については厳しく審査することを，抽象的には前提としているであろうことが引き出せよう。

もっとも，「表現内容規制にあたる」として厳しく審査をした判例はないため[9]，二分論の枠組みは結局のところ，表現規制の多くを占める「内容中立規制」について審査の厳格度を緩める言い訳として機能しているともいえる。二分論に批判的な学説も有力に説かれる所以である。

表現内容規制

(a) 審査基準

学説で，表現内容規制への審査基準としては，いわゆる**厳格審査基準**⇒27頁が用い

notes

[9] 後述する立川ビラ⇒96頁事件（最判平成20・4・11刑集62巻5号1217頁）は，最高裁はそう位置づけていないが，観点に基づく規制にあてはまるべき事例だったのではないかとの疑いが示されている。

られるべきと考えられている。これは，立法目的が「やむにやまれぬ政府利益」であり，そのために「ぴったりと裁断された」必要最小限度の手段である場合にのみ，規則が合憲となるというものであり，パスするのがきわめて難しい厳しい基準である。つまり例外的な場合を除いて表現内容に着目する規制は違憲となる。なお判例でこの違憲審査基準がそのままの形で用いられた例はない（第**1**編第**2**章**23**参照）。⇒26頁

(b) **低価値表現**

同じく内容に基づく規制であるにもかかわらず，厳格な審査基準が適用されないカテゴリーが存在する。具体的には，猥せつ文書販売などの取締り（刑法175条）や名誉毀損の禁止（刑法230条，民法709条），などが挙げられる。

そもそも，これらは保護に値する表現ではないとされてきた。しかし，名誉毀損は権力者が自己に対する批判を抑圧する手段であったことなど，特定の見解や思想を弾圧する「口実」として使われてきたのであり，本来は保護されるべき表現に萎縮効果が及ばないよう，細心の注意が払われなければならない。

今日では，猥せつ文書や名誉毀損表現なども，表現の自由の保障と関係すること自体は認められてきている。そして，もとがゼロ保障だったからこそ，規制の対象とされてはならない表現が規制されないよう，保護に価する表現を救いだす作業が必要になるのである。

アメリカでは，1960年代以降，表現の自由の優越的地位論の展開とともに，保障対象外とされてきたなかでも類型分けをして，手厚く保障を受けるべき表現や規制されるべき表現をあらかじめ定義しておいて（つまり定義づけの段階で比較衡量して），あとは個別の事案がそれにあてはまるかどうかを判断する**定義づけ衡量**（definitional balancing）という手法が用いられてきている。

▶ 具体的な事案に即して利益衡量を行う方法を**個別的衡量**（ad hoc balancing）と呼ぶ。

日本の判例でとくにそのようなアプローチ方法が顕著にみられるのは，名誉毀損表現をめぐってであり，猥せつ表現についても一定の判例の展開がみられる。以下ではこれら二つに重点をおきながらみていこう。

(c) **名誉毀損表現**

究極的な根拠を憲法13条におく名誉権は人格権のひとつであり，民事的に

も刑事的にも保護されている（民法709条，刑法230条）。「名誉毀損表現は，言論の自由の乱用であって，憲法の保障する言論の自由の範疇に含まれない」（謝罪広告事件・最大判昭和31・7・4民集10巻7号785頁）とされる。

不法行為としての名誉毀損についても刑法230条の2の趣旨が妥当し（最判昭和41・6・23民集20巻5号1118頁），つまり日本で名誉と表現の調整に関わるルールの骨組みを作っているのは，刑法230条および230条の2である。

刑法230条1項は「公然と事実を摘示し，人の名誉を毀損した者は，その事実の有無にかかわらず，3年以下の懲役若しくは禁錮又は50万円以下の罰金に処する」とする。すなわち真実であれ，虚偽であれ，人の社会的評価を低下させる事実を不特定多数の人へ発信したならば，責任が問われる。しかし，虚偽である表現行為により名誉が毀損されたのならともかく，摘示された事実が真実であっても名誉毀損が成立するとなると，表現の自由へ萎縮効果が働いてしまって，民主主義社会が機能するのに必要な情報までも流れなくなる危険がある。そこで，戦後の刑法改正によって**公共の利害**に関する特例として，一定の場合に真実の伝達を手厚く保護するため，230条の2が追加された。

▶ 刑法230条の2「前条第1項の行為が**公共の利害に関する事実**に係り，かつ，その**目的が専ら公益を図ること**にあったと認める場合には，事実の真否を判断し，**真実であることの証明**があったときは，これを罰しない。

2 前項の規定の適用については，公訴が提起されるに至っていない人の犯罪行為に関する事実は，公共の利害に関する事実とみなす。

3 前条第1項の行為が公務員又は公選による公務員の候補者に関する事実に係る場合には，事実の真否を判断し，真実であることの証明があったときは，これを罰しない。」

同法230条の2による名誉権と表現の自由の調整の結果，「公共の利害に関する事実」にかかる表現の場合には，表現の自由が名誉権に譲歩を迫る。その際の鍵となるのが，「真実であることの証明」である。

しかしさらに問題は残っている。というのも同法230条の2第3項によれば，「公務員又は公選による公務員の候補者に関する事実」の場合であっても，真実性の証明が求められるためである。真実であることを証明できるものしか表現できないとすれば，表現の自由への萎縮効果を生んでしまう。本来なされるべき表現が萎縮させられないためには，名誉と表現の調整をもう一段階，表現の自由に有利に傾ける必要がある。

この再調整は，法律改正によってではなく，最高裁判例法理の形成によりなされた。民事事件については前掲・昭和41年判決であり，刑事事件については夕刊和歌山時事事件（最大判昭和44・6・25刑集23巻7号975頁）である。これらで示されたルールは，表現行為者がその事実を真実であると誤信し，その誤信したことについて，**相当の理由**があるときは，表現行為に対する故意または過失がないので責任を問えないというものである（相当性の法理）。つまり，《公共の利害に関する事実を摘示する言論への萎縮効果の除去という社会的な効用のために，本来なら名誉毀損に問われる表現をも許容する》という判例法理が展開したのである。もっとも，その後，刑事事件においても民事事件においても，裁判所は「相当の理由」を厳しく判断してきている。

また何が「公共の利害に関する事実」であるかについては，「月刊ペン」事件（最判昭和56・4・16刑集35巻3号84頁）が，社会に影響力を及ぼしうる立場にある私人については，普通の私人の場合とは異なった扱いがされることを明らかにした。「私人の私生活上の行状であつても，そのたずさわる社会的活動の性質及びこれを通じて社会に及ぼす影響力の程度などのいかんによつては，その社会的活動に対する批判ないし評価の一資料として，刑法230条の2第1項にいう『公共ノ利害ニ関スル事実』にあたる場合がある」。

この「月刊ペン」事件で明らかにされた法理は，アメリカの判例法理における**公人理論**と類似していると指摘されることがある。これは，「公職者」や「公的人物」といった公人は事実上，メディアへアクセスして反論することが可能であるのだから，名誉毀損的言論には「さらなる言論」で対応すべきという考え方（**対抗言論**）に基づいている。

もっとも，対抗言論は，名誉と表現の調整を裁判所が行う相当性の法理の考えとは，考え方を異にしていることには注意が必要である。対抗言論は権力に頼らずに市民社会で解決することを志向するため，対等な立場で表現できる空間が確保されることが前提として必要なのである。

では，誰でも発信者となることのできるインターネット空間において，対抗言論の考えはとれるだろうか。この点，インターネット上の表現行為による名誉毀損罪の成否が争われたラーメン・フランチャイズ事件は，従来の基準を適用したならば有罪となるような事案であった。第一審判決ではインターネット上では被害者は容易に加害者に対して反論することができるという特質が注目されて，対抗言論のアプローチがとられた。判決は，「加害者が，摘示した事実が真実でないことを知りながら発信したか，あるいは，インターネットの個人利用者に対して要求される水準を満たす調査を行わず真実かどうか確かめないで発信したといえるときにはじめて同罪に問擬するのが相当」として相当性の法理を緩和したうえで，被告人を無罪とした（東京地判平成20・2・29刑集64巻2号59頁）。

これに対し，控訴審判決と最高裁判決は，相当性の法理の緩和を受け入れなかった。最高裁は，インターネット上の情報は瞬時に閲覧可能であるため名誉毀損の被害は時として深刻であり，インターネット上での反論によって十分に名誉の回復がはかられる保証があるわけでもないことから，他の場合と同様に判断されると判断している（最決平成22・3・15刑集64巻2号1頁）。

(d) 猥せつ表現

「低価値表現」の二つ目のカテゴリーとして，猥せつ表現を取り上げよう。刑法175条は「わいせつな文書，図画，電磁的記録に係る記録媒体その他の物を頒布し，又は公然と陳列した者」および「有償で頒布する目的で，前項の物を所持し」た者を処罰する。猥せつ表現をめぐる判例理論は，猥せつの判断基準や判断方法を中心に，一定の展開をみてきた。

リーディング・ケースである，D・H・ロレンスの「チャタレイ夫人の恋人」の訳書の出版事件（最大判昭和32・3・13刑集11巻3号997頁）で最高裁は，刑法175条が猥せつ文書の頒布販売を犯罪として禁止しているのは「最小限度の性道徳の維持」という趣旨であるとし，「猥せつ」という曖昧な文言を次のように定義した。①「徒（いたず）らに性欲を興奮又は刺激せしめ」，②「且つ普通人の正常な性的羞恥心を害し」，③「善良な性的道義観念に反するもの」（**猥せつ三要件**）。そして，裁判所が「一般社会において行われている良識すなわち社会通念」に従って，猥せつ性を判断するという立場を明らかにした。また，本判決は，芸術性と猥せつ性の関係および判断方法について，「高度の芸術性といえども作品の猥褻性を解消するものとは限らない」とし，猥せつな部分が含まれていれば全体として芸術的作品であっても猥せつ文書と評価するという**部分**

的考察方法を採用した。

しかし，そもそも「性的秩序を守り，最少限度の性道徳を維持すること」という保護法益が最小限度の道徳といえるのか。かりにいえるとしても，先にみた猥せつの定義は依然として曖昧であって，そのような定義によって表現内容の規制をすることは，恣意的な法執行を可能とするのでないか。見たくない人の自由や未成年者の保護のためであれば，販売や陳列の仕方や場所など，表現の「時・場所・態様」の規制により十分に目的が達成できる。このような理由から刑法175条は，規制が広汎にすぎて違憲，あるいは，趣旨に合致するような限定解釈が必要という見解が学説では有力である。

その後の判例展開においては，猥せつ表現に該当する表現が限定される傾向にある。マルキ・ド・サドの「悪徳の栄え」の訳書の出版事件で，最大判昭和44・10・15刑集23巻10号1239頁は，猥せつの判断方法として，「章句の部分の猥褻性の有無は，文書全体との関連において判断されなければならない」として，チャタレイ事件のような部分的考察方法ではなく，**全体的考察方法**を採用した。さらに「四畳半襖の下張」事件（最判昭和55・11・28刑集34巻6号433頁）では，猥せつ判断の方法が詳しく述べられている。

表現の自由を最大限保障するためには，規制されうる猥せつ表現の範囲を，より一層明確にする努力が不可欠である。この点，最判昭和58・3・8刑集37巻2号15頁の伊藤正己裁判官補足意見は，憲法21条の保障対象外とするものを限定するひとつの試みと理解できる。

> ▶ 伊藤裁判官補足意見は猥せつ性が問われる文書図画について，ハード・コア・ポルノと，それにはあたらないが「猥褻」的要素のつよいもの（準ハード・コア・ポルノ）とを区別する。ハード・コア・ポルノは，「事後の処罰や制裁については，それは憲法21条1項の保護の範囲外」であるが，準ハード・コア・ポルノは「芸術性や思想性の要素を含み，ある程度の社会的価値をもつものがありうるから」，憲法上の保障の範囲外とはいえず，「猥褻ノ文書，図画」にあたるか判断するには「当該性表現によつてもたらされる害悪の程度と右作品の有する社会的価値との利益較量が不可欠」とした。

(e) 有害図書

関連して，青少年保護の観点から健全な育成をはかるために，猥せつに到らない図書についても，**有害図書**として多くの都道府県が規制条例を制定していることに触れておこう。条例の一般的な内容としては，有害図書の頒布販売と自動販売機への収納の禁止である。

岐阜県青少年保護育成条例事件[10]で最高裁（最判平成元・9・19刑集43巻8号785頁）は，有害図書が「青少年の健全な育成に有害であることは，既に社会共通の認識になっている」として，「有害図書の自動販売機への収納の禁止は，青少年に対する関係において，憲法21条1項に違反しないことはもとより，成人に対する関係においても，有害図書の流通を幾分制約することにはなるものの，青少年の健全な育成を阻害する有害環境を浄化するための規制に伴う必要やむをえない制約であるから，憲法21条1項に違反するものではない」と判断した。法廷意見においては，「青少年の知る権利」については触れるところがなかったが，伊藤正己裁判官補足意見はこの観点から問題をとらえて，「青少年は，一般的にみて，精神的に未熟」であることを理由に，「青少年のもつ知る自由は一定の制約をうけ［る］」のであり，そのため有害図書規制についての違憲判断の基準は，「成人の場合とは異なり，多少とも緩和した形で適用される」とした。

(f) 煽動

表現の内容に注目する規制の三つ目に煽動罪をみてみよう。煽動罪は煽動された犯罪が行われたかどうかと無関係に，煽動行為そのものを処罰する。煽動という行為は特定の考えを表現する側面を持ち，煽動かどうかの判断は，恣意的になされるおそれをはらんでいることから，本来は許されるべき行為が規制されることがないよう，細心の注意が必要である。しかし日本の判例にはそのような理解が希薄である。「政治上の主義若しくは施策を推進し，支持し，又はこれに反対する目的をもつて」放火，殺人，騒擾などの罪を煽動することを処罰する破壊活動防止法39条・40条の合憲性について，最判平成2・9・28刑集44巻6号463頁は，「せん動は……重大犯罪をひき起こす可能性のある社会的に危険な行為であるから，公共の福祉に反し，表現の自由の保護を受ける

notes

[10] 合憲性が問われた条例は，個別に，保護育成審議会の意見を聴いたうえで有害図書指定をするのが原則としつつ，「特に卑わいな姿態若しくは性行為を被写体とした写真又はこれらの写真を掲載する紙面が編集紙面の過半を占めると認められる刊行物」は，写真の内容をあらかじめ規則で定めるところにより指定できるとされていた（包括指定方式）。

に値しないものとして，制限を受けるのはやむを得ない」と，じつにあっさりと認めている[11]。

(g) 営利的言論

日本の多くの法律では虚偽広告・誇大広告・誤解させるような広告が禁止されている。判例で広告規制が争われた唯一の事例は，最大判昭和 36・2・15 刑集 15 巻 2 号 347 頁である。灸の適応症すら広告を禁止するあん摩師，はり師，きゆう師及び柔道整復師法（当時）7 条が憲法 21 条の保障する表現の自由等に違反すると争われた。最高裁は，「虚偽誇大に流れ，一般大衆を惑わす虞があり，その結果適時適切な医療を受ける機会を失わせるような結果を招来する」といった弊害を防止するため，「一定事項以外の広告を禁止することは，国民の保健衛生上の見地から，公共の福祉を維持するためやむをえない措置」であり，憲法 21 条に違反しないとした。法廷意見では広告という営利的な言論に表現の自由の保障が及ぶか及ばないかについて，明言されていない。

▶ もっとも，一方で垂水克己裁判官補足意見は広告規制を「経済的活動の自由，少くとも職業の自由の制限」と理解して「憲法 21 条の『表現の自由』の制限に当るとは考えられない」と述べ，他方で奥野健一裁判官少数意見は，「広告が商業活動の性格を有するからといつて同条の表現の自由の保障の外にあるものということができない」としていることから，最高裁内でこの点についての議論があったことが窺われる。

学説では，営利的な言論を表現の自由の保障範囲のなかにとらえる説が有力であり，アメリカの判例で発達した基準が参照されることも多い[12]。

(h) ヘイトスピーチ

人種，民族，国籍，性別などの属性を有するマイノリティの集団もしくは個人に対し，その属性を理由とする憎悪や敵意を示す表現をヘイトスピーチ（差

notes

[11] 学説では，アメリカの判例法理であるブランデンバーグ原則を参考にすべしという議論も有力である。これは違法行為の唱導が処罰されうるのは，それが①ただちに違法行為を引き起こそうとするものであり，かつ②そのような結果が生ずる蓋然性がある場合に限られるとするものである（Brandenburg v. Ohio, 395 U.S. 444［1969］）。

[12] セントラル・ハドソン・テストは，営利的言論規制の合憲性を判断するにあたって，①合法的活動に関する，真実で人を誤解させない表現であること，②規制利益（目的）が実質的であること，③規制がその利益を直接に促進するものであること，④規制がその利益を達成するのに必要以上に広汎でないことを満たさなければならないとする（Central Hudson Gas & Electric Corp. v. Public Service Commission, 447 U.S. 557［1980］）。

別的言論）という。日本でも，「反日」とされた人々を排斥する手段として使われるなど，大きな社会問題となっている。

1995（平成7）年に日本も加入（1996年効力発生）した人種差別撤廃条約（1965年採択）は，人種的優越または憎悪に基づく思想のあらゆる流布や人種差別の煽動などが法律で処罰すべき犯罪であることを宣言すること等を締約国に求めている（4条）。日本でも特定の個人の法益が侵害された場合には，既存の法律により規制しうる（民法709条，刑法222条・230条・231条・234条等）。しかし，集団への侮辱や集団の名誉毀損を問うことは，現在の法制ではできないため，新規立法の是非が論じられてきた。

新たな法的規制を肯定する論拠として，ヘイトスピーチは侮辱されている集団に属する人々の尊厳への攻撃であること，さらなる差別を恐れて表現できないようにさせる効果をもつため（「沈黙させる効果」）に対抗言論では救済されえないこと等が挙げられている。学説の多くは新たな法的規制に慎重であるが，肯定説も有力に説かれるようになってきている。

法律としては2016（平成28）年に「本邦外出身者に対する不当な差別的言動の解消に向けた取組の推進に関する法律」（ヘイトスピーチ対策法）が制定されたが，罰則で取り締まるものではないため，その実効性には疑問も示されている。そこで条例レベルで意欲的な取り組みがなされてきた。

なかでも，在日コリアンを標的にしたヘイトスピーチが繰り返されたことをきっかけに制定された「川崎市差別のない人権尊重のまちづくり条例」（2019年成立，段階的に施行）は，一歩踏み込んだ内容となっており，注目を集めている。これは，道路などの公共の場所で不当な差別的言動をすることなどを規制するもので，勧告（同条例13条），命令（同条例14条）といった段階を経て刑事罰（同条例23条）も適用されうる。

▶ 最判令和4・2・15民集76巻2号190頁（大阪市ヘイトスピーチ条例事件）　大阪市ヘイトスピーチ条例は，一定の定義を満たす差別的言動をヘイトスピーチとして，拡散防止措置や，行ったものの氏名，名称の公表を規定するもので，規制は本文でみた川崎市条例よりもだいぶ緩やかである。本判決は，本条例は表現の自由に違反しないとしたものの，本文で述べた川崎市条例のような規制タイプにどのような判断がなされるかは，明らかではない。

表現内容中立規制

表現の自由の規制立法の多くを占めるのは，表現内容中立規制である。一般交通に著しい妨害となるような態様でのビラ配りの規制のように，表現をする**時，場所，態様**についての規制を典型とするが，何らかの弊害をもたらす行為を規制した結果，付随的に表現活動も規制される場合（**付随的規制**）も含まれる。なお，判例は公務員の政治的行為の規制（猿払事件・最大判昭和49・11・6刑集28巻9号393頁）や，選挙の戸別訪問の規制（最判昭和56・6・15刑集35巻4号205頁など）を付随的規制と説明したが，学説ではそれらは直接的規制であるとの批判が強い[13]。

(a) 時，場所，態様の規制

集会と並んで一般市民のもつ有力な表現手段が，ビラ貼りやビラ配りである。アナログな方法であるが，その有効性は依然として高い。さらに，配られたビラは捨てられてしまうかもしれないが，ビラ貼りは低いコストで，長時間にわたり，広範囲の人に表現を伝えられる。しかし，何かに貼り付けるという性質上，ビラ配りよりも他者の財産権への侵害の程度は高い。このようにビラ貼りとビラ配りは性格を異にしていることに留意しよう。

(b) ビラ貼り

ビラ貼りを規制する法令としては，屋外広告物法（昭和24年法律第189号）に基づく都市の美観風致の維持を目的とする各地方公共団体の屋外広告物条例や，他人の家屋その他工作物に関する財産権，管理権の保護を目的とする軽犯罪法1条33号前段がある。いずれの目的によるビラ貼り規制も判例は，あっさりと公共の福祉のための必要かつ合理的な制限としている。

屋外広告物条例によるビラ貼り規制について，リーディングケースは大阪市屋外広告物条例事件（最大判昭和43・12・18刑集22巻13号1549頁）である[14]。本件条例は，およそビラ貼りに適していると考えられる物件をすべて網羅的に

notes

[13] 学説が典型的に念頭においている付随的規制としては，反戦を表現するために徴兵カードを焼却した行為が罪に問われたアメリカの判例（United States v. O'Brien, 391 U.S. 367 [1968]）である。もっとも日本の判例ではこのような問題は十分な展開をみていない。

規制の対象とする厳しいものであったが，最高裁は，この程度の規制は公共の福祉のために表現の自由に対し許された必要かつ合理的な制限であるとして，実質的な検討をすることなく条例を合憲と判断し，本件ビラ貼り行為の態様等の具体的な検討はなされなかった。それは，後掲の大分県屋外広告物条例事件判決に付された伊藤正己裁判官・補足意見の言葉を使えば，「本条例は法令として違憲無効ではないことから，直ちにその構成要件に該当する行為にそれを適用しても違憲の問題を生ずること［はない］」という考えによるのだろう。

屋外広告物条例による立看板規制の合憲性が争われた大分県屋外広告物条例事件判決（最判昭和 62・3・3 刑集 41 巻 2 号 15 頁）の法廷意見は，前掲・大阪市屋外広告物事件判決とほぼ同じであったが，伊藤正己補足意見が注目すべき議論を展開している。条例の合憲性と条例の適用の合憲性を区別する考え方を示し，「（表現の自由にかんがみ）場合によつては**適用違憲**の事態を生ずる」としたのである。すなわち，具体的な事情に照らして総合的に考慮した結果として，表現の価値が美観風致維持の価値よりも大きい場合には，憲法上の理由により刑事罰を免れるとの考えを示したのであった。

また，「みだりに他人の家屋その他の工作物に貼り札をし」た者を拘留または科料に処するとする軽犯罪法 1 条 33 号前段によるビラ貼り規制の合憲性について最大判昭和 45・6・17 刑集 24 巻 6 号 280 頁は，「たとい思想を外部に発表するための手段であつても，その手段が**他人の財産権，管理権**を**不当に害するごときもの**は，もとより許されないところである」とし，この程度の規制は，公共の福祉のため，表現の自由に対し許される必要かつ合理的な規制であり合憲であるとした。

(c)　ビラ配り

ビラ配りはビラ貼りに比べて，他者の財産権などへの侵害の程度がより軽いが，判例はビラ貼りの場合と同様に扱っている。吉祥寺駅事件（最判昭和 59・12・18 刑集 38 巻 12 号 3026 頁）は，「たとえ思想を外部に発表するための手段であつても，その手段が**他人の財産権，管理権**を**不当に害するごときもの**は許されないといわなければならない」とし，私鉄の駅構内で駅係員の許諾を受けない

notes

⑭　本件での規制は網羅的であり，表現の自由市場への流入をビラ貼りについて全面的に禁ずるに等しいともいえ，はたして表現内容中立規制の例と位置づけるのが適切か，疑問もある。

でビラの配布や演説を繰り返した行為が，鉄道営業法35条違反によって処罰されても憲法21条に反しないと判断した。

▶ このように表現と財産権・管理権とについて後者を優位におく多数意見に対し，表現の自由の重要性にかんがみて調整をはかろうとした議論として，本判決の伊藤正己裁判官補足意見のパブリック・フォーラム論がある（⇒103頁 →**5**参照）。

ビラの戸別配布が住居侵入等の罪（刑法130条）に問われた事件として，立川ビラ事件（最判平成20・4・11刑集62巻5号1217頁）がある。反戦ビラを投函するために，防衛庁の職員およびその家族が私的生活を営んでいる共同住宅・敷地に立ち入りビラを新聞受けに投函した行為を刑法130条前段の罪に問うことが，憲法21条1項に違反しないか問われた。最高裁は上掲の吉祥寺駅事件を参照しながら，「たとえ思想を外部に発表するための手段であっても，その手段が**他人の権利を不当に害するようなもの**は許されないというべき」とした。そして，表現そのものの処罰と表現の手段の処罰を区別し（つまり表現内容規制・表現内容中立規制二分論的な発想を示して），本件では「表現の手段すなわちビラの配布のために『人の看守する邸宅』に管理権者の承諾なく立ち入ったことを処罰することの憲法適合性が問われている」とする。そして「一般に人が自由に出入りすることのできる場所」ではない共同住宅・敷地に「管理権者の意思に反して立ち入ることは，管理権者の管理権を侵害するのみならず，そこで私的生活を営む者の私生活の平穏を侵害するものといわざるを得ない」ので，刑法130条前段の罪に問うことは，憲法21条1項に違反するものではないと判断した。

▶ 当時，自衛隊イラク派遣という政治状況下で，政治的なビラ配布が罪に問われたケースが相次いでいた。ビラを配ったのが公務員の場合には国家公務員法違反で起訴され，そうではない場合には本文のような刑法130条前段の住居侵入罪で起訴される事例が，立て続けに起こっていたのである。そこで，これらが恣意的な起訴なのではないかという批判も広くなされた。

5　表現の自由の広がりと現代的問題

知る権利・アクセス権

表現の自由は，単に自分が表現したいことを表現するだけの権利ではない。ひとは知識や情報に触れて考えることで，表現したい内容を十分に作り上げることができる。表現の自由は情報に接近する権利も意味するのであって，国家からの自由を核心とする表現の自由においても，政府が保有している情報を**知る権利**が当然に含まれる。

知る権利は「情報を提供せよ」という積極的な要求を含むが，公権力からの自由を謳う21条によって具体的な請求権として根拠づけるのは困難であるという理解が学説で永らく持たれてきた。現実に情報を要求するには，「誰が，どんな情報について，いかなる手続によって請求しうるか」を定める法律がないと，憲法のみを根拠に請求することはできないとするのが通説である。そのため学説は知る権利の根拠を，**国民主権の原理**も使って説明してきている。主権者たる国民が政治に参加するには政治に関する情報が不可欠であり，国民は主権者たる地位に基づいて情報の提供を要求しうる，という主張である。

日本でも1960年代以降，「知る権利」という言葉が広く知られるようになったが，なかなか実定法化されなかった。まずは地方公共団体の条例による情報公開制度が制定されることで，知る権利の具体化に先鞭がつけられ，それは住民による公金支出の監視の点などで多くの成果をあげた。次いで国レベルでも情報公開法（「行政機関の保有する情報の公開に関する法律」〔平成11年法律第42号〕）が制定され，効果を上げてきている。

(a)　反論権

知る権利に関連して，国民はマスメディアに対して，自己の意見の発表の場を提供することを要求する権利を持つだろうか。これは，マスメディアに接近する（アクセスする）権利として，**アクセス権**と呼ばれている。

反論権に関して，最高裁はサンケイ新聞事件[15]（最判昭和62・4・24民集41巻3号490頁）で，「不法行為が成立する場合にその者の保護を図ることは別論として，反論権の制度について具体的な成文法がないのに，反論権を認めるに等しい……反論文掲載請求権をたやすく認めることはできない」とし，反論権を憲法21条から直接に導くことはなかった。

マスメディアの所有管理者は，表現の内容をみずから決定する権利である編集権をもっている。そのため，法律でアクセス権を設定することは，編集権を侵害して違憲となると，一般に理解されてきた。もっとも，ヨーロッパ諸国には反論権法があることにもかんがみれば，適切な配慮のもとに制度をつくることは不可能ではあるまい。

放送法9条1項が定める訂正放送制度について，これは放送事業者の放送により権利を侵害された者に，私法上の権利として訂正放送請求権を認めているとの解釈が下級審裁判例で示されたことがある（東京高判平成13・7・18民集58巻8号2362頁）。つまり，ある種のアクセス権が法律で認められているとの理解ともいえる。しかし最判平成16・11・25民集58巻8号2326頁は，「放送事業者に対し，自律的に訂正放送等を行うことを国民全体に対する公法上の義務として定めたもの」と述べ，高裁の判断を否定した。

(b) 法廷でのメモ採取

判例でも，さまざまな情報に接してこれを摂取する自由は，「憲法21条1項の規定の趣旨，目的から，その派生原理として当然に導かれる」とされている（レペタ事件・最大判平成元・3・8民集43巻2号89頁）。

レペタ事件では，傍聴人に法廷でメモをとる権利が保障されているかが問題となった。それまで日本で法廷でのメモ採取は，一般に禁止されていたのである。最高裁は情報摂取の自由について上記のように述べたうえで，情報摂取の「補助」としてなされるメモをとる自由は，「さまざまな意見，知識，情報に接し，これを摂取することを補助するものとしてなされる限り，筆記行為の自由は，憲法21条1項の規定の精神に照らして**尊重される**べきである」とした。以後，最高裁事務総局の扱いが変更されて，法廷で自由にメモが採取できる取扱いとなった。

notes

⑮ 日本共産党が，サンケイ新聞に自民党が載せた共産党についての意見広告に対し，サンケイ新聞へ無料反論文を掲載することを求めたところ，拒否されたため，名誉毀損に対する原状回復等を根拠として，反論文掲載を求める訴訟を提起したという事件。

マスメディアと表現の自由

(a) 取材の自由・取材源の秘匿

表現の自由には，思想・信条・意見を外部に伝える自由だけでなく，報道のように**事実**を伝えることも含まれる。では，取材の自由はどうか。判例は博多駅事件[16]で，「報道のための取材の自由も，憲法21条の精神に照らし，**十分尊重に値いする**ものといわなければならない」とした。一応のところ，表現の自由に関係することは認められているものの，「21条により保障される」とは述べていない（博多駅事件・最大決昭和44・11・26刑集23巻11号1490頁)。

学説は一枚岩ではないが，報道の自由の一環として憲法21条により保障されるという見解が有力である。取材の自由が保障されなければ，自由な報道は画餅に帰してしまうのであり，「取材→編集→報道」という一環において，十分に報道の自由が保障されるしくみを考える必要がある。

次に，将来の取材を困難にするような国家からの要求を報道機関がどこまで拒めるか。この問題は，「公正な裁判」との関係で現れることが多いが，最高裁は取材の自由よりも，裁判の公正を重視する態度をとってきている。

博多駅事件で最高裁は，裁判の証拠として用いるために取材フィルム等を裁判所に提出させられるかについて，フラットな**個別的衡量**によって判断した。すなわち，①「公正な刑事裁判を実現するにあたつての必要性の有無」の考慮と，②「報道機関の取材の自由が妨げられる程度およびこれが報道の自由に及ぼす影響の度合いその他諸般の事情」を比較衡量して決せられるべきとするものである。この事件での提出命令は，本件フィルムは過剰警備か否かを判定するうえで，「ほとんど必須のものと認められる」ほど「証拠上きわめて重要な価値」を有すると，上記①の点について重きを置き，他方で②の報道機関の不利益は「報道の自由そのものではなく，将来の取材の自由が妨げられるおそれがあるというにとどまる」と低い評価をして，合憲とした。しかしこのような

notes

16 学生と機動隊員とが博多駅付近で衝突し，機動隊側に過剰警備があったとして付審判請求（公務員の職権濫用罪等に関して検察が不起訴にした場合にその当否を審査する審判）がなされ，福岡地裁がテレビ放送会社に衝突の模様を撮影したテレビフィルムを証拠として提出することを命じたのに対し，放送会社がその命令が報道の自由を侵害するとして争った事件。

比較衡量のしかたでは，ほとんど常に「公正な裁判」が優先されることになってしまいかねない。

判例は検察官・警察官による取材フィルム等の押収の場合も，裁判所の命令と同様に扱っている（日本テレビ事件・最決平成元・1・30 刑集 43 巻 1 号 19 頁，TBS ビデオテープ差押事件・最決平成 2・7・9 刑集 44 巻 5 号 421 頁）。しかし，裁判所は事実認定のために使うことは明らかだが，捜査機関は押収した資料を何に使うかわからないのであり，報道機関が捜査当局の下請け機関にもなりかねない。国家からの自由としての報道の自由が根本的に変質してしまう危険があると指摘されるところである。

さて，取材の際に情報提供者を明らかにしないという約束をすることは，情報提供者との間に安定的な関係を築く際に重要である。そこで，報道の自由の前提として**取材源の秘匿**が保障されるべきとの見解が有力に説かれている。

この点で，業務上の秘密に関する証言拒絶権を定める刑事訴訟法 149 条を類推適用できないとした判例がある（石井記者事件・最大判昭和 27・8・6 刑集 6 巻 8 号 974 頁）。ただ，この判決は先にみた博多駅事件よりも以前に出されたものであり，取材行為を「未だいいたいことの内容も定まらず，これからその内容を作り出すため」の行為と性格づけて，取材の自由に低い価値しか認めていなかった。そのような理解は博多駅事件の判示により覆されていることに，注意が必要である。学説で，刑訴法 149 条は個人のプライバシー保護を根拠としているので，マスメディアの権利について，ただちに援用することは難しいといわれているが，社会全体の観点から取材源の秘匿が許容される場合があるとの説も有力である。

民事訴訟では，旧民事訴訟法 281 条（現行民事訴訟法 197 条）が，刑事訴訟法と異なって広い範囲で秘匿特権を認めていることもあり，かねてより下級審で報道機関の証言拒否権を認める傾向にあったところ，最高裁も民事事件では記者に証言拒絶権が認められる場合があることを容認した（嘱託証人尋問証言拒否事件・最決平成 18・10・3 民集 60 巻 8 号 2647 頁）。本決定では，当該報道の内容，性質，その持つ社会的な意義・価値，当該民事事件において当該証言を必要とする程度，代替証拠の有無等の諸事情を比較衡量して決すべきものとされている。

(b) 国家公務員への秘密漏洩のそそのかし

1972年の沖縄返還をめぐって日米間で結ばれた密約（沖縄密約）が象徴的であるが，政府にとって都合の悪い情報は隠される顕著な傾向があり，マスメディアがそのような問題にどれくらい肉薄できるかが，国民の知る権利にとって死活的に重要である。そこで，秘密が守られることとマスメディアが情報を聞き出すこととの間で，国民の知る権利に配慮した調整がなされる必要がある。

国家公務員法100条1項・109条12号は，職員が職務上知りえた秘密を守るよう命じており，同法111条は守秘義務違反の「そそのかし」も処罰する。

▶ 2014年12月に施行された「特定秘密の保護に関する法律」（特定秘密保護法）は，行政機関の長が指定した特定秘密[17]について，その漏洩（23条）と取得（24条），漏洩や取得の共謀，教唆，煽動（25条）を広汎に，網羅的に，そして国家公務員法よりもだいぶ重く処罰している[18]。

特定秘密保護法22条は，法律の解釈適用において「国民の知る権利の保障に資する報道又は取材の自由に十分に配慮しなければならない」としており，報道機関の正当な活動が制限されないよう明記したと政府は説明している。国民が知らなくてはならない情報が隠蔽されないか，取材活動への萎縮効果が生じていないか，運用を注視していかなければならない。

過去に「秘密」と「聞き出し」の調整が問題となった事件として，外務省秘密漏洩事件（最決昭和53・5・31刑集32巻3号457頁）がある。沖縄密約にかかわる外務省の極秘伝聞を新聞記者が外務省の事務官から入手した事件であり，事務官が国家公務員法の漏洩罪，記者がそそのかし罪違反に問われた。

最高裁は国家公務員法上の秘密について，官公庁が指定すれば秘密になるものではなく，秘密として保護に値する相当な理由が必要とした（**実質秘**）。また，「報道機関の国政に関する取材行為は，国家秘密の探知という点で公務員の守秘義務と対立拮抗するものであり，時として誘導・唆誘的性質を伴うものであるから，報道機関が取材の目的で公務員に対し秘密を漏示するようにそそのか

notes

⑰ 「当該行政機関の所掌事務に係る別表に掲げる事項に関する情報であって，公になっていないもののうち，その漏えいが我が国の安全保障に著しい支障を与えるおそれがあるため，特に秘匿することが必要であるもの」（特定秘密保護法３条１項）。

⑱ 国公法の秘密保持義務違反は３年以下の懲役であるが，特定秘密保護法の漏洩罪の法定刑は10年以下の懲役である。自衛隊法上の防衛秘密漏洩罪の法定刑は５年以下の懲役だったので，これと比べても倍増である。

したからといつて，そのことだけで，直ちに当該行為の違法性が推定されるものと解するのは相当でな［い］」ことも明らかにした。ただ当該事件の具体的事実関係では，取材が「手段・方法において法秩序全体の精神に照らし社会観念上，到底是認することのできない不相当なものであるから，正当な取材活動の範囲を逸脱している」とされた⑲。

▶ 特定秘密保護法22条2項は，外務省秘密漏洩事件最決を踏まえて，一定の取材行為について正当業務行為とし，処罰を免れることを明らかにしている。

放送の自由（電波メディアによる報道の自由）

放送メディア・印刷メディアともに反論権や集中排除ルールを設けるフランスやドイツと異なり，日本ではイギリスやアメリカと同様に，印刷メディアには特別な規制を設けない一方で，放送については免許制や表現内容規制など，印刷メディアでは許されない特別な規制が法律で設けられている⑳。

そのような特別の規制を正当化する根拠としては，①電波の有限性（電波有限論）を中心に，②放送の影響力の大きさや，③民放は時間単位に広告主に売られることから通俗化・画一化の懸念があることなどが挙げられてきた。しかし電波有限論は技術革新により克服されることが予想され，正当化の根拠の問い直しがなされている。メディアのネットワーク化が進むなかで，情報の多様性を確保し維持する方法が，目下，模索されているところである。

▶ 正当化の根拠として注目を集めている議論に，規制のあるメディアと自由なメディアとの併存による相互均衡を通じて，マスメディア全体として生活に不可欠な基本的情報の社会全体への効果的な提供が期待できることを説く**部分規制論**がある。

現代的問題

(a) 「とらわれの聞き手」

表現の自由が「情報の収集→発信→受領」と，コミュニケーションの全過程

notes

⑲ 「手段・方法において法秩序全体の精神に照らし社会通念上，到底是認することのできない不相当」とは，記者が事務官と「ひそかに情を通じた」（起訴状の言葉）ことを評価した言葉である。

⑳ 電波法４条，放送法４条・５条・６条など。

に関連する権利であるとすると，表現を受領したくないという受け手の自由はどう位置づけられるか。

この点について判例・学説いずれも展開を見ていないが，大阪市営地下鉄車内商業宣伝放送事件（最判昭和63・12・20判時1302号94頁）の伊藤正己裁判官補足意見では，次のような見解が示されている。

いわく，本件商業宣伝放送は地下鉄の車内において行われたものであり，乗り合わせた者は聞くことを事実上強制される「とらわれの聞き手」である。「およそ表現の自由が憲法上強い保障を受けるのは，受け手が多くの表現のうちから自由に特定の表現を選んで受けとることができ，また受けとりたくない表現を自己の意思で受けとることを拒むことのできる場を前提としていると考えられる」ことから，「特定の表現のみが受け手に強制的に伝達されるところでは表現の自由の保障は典型的に機能するものではなく，その制約をうける範囲が大きいとされざるをえない」。

(b) 表現活動への公権力による援助

表現の自由にとって，表現を伝えられる「場」があるかどうかは，きわめて重要な問題であり，**パブリック・フォーラム論**として論じられてきている。これもアメリカ由来の議論であり，日本の学説や判例に影響を与えている。

(i) パブリック・フォーラムと非パブリック・フォーラム　アメリカで，この議論はもともと表現する「場」（フォーラム）を拡大するため，フォーラムに該当する場合には施設管理権を盾にした安易な表現規制を許さず，表現の自由を優先させることを目的としていた。しかし判例の展開の過程で，パブリック・フォーラムに該当する場所が政府所有地に限定されるようになり，またパブリック・フォーラムにあたらないことをもって，表現活動の規制が正当化されるなど，当初の目的とは逆の結果がもたらされたと指摘されている。

▶ パブリック・フォーラムは次のように分類されている。①**伝統的なパブリック・フォーラム**は，道路，広場，公園など，長い伝統のなかで集会や論争に捧げられてきた場所であり，そこでの表現規制は厳格な審査の対象とされなければならない。②**指定されたパブリック・フォーラム**は，表現のためにとくに設置された公会堂などが該当し，設置するかどうかは裁量の問題であるが，いったん設置されたら①と同様に扱わなくてはならない。そして③**非パブリック・フォーラム**

は，表現のための「場」ではないため，表現のために使用させるかどうかは裁量の問題である。

日本の判例では，伊藤正己裁判官がパブリック・フォーラム論を展開しているが，その議論はアメリカの議論と性質を異にし，より柔軟に表現の自由を保障する可能性を秘めていて，注目される[21]。吉祥寺駅事件最高裁判決（最判昭和59・12・18刑集38巻12号3026頁）の法廷意見には表現の「場」への配慮がみられないが，伊藤補足意見は次のようにパブリック・フォーラム性に注目した議論を展開した。

ビラ配布規制の合憲性判断は利益衡量によるが，その際には「場」への配慮が必要である。「ある主張や意見を社会に伝達する自由を保障する場合に，その表現の場を確保することが重要な意味をもつている。特に表現の自由の行使が行動を伴うときには表現のための物理的な場所が必要となつてくる」ためである。そして「**一般公衆が自由に出入りできる場所**は，それぞれその本来の利用目的を備えているが，それは同時に，表現のための場として役立つことが少なくない」として，「道路，公園，広場など」を挙げ，「パブリツク・フオーラム」と呼ぶ。「パブリツク・フオーラムが表現の場所として用いられるときには，所有権や，本来の利用目的のための管理権に基づく制約を受けざるをえないとしても，その機能にかんがみ，表現の自由の保障を可能な限り配慮する必要がある」。そして判断にあたっては，「それぞれの具体的状況に応じて，表現の自由と所有権，管理権とをどのように調整するかを判断すべきこととなり，前述の較量の結果，表現行為を規制することが表現の自由の保障に照らして是認できないとされる場合がありうる」。これはパブリック・フォーラム性を利益衡量の中に織り込んで判断するものといえる。

その後，大分県屋外広告物条例事件（**→4** ⇒94頁）でも，伊藤正己裁判官はパブリック・フォーラム論を展開している。

(ii) **公立図書館事件**　美術館や図書館という「場」は，美術作品や書籍を通じて思想，意見等を公衆に伝達する重要なルートである。

notes

[21] 最高裁法廷意見でも，パブリック・フォーラム論が下敷きにされていることは窺われる（泉佐野市民会館事件・最判平成7・3・7民集49巻3号687頁，広島県教組教研集会事件・最判平成18・2・7民集60巻2号401頁等）。

公権力は，市民に伝達の「場」を提供することによって表現活動を援助できる。自由の制約ではなく**援助**という形で公権力が行使されるとき，市民はその公権力の行使に異議を申し立てることはできるか。もともと援助してもらう権利があるのではないのだから，異議申立てをする余地はないのだろうか。

このような問題が争われた事件に公立図書館事件（最判平成17・7・14民集59巻6号1569頁）[22]がある。最高裁は次のような注目すべき論理を展開して，図書の著作者の「法的保護に値する人格的利益」を引き出した。

図書館は「住民に図書館資料を提供するための公的な場」であり，「そこで閲覧に供された図書の著作者にとって，その思想，意見等を公衆に伝達する公的な場でもある」。そのため，「公立図書館の図書館職員が閲覧に供されている図書を著作者の思想や心情を理由とするなど不公正な取扱いによって廃棄することは，当該著作者が著作物によってその思想，意見等を公衆に伝達する利益を不当に損なうものといわなければならない」。

そして「著作者の思想の自由，表現の自由が憲法により保障された基本的人権であることにもかんがみると，公立図書館において，その著作物が閲覧に供されている著作者が有する上記利益は，法的保護に値する人格的利益であると解するのが相当であり，公立図書館の図書館職員である公務員が，図書の廃棄について，基本的な職務上の義務に反し，著作者又は著作物に対する独断的な評価や個人的な好みによって不公正な取扱いをしたときは，当該図書の著作者の上記人格的利益を侵害するものとして国家賠償法上違法となるというべきである」とした。

▶ 「宮本から君へ」訴訟　映画「宮本から君へ」の製作に係る助成金の交付を内定していた文化庁所管の独立行政法人日本芸術文化振興会が，同映画に出演した俳優が薬物事件で有罪判決を受けたことを理由として，当該助成金の不交付を決定したこと（本件処分）について取消しを求め，最判令和5・11・17民集77巻8号2070頁は本件処分が裁量権を逸脱または濫用したものとして違法であると判断した。文化振興会が「公益性の観点から適当でない」という理由を示したことについて「公益がそもそも抽象的な概念であって助成対象活動の選別の基準

notes

[22] ある公立図書館で，図書館職員が勝手に図書を廃棄したことを理由に，当該図書の著者が国家賠償請求訴訟を提起したという事件。第一審と控訴審は，著作物が図書館に収蔵され閲覧に供されることにつき，著作者は何ら法的な権利利益を有するものではないとした。

が不明確にならざるを得ないことから，助成を必要とする者……の表現行為の内容に萎縮的な影響が及ぶ可能性がある」と指摘し，「憲法21条1項による表現の自由の保障の趣旨に照らしても，看過し難いもの」と判断した。助成金の交付という表現への援助をめぐり憲法的な保障が語られたものと理解できる。

(c) デジタル・プラットフォーム

不特定の者が情報を発信しこれを不特定の者が閲覧できるプラットフォーム・サービスは，日常生活のすみずみに行き渡っている。ショッピングモールやフリーマーケット，検索サービス，動画投稿や配信など，これらなしに生活を送るのは難しい。書物からネット検索を通じた情報収集へ，そして2023年にはChatGPTをきっかけに生成AIが爆発的に普及することとなり，質問すればAIが情報を分析して回答を生成してくれる時代になった。従来型の規制枠組みには収まりきるものではなく，提起する問題も多岐に及ぶ。

表現の自由との関係でいえば，誰もが気軽に発信し，あるいは他の人の発言を拡散できることに起因して，違法・有害情報が即時に，広い範囲にわたって拡大しやすい特性があり，甚大な被害や悪影響も取り沙汰されてきている。

そういうなかで「忘れられる権利」(right to be forgotten) も主張されている。日本でも，かつて自らが起こした児童売春事件（逮捕当日に報道，ネットで拡散。その後罰金刑）について，Googleの検索結果からの削除を求めた事案で，異議審は「ある程度の期間が経過した後は過去の犯罪を社会から『忘れられる権利』を有する」とした（さいたま地決平成27・12・22判時2282号78頁)。

最高裁は「忘れられる権利」には言及せずに，「個人のプライバシーに属する事実をみだりに公表されない利益は，法的保護の対象となるというべきである」としたうえ，Googleのような検索事業者について次のように述べた（最決平成29・1・31民集71巻1号63頁)。

「検索事業者による検索結果の提供は，公衆が，インターネット上に情報を発信したり，インターネット上の膨大な量の情報の中から必要なものを入手したりすることを支援するものであり，現代社会においてインターネット上の情報流通の基盤として大きな役割を果たしている。そして，検索事業者による特定の検索結果の提供行為が違法とされ，その削除を余儀なくされるということは，上記方針に沿った一貫性を有する表現行為の制約であることはもとより，検索結果の提供を通じて果たされている上記役割に対する制約でもあるといえる」。

そして，検索結果からの削除については「諸事情を比較衡量して判断すべきもので，その結果，当該事実を公表されない法的利益が優越することが**明らか**な場合には，検索事業者に対し，当該URL等情報を検索結果から削除することを求めることができるものと解するのが相当である」とした。

上記の「明らか」要件について，旧ツイッター（現X）からのツイート削除が求められた事案において最高裁は，諸事情を比較衡量し，「上告人の本件事実を公表されない法的利益が本件各ツイートを一般の閲覧に供し続ける理由に優越する場合には，本件各ツイートの削除を求めることができる」と判断した（最判令和4・6・24民集76巻5号1170頁）。原審が「明らか」要件を付していたことについて，最高裁は「ツイッターの利用者に提供しているサービスの内容やツイッターの利用の実態等を考慮しても，そのように解することはできない」としていることからすると，Googleと旧ツイッターの間で，社会に果たしている役割が違うという最高裁の認識があるものといえる。

▶ デジタル立憲主義　デジタル社会が不可逆に進行するなかで，ないがしろにされてはいけない価値があるはずだ。個人データの保護やAIの規制を，人々の権利や自由，法の支配，民主主義といった基本的価値に即して行うべきという考え方として「デジタル立憲主義」（digital constitutionalism）が提唱されている。密接に関連する動きは，EUの2016年制定「一般データ保護規則（GDPR：General Data Protection Regulation）や，2021年に欧州委員会が公表したAI法案である。国境を超えて取り組むべき必要のある課題であり，私たちの自由のあり方に関する「組み立て」（constitution）の問題である。

(d) 政府言論

表現の自由論において，政府は私人の言論を規制する主体としてとらえられるのが一般的であるが，近年では「発言主体としての政府」という観点からの議論も注目されている。民主政治は言論によって行われ，政府は自己の政策の正しさを説明することにより，市民から統治の正統性への同意を調達する。つまり，政府はみずから発言者となって政策の妥当性を説明しうることは，当然の前提ともいえる。これは統治の手段としての言論であり，**政府言論**と呼ばれている。政府言論は「政府に表現の自由が保障される」というのとは性質が違うことに注意したい。これもアメリカ発祥の議論だが，彼の地でもまだ比較的新しいカテゴリーと理解されている[23]。

政府言論には，政府がみずから発言する場合だけでなく，みずからのメッセージを伝達するために助成をするという間接的な手法もあたるとされていて，この議論が射程におさめる範囲は非常に広い。政府言論には，政府が巨大な力で表現の自由市場を根本的に歪める危険性が含まれている。政府の言論であるとは国民に知らされずに政府言論が言論空間を席巻するとなれば，国民の思想の操作にもつながりかねない。

日本でも，この議論が学説の一部で導入されつつあるが，まだ判例・学説ともに展開を見てはいない。政府言論というカテゴリーを用いるとして，どのような問題を政府言論としてとらえるか，許される形態はどのようなものかなど，検討するべき点は多い。

3 集会・結社の自由

1 集会・結社の自由の意義

集会・結社の自由は，戦前の日本では非常に厳しく規制されていた。たとえば治安警察法（1900年）は，政治的集会・結社の警察への届出を義務づけており（1条），また軍人・警察官・教員・学生・婦人は政治結社への加入が禁止されていた（5条1項・6条・15条）。また警察官は集会の解散を命じる権限が与えられていて（8条），集会を警察官が監視する制度が設けられていた（11条）。これに対し日本国憲法では，21条により言論・出版の自由とともに，集会・結社の自由が保障されている。

集会とは，特定または不特定の多数人が一定の場所に集まる一時的な集合体であり，結社とは特定の多数人による共同の目的の継続的な結合体である。集会・結社を表現の自由に含めることについては異論が示されているものの，後

notes

[23] アメリカでは，政府言論である限りは，**4**⇒85頁にみた観点に基づく規制の禁止（viewpoint-based restrictions）に抵触することなく，みずからの政策という特定観点に立った主張をしたり，その観点に立った助成をしたりできるとされる。

に見るように判例は集会の自由について，表現の自由のコンテキストで理解してきている。

2 集会の自由

マスメディアを通じて自己の見解を伝えることができない一般人にとって，集会を開くことやデモをすることは，重要な表現手段である。

最高裁も「現代民主主義社会においては，集会は，国民が様々な意見や情報等に接することにより自己の思想や人格を形成，発展させ，また，相互に意見や情報等を伝達，交流する場として必要であり，さらに，対外的に意見を表明するための有効な手段であるから，憲法21条1項の保障する集会の自由は，民主主義社会における重要な基本的人権の一つとして特に尊重されなければならないものである」と述べている（成田新法事件・最大判平成4・7・1民集46巻5号437頁）。

とはいえ，集会の自由は必然的に行動を伴うため，他者の権利や利益と調整をはかる必要があり，そのために必要不可欠な最小限度の規制はやむをえない。

施設管理権を通じての規制

広場，公園，公会堂などを使用するにあたっては，管理権者の許可を得る必要がある。もっとも，広場，公園，公会堂には，パブリック・フォーラム性が認められるので（→②**5** ⇒103頁），「所有権や，本来の利用目的のための管理権に基づく制約を受けざるをえないとしても，その機能にかんがみ，表現の自由の保障を可能な限り配慮する必要がある」（前掲・吉祥寺駅事件での伊藤正己裁判官補足意見）というべきである。

最高裁も皇居前広場事件（最大判昭和28・12・23民集7巻13号1561頁）で，公共福祉用財産の「利用の許否は，その利用が公共福祉用財産の，公共の用に供せられる目的に副うものである限り，管理権者の単なる自由裁量に属するものではな［い］」ことを明らかにしている。

▶ 施設の管理権に基づく制約とは，収容可能人数を超えるとか，施設への著しい損壊が予想されるといった理由に基づくものであるはずだが，しばしば「公共の安全」のためという警察的観点が混入する。しかし，公物管理作用と警察作用は異なるため，本来は警察的規制には，別途，法律や条例の根拠が必要である（後掲・泉佐野市民会館事件での園部逸夫裁判官補足意見参照）。

普通地方公共団体の公の施設と集会の自由については，日本でも注目すべき判例法理の展開がある。地方自治法244条1項は，「普通地方公共団体は，住民の福祉を増進する目的をもつてその利用に供するための施設（これを公の施設という。）を設けるものとする」とし，同条2項で，その利用について普通地方公共団体は「正当な理由がない限り」拒んではならないこと，また3項で「不当な差別的取扱いをしてはならない」ことを定めている。そして，同法244条の2第1項で，管理に関する事項は条例で定めなければならないとしている。

つまり憲法21条の集会の自由と，それを具体化する地方自治法と，その下の管理のための条例という三層のしくみとなっている。憲法21条から直接に具体的な請求権として「国や公共団体の施設で集会をする権利」を引き出すのは困難だが，地自法の規定により，公の施設における「正当な理由のない」使用不許可や「不当な差別的取扱い」を憲法問題として提起することが容易になっているのである。

施設管理権の行使と集会の自由について判断枠組みを示したのが，泉佐野市民会館事件（最判平成7・3・7民集49巻3号687頁）である。市民会館の使用許可申請について，集会の実質的な主催者は過激派団体であり，長年，この一派は別の過激派との間で激しい暴力的抗争を続けてきたことなどから，市民会館条例7条1号の「公の秩序をみだすおそれがある場合」と3号の「その他会館の管理上支障があると認められる場合」に該当するとして，使用不許可とされたことが争われた。この判決は，日本では珍しく憲法21条の領域で厳格な審査がされた例であるため，議論の展開を少し細かく見ておこう。

最高裁は，公共施設の管理者が「利用を不相当とする事由が認められないにもかかわらずその利用を拒否し得るのは，利用の希望が競合する場合のほかは，施設をその集会のために利用させることによって，他の基本的人権が侵害され，公共の福祉が損なわれる危険がある場合に限られる」という。そして，このような制限が必要かつ合理的なものとして肯認されるかどうかは，「基本的人権としての集会の自由の重要性と，当該集会が開かれることによって侵害されることのある他の基本的人権の内容や侵害の発生の危険性の程度等を較量して決せられるべき」として，利益衡量の枠組みを示す。これは，合憲に会館使用の規制をしうる場合をあらかじめくくりだし，その場合に本件での不許可処分があたるかを検討するという思考方法である。

まず市民会館条例7条1号にいう「公の秩序をみだすおそれがある場合」という曖昧な言葉に限定的な解釈を加え，これを「本件会館における集会の自由を保障することの重要性よりも，本件会館で集会が開かれることによって，人の生命，身体又は財産が侵害され，公共の安全が損なわれる危険を回避し，防止することの必要性が優越する場合」と解釈する。さらにその危険性の程度につき，「単に危険な事態を生ずる蓋然性があるというだけでは足りず，**明らかな差し迫った危険**の発生が具体的に予見されることが必要である」とし，その限りで，本件規定は憲法21条，地方自治法244条に違反しないとしたものである（条例の文面についての判断）。そして本件不許可処分について「グループの構成員だけでなく，本件会館の職員，通行人，付近住民等の生命，身体，又は財産が侵害されるという事態を生ずることが，具体的に明らかに予見されることを理由とするものと認められる」から，違憲・違法ではないとした（条例の適用についての判断）。

この翌年の上尾市福祉会館事件では，何者かに殺害された労働組合幹部の合同葬儀に使用するために申請された市福祉会館の使用不許可処分につき，違法と判断されている（最判平成8・3・15民集50巻3号549頁）。同最判は反対者の阻止・妨害による紛争のおそれを理由として施設利用を拒否できるのは「警察の警備等によってもなお混乱を防止することができないなど特別な事情がある場合に限られる」ことを明確にした。これはアメリカ最高裁の「**敵意ある聴衆**」の法理と類似していると指摘されている。

以上の判決からどのようなルールが引き出せるか。警察の警備等によってもなお混乱を防止することができないなど，客観的な事実に照らして明らかな差し迫った危険がある場合を「例外」に，そうでない以上は使用が許可されるのが「原則」というべきである。期日の決まった集会は，争っているうちにその期日が過ぎてしまえば，訴えの利益がなくなってしまう。事後的に損害賠償を認められても，集会を開けなければ意味がない。上記のルールどおりの運用がされることが重要である[24]。

▶ 本文でみたのは，集会のために使われることを予定する公の施設に関してであった。これに対して，学校という施設は，本来，集会のためにあるのではないため，同じ判断枠組みは通用しない。広島県教組教研集会事件・最判平成18・2・7民集60巻2号401頁は，学校施設の目的外使用を許可するか否かは，原則として管理者の裁量にゆだねられているとしつつも，裁量権の行使が逸脱濫用にあたるかどうかを厳しく判断した。

▶ 金沢市庁舎前広場事件・最判令和5・2・21民集77巻2号273頁は，金沢市長が管理する市庁舎前広場における集会に係る行為に対して，金沢市庁舎等管理規則（本件規則）を適用して申請を不許可としたことは，憲法21条1項に違反しないと判断した。この判決のポイントは，同広場が庁舎の一部であるとして，庁舎管理権に基づく規制と位置づけたところにある。そこで泉佐野市民会館事件の枠組みには乗らず（地自法244条の「公の施設」非該当），上記広島県教組教研集会事件も射程の及ぶものではないものと位置づけられた。もっとも，同広場は集会のために使われてきたという実績があること等，このような位置付けが適切か疑問も提起されうる。

公安条例による規制

戦後，大日本帝国憲法下の言論規制法は廃止されたが，声をあげ始めた人々の運動に対し抑制を求めるGHQの意向により，ほぼ同一内容をもつ，いわゆる公安条例が各地で制定された。その後，廃止されたものもあるが，現在でもなお多くの都道府県や市町村が条例により集会や集団示威行進を規制している。一般に公安条例は，①集団行動を事前の**許可制**や**届出制**のもとにおき，②警察に取締権限を与え，③違反者に刑罰を科すという構造をもっている。

公安条例の憲法21条適合性は当初より疑問とされ，1960年代に多くの訴訟が提起された。下級審判決は合憲と違憲とに分かれていたが，新潟県公安条例事件（最大判昭和29・11・24刑集8巻11号1866頁）が合憲と判断し，同判決から今日まで，公安条例自体の合憲性は維持されてきている。

notes

[24] なお2004（平成16）年の行政事件訴訟法改正により，公の施設の使用をめぐっては，使用許可処分の仮の義務付けの申立て（行訴法37条の5）という手段も使えるようになった。そして実際に，仮の義務付けの申立てが認容された例もある（岡山シンフォニーホール事件・岡山地決平成19・10・15判時1994号26頁など）。申立てを却下した例として，日比谷公園霞門一時的使用許可義務付け請求事件・東京地決平成24・11・2判自377号28頁など。

新潟県公安条例は，道路，公園等における集会・集団示威行動について，あらかじめ公安委員会の許可を得ることを要するものとしていた。許可制についての一般的な説示は，次のとおりである。「行列行進又は公衆の集団示威運動（以下単にこれらの行動という）は，公共の福祉に反するような不当な目的又は方法によらないかぎり，本来国民の自由とするところであるから，条例においてこれらの行動につき単なる届出制を定めることは格別，そうでなく一般的な許可制を定めてこれを事前に抑制することは，憲法の趣旨に反し許されないと解するを相当とする」（一般的な許可制による事前抑制は違憲）。そのうえで，「公共の秩序を保持し，又は公共の福祉が著しく侵されることを防止するため」という目的について，「特定の場所又は方法につき」（場所の特定性），「合理的かつ明確な基準の下」（明確性）で，「さらにまた，これらの行動について公共の安全に対し**明らかな差迫つた危険**を及ぼすことが予見されるとき」には，集団示威行動を禁止することができる旨の規定を設けても，ただちに違憲とはならないとし，本件条例を合憲と判断した。学説では，一般的な説示部分については肯定的な評価が多いが，本当に新潟県公安条例の定める基準が「合理的かつ明確」であるかは，疑問が呈されてきている。

そして，新潟県公安条例事件で示された要件に照らすと，場所の特定性や明確性の観点から違憲の疑いがもたれていた東京都公安条例について，最高裁は「不許可の場合が厳格に制限されている」ため，「実質において届出制と異なるところがない」ため合憲とした（東京都公安条例事件・最大判昭和35・7・20刑集14巻9号1243頁）。学説からは強弁であるとの批判が寄せられた。

▶ この判決は**集団行動暴徒化論**をとったことでも知られる。これは，「[集団行動は] 内外からの刺激，せん動等によってきわめて容易に動員され得る性質のもの」で，「時に昂奮，激昂の渦中に巻き込まれ，甚だしい場合には一瞬にして暴徒と化し，勢いの赴くところ実力によって法と秩序を蹂躙し，集団行動の指揮者はもちろん警察力を以てしても如何ともし得ないような事態に発展する危険が存在すること，群集心理の法則と現実の経験に徴して明らかである」としたものである。

公安条例をめぐってその後は，「許可制における許可条件」や「届出制における遵守事項」の明確性へと争点が移った。遵守事項の定めの明確性についての最高裁判例に徳島市公安条例事件（最大判昭和50・9・10刑集29巻8号489頁）

がある[25]（→第1編第2章③ ⇒29頁）。

3 結社の自由

結社の自由とは，結社をつくり，それに加入しあるいは加入しない自由，および結社が結社として活動する自由を意味し，個人の自由と団体の自由の両側面をもっている[26]。結社のメンバーが誰かを秘匿することも結社の自由の保障内容のひとつである。また誰と結社するかは自由であり，メンバー資格の制限をしても，通常は憲法問題にはならない（→第8章：私人間効力論 ⇒263頁）。日本における団体規制として，破壊活動防止法と団体規制法をみておこう。

破壊活動防止法

破壊活動防止法（昭和27年法律240号）は制定の際に，戦前の治安維持法の再来である等，たいへん大きな反対運動が展開された。同法の解散指定（法7条）は，結社の存在そのものを否定することを意味し，自由の制約の強度が非常に高い。解散指定を法務省の外局である公安審査委員会ができるというしくみとなっていて，裁判所に解散命令を求める制度にするべきであると指摘されてきた。

そのような背景をもつゆえに抑制的な運用をされてきた結果として，団体活動の制限や解散指定処分は今日まで適用された例はなく，テロ事件を起こしたオウム真理教についても，公安審査委員会は解散指定の要件を満たさないと判断して，請求は認められなかった。

団体規制法

オウム真理教事件をきっかけとして，「団体の活動として役職員（代表者，主幹者その他いかなる名称であるかを問わず当該団体の事務に従事する者をいう。以下同じ。）又は構成員が，例えばサリンを使用するなどして，無差別大量殺人行為を行った団体につき，その活動状況を明らかにし又は当該行為の再

notes

[25] 本判決の重要な論点のひとつに，道路交通法と条例との関係（憲法94条適合性）があるが，これは第2巻で扱う。

[26] 結社の内部自治と司法審査については第Ⅱ巻で扱う。

発を防止するために必要な規制措置を定め，もって国民の生活の平穏を含む公共の安全の確保に寄与することを目的とする」（第1条），無差別大量殺人行為を行った団体の規制に関する法律（団体規制法）が制定された。オウム真理教およびその後継団体と派生団体が公安審査委員会により3年間の観察処分の対象とされ，3年ごとに更新されてきている。団体規制法は，一定の要件を満たす場合に，団体の役職員または構成員が当該団体の活動として無差別大量殺人行為を行った団体に対する観察処分（5条）や一定の犯罪行為を行おうとしている時などの再発防止処分（8条）を行うことができると定めている。

本法の合憲性について争われた事件において，東京地判平成13・6・13訟月48巻12号2916頁は，観察処分の対象となる団体の要件についての定めを限定解釈し，「当該団体が再び無差別大量殺人行為の準備行為を開始するという一般的，抽象的な危険があるというだけでは足りず，その具体的な危険があること」を求めた。これは，本法が結社の自由や信教の自由に対する強度の制約となることを踏まえた判断であるといえる。他方，東京地判平成16・10・29訟月51巻11号2921頁は，限定解釈するまでもなく，本法は公共の福祉の観点から必要かつ合理的な範囲内のものと判断している。

4 通信の秘密

1 通信の秘密の意義

憲法21条2項後段は，「通信の秘密は，これを侵してはならない」と定める。通信とは，郵便，電信・電話，コンピューター等を用いて，表現や情報の伝達を行うことを，そして通信の秘密とは，このような通信を非公開で行う権利を意味する。通信は表現行為として保障されるのみならず，通信の秘密が確保されることにより，プライバシーや私生活の自由が保護される。

2 通信の秘密にかかわる制度

通信の秘密が確保されるためは，法律による制度が設けられていなければならず，通信の秘密を維持することは国家の責務といえる。日本では，郵便法，電気通信事業法，有線電気通信法に，通信の秘密の保護に関する規定がある。また，一般の人についても，正当な理由なく封をしてある手紙（信書）を開封すると，信書開封罪（刑法133条）に問われる。

通信の秘密への例外に，破産管財人が破産者の財産を把握するため，破産者宛の郵便物等を開いて見ることができる制度として破産法81条・82条がある。また刑事収容施設法では信書の発受等について制限を設け，検査について定めている（126条～148条）。そして刑訴法100条1項・2項は郵便物の押収を，81条は接見交通にかかる通信物の検査，授受の禁止，および押収を認めている。

3 通信傍受

捜査の手段として通信を傍受することは，原則として通信の秘密を侵害するが，重大犯罪との関係では正当化されている。最決平成11・12・16刑集53巻9号1327頁（旭川覚醒剤密売電話傍受事件）は，犯罪捜査のための通信傍受に関する法律（通信傍受法）が制定される前の事件であり，当時，電話傍受は捜査の手段として法律に定められていない強制処分であったが，最高裁は「一定の要件の下では，捜査の手段として憲法上全く許されないものではない」と判断した。

大きな反対運動を巻き起こしながら制定された通信傍受法（1999年成立，2000年施行）は，数人の共謀によって実行される組織的な殺人，薬物および銃器の不正取引にかかる犯罪等の重大犯罪に限定して，他の方法では犯罪捜査が著しく困難であるときに，裁判官の発する傍受令状に基づく傍受を認めた。その後，対象犯罪の拡大等がなされてきている（2016年改正，19年施行）。

5 信教の自由・政教分離

1 沿 革

明治維新後の日本は，欧米列強による植民地化の脅威を払拭するため，集権化による強力な国家の樹立を急いだ。このときに精神的な支柱，国民統合の軸とされたのが，天皇であり，天皇を神とする神道であった（諸説あるようだが，天皇の皇祖神は天照大神とされる)。明治憲法下での政府は,国の機関として,祭祀を司る神祇官(1871年には神祇省)を設けるなど,神道を事実上国教化し(明治政府の説明によれば,神道は特別なものであり,「宗教にあらず」とされたのだが),時期によっては,他の宗教を激しく弾圧した。第2次世界大戦に向かう1935(昭和10)年頃になると,開戦を強く意欲する軍部は,「現人神(あらひとがみ)」である天皇の威を借りることで,戦争に消極的な一部の議会政治家を沈黙させ,民意を誘導,コントロールしていった。また,自らの命を犠牲にしてまで戦える兵士の精神を形成するために,殉職者を「英霊」として合祀する靖国神社が特権化されていった。多くの日本兵が,死して靖国神社に行き,天皇の参拝(親拝)を受けられることを,精神的な拠り所としたのであった。つまり,「宗教」としての国家神道が,理性的な精神を,あるいは世俗的な民主主義を乗り越える霊的力(宗教的権威)として利用されたのである。

以上の歴史的経験から,戦後,日本を占領したGHQは,神道の国家からの分離などを命ずる**神道指令**(「国家神道,神社神道ニ対スル政府ノ保証,支援,保全,監督並ニ弘布ノ廃止ニ関スル件」1945年12月)を発令し,国家神道の特権的(国教的)地位を否定し,霊的力を排した近代的な民主主義の確立を促すとともに,個々人の信教の自由の回復を目指したのであった。その後に制定された日本国憲法も,20条で信教の自由と政教分離を規定した。これは,明治憲法が,信教の自由を認めながらも,「安寧秩序ヲ妨ケス及臣民タルノ義務ニ背カサル限ニ於テ」という条件を付していたことと大きく異なる。

2 信教の自由の内容

信教の自由は,大別して以下の3つの自由を含むとされる。①**信仰の自由**,②**宗教的行為の自由**,③**宗教的結社の自由**である。①は,自分の信ずべき宗教を自ら選択し,変更する自由,この宗教を信ずる自由を意味する。「信ずる」(信仰する)ということは,基本的には内面的な精神的作用(内心における自由)であり,もっぱら個人的なものである(究極的には,「信ずる」ことに他者や団体は必要ない。無人島でも,人は宗教を信仰することはできる)。これが,信教の自由の核心であり,本質であるとされる。

②は,信ずるものが要求する行為を行う自由,または信ずるものが禁止する

行為をしない自由（信ずるものが禁止する行為を強制されない自由）を意味する。礼拝，祈禱，宗教上の祝典，儀式，行事，布教などがこれにあたる。信仰の自由を信教の自由の核心とみれば，宗教的行為の自由はその外延に位置する。しかし，後述するように，「行為」にも信仰と不可分のものから，そうでないものまでさまざまなものがあることに注意してほしい。たとえば，仏教の禅宗にとって，座禅という行為は信仰に不可分のものである（「座る」ことは信仰そのものともいえる）が，布教活動はそれ自体不可分なものとはいえない。

▶ 一般に，加持祈禱は宗教的な「行為」として憲法上保護される。しかし，宗教家が，病気の平癒のためとして，線香800束を人の身体の近くで焚くなど，荒々しい加持祈禱を行い，人を死に至らしめたような場合，それは「他人の生命，身体等に危害を及ぼす違法な有形力の行使」として，「信教の自由の保障の限界を逸脱したものというほかはなく」，これを処罰したとしても憲法20条に違反するものとはいえない（加持祈禱事件・最大判昭和38・5・15刑集17巻4号302頁）。

③は，宗教的行為を共同で行うこと，または特定の宗教を宣伝することを目的とした団体を結成する自由を意味する。宗教を，本質的に個人的なもの，精神的なものと考えれば，団体の結成は信教の自由の外延に位置しよう。しかし，「共同性」を宗教の本質的な一部であると考えれば，宗教的結社を信仰と不可分のものととらえる余地もある。なお，宗教的結社の自由と宗教法人（化）の自由はイコールではない。「法人化」は信仰ないし宗教的行為，さらには宗教的結社にとって有益なものであるが，「法人化」しなければそれらが実行できないわけではない。

これまで，信教の自由として保障される諸自由をみてきたが，それぞれの性質や保障レベルを考えるうえで，そもそも宗教とは何かが問題となる。これを，「超自然的，超人間的本質（すなわち絶対者，造物主，至高の存在等，なかんずく神，仏霊等）の存在を確信し，畏敬崇拝する心情と行為」と解する下級審判決（名古屋高判昭和46・5・14行裁22巻5号680頁）もあるが，最高裁はこれまでのところ明確な定義を避けている。宗教の定義がきわめて困難であるというのがその理由であろう[27]。もっとも，**3**に挙げる判例などから，最高裁は，「宗教」の本質はあくまで内面的精神作用，すなわち信仰にあると考え，これを中心とした同心円構造で信教の自由を理解しているように思われる。

3 禁止される国家行為

憲法上，国家は，**2** に挙げた諸自由を制限してはならない。しかし，他者の権利・自由を保護したり，公共の福祉を維持・実現するために，信教の自由に対する制限が正当化される場合もある。信教の自由のなかでも信仰の自由は，内心においてひたすら「信ずる」ことを意味する限りで，他者や社会公共と関係をもたないため，（この意味における）信仰の自由に対する制限はいかなる場合においても正当化されない。他方，信仰が「行為」という形式に結びつくと，それは他者や社会公共と接点をもつことになるため，その制限が正当化される場合が出てくる。

信教の自由に対する制限が正当化されるかは，それがどのような自由を，どのように制限しているかに依存している。信教の自由を，信仰の自由を核心とする同心円構造としてとらえる最高裁の考え方からすれば，問題とされる制限が，信ずること，すなわち信仰それ自体をどこまで脅かしているかが重要なポイントとなる。たとえば，外形的な「行為」に対する制限であっても，それが実質的に「信仰」それ自体に否定的な影響を与える場合には，当該制限の正当性は厳格に審査される必要がある（上述のように，禅宗の信者に座禅という「行為」を禁止することは，信仰そのものを禁止しているに等しい）。

▶ 聖書に固く従うという信仰をもつキリスト教組織「エホバの証人」は，絶対的平和主義をとり，信者に格闘技を禁止している。その信者であった高等専門学校の学生が，いま述べた宗教上の理由から，体育の授業で行われていた剣道実技への参加を拒否したため，当該授業の単位を認められず，退学処分を受けたという事件がある（剣道受講拒否事件）。この処分の取消訴訟（最判平成 8・3・8 民集 50 巻 3 号 469 頁）で，最高裁は，この学生の剣道実技不参加の理由は，「信仰の核心部分と密接に関連する真しな」ものと認めた。また，退学処分については，それによる「重大な不利益を避けるためには剣道実技の履修という自己の信仰上の教義に反する行動を採ることを余儀なくさせられるという性質を有する」とした。たしかに，絶対的平和主義をとるエホバの証人の信者にとって，「戦う」こ

notes

㉗ 学界では，個人の信教の自由をいう場合の「宗教」と，政教分離原則をいう場合の「宗教」とを区別して考えるべきとの見解が有力である。前者は，本文で紹介した定義のように広くとらえるべきであるが，後者は何らかの固有の教義体系を備えた組織的背景をもつものととらえるべきであるとする。

とを強制されることは，外形上は「行為」の強制であるが，「信仰」そのものを脅かすものといえよう。最高裁もこのような点を踏まえて，校長は剣道実技に代わる措置の可能性についての検討を行わなかったなどとして，本件退学処分の違法性を認めている。

一方で，授業参観日とされていた日曜日に礼拝に参加したため，学校により欠席扱いとされた小学校児童が，こうした措置が，信教の自由に反すると主張した事案（日曜日参観事件・東京地判昭和61・3・20行裁37巻3号347頁）では，東京地裁は合憲判断を導いている。公権力による不利益な処分によって宗教的行為ないし信仰が実質的に制限されるという点で剣道受講拒否事件と似ているが，①剣道受講拒否事件では「退学」の脅威によって教義に反する行為が事実上強制されているのに対して，欠席記載を問題とする本件では，礼拝への不参加が強制されているとまではいえないこと（欠席記載にとどまるならば，自らの信仰を優先して礼拝に参加することは可能である），②中心的教義に反する行為を強いられることと，1度の礼拝が妨げられることでは，内面的精神作用すなわち信仰それ自体に与える影響が異なるとも解されることには注意が必要である。

他方，最高裁は，信仰そのものと距離がある制限に対しては比較的寛容である。たとえば，宗教法人法に基づき，宗教法人オウム真理教に対してなされた解散命令が，信者の信教の自由を不当に侵害するものであり，違憲であると主張された事件（オウム真理教解散命令事件・最決平成8・1・30民集50巻1号199頁）で，最高裁は，宗教「法人」が解散させられても，宗教的行為，ひいては信仰それ自体は禁止されず，解散と信仰との間には一定の距離があるとし，解散命令は，宗教的行為に事実上「何らかの支障」を生じさせるにとどまるとした。もちろん，「何らかの支障」を生じさせる以上は，解散命令の合憲性について「慎重に吟味」する必要があるとしたが，最高裁は，解散命令の制度は「宗教団体や信者の精神的・宗教的側面に容かいする意図によるものではなく，その制度の目的も合理的である」としたうえ，本件の解散命令についても合憲と判断している。

▶ 文化財保護のため，社寺の文化財鑑賞に課税（大人1回50円）した京都市古都保存協力税条例が，信教の自由を不当に制限するものであり違憲であると主張された事案（京都地判昭和59・3・30行裁35巻3号353頁）で，京都地裁は，文化財保護という宗教に中立的な目的の下で「文化財の観賞という行為の客観的，外形的側面に担税力を見出して，観賞者の内心にかかわりなく」一律に少額の税を課すことは，信者の信仰に「抑止効果を及ぼし，これを結果的に制限するものでもない」として，合憲と判断している。

このように，裁判所は，違憲審査の場面で，問題となる制限と，内面的精神作用である信仰との〈距離〉を重視しているが，後者は目に見えないものであるだけに，この距離測定は慎重になされるべきであろう。

▶ 一般的には宗教的な意義をもたない宗教上中立的な法令が，偶然的に特定宗教の信教の自由を制限することがある。たとえば，麻薬の規制立法は，一般的には，保健衛生上の危害防止といった世俗的な（したがって宗教上中立的な）目的をもつが，宗教的儀式に麻薬を使用するような宗教的少数派にとっては権利制限的な意味をもつ。この場合，当該法令自体を制限的立法として違憲審査すべきか，宗教的少数派に対する当該法令の適用ないし処分を問題とし，この適用・処分段階で信教の自由を考慮・斟酌すべきかが問題となる。宗教上中立的にみえる法令であっても，その実際上の効果から，特定宗教に実質的な負担を課すようなものは，法令自体に疑いの目を向けるべきだが，こうした効果分析から法令自体に問題（瑕疵）が認められない場合には，法令の適用ないし処分段階に着目し，憲法上妥当な結論を導くべきであると考えられる。

例えば，刑法の犯人蔵匿罪[28]の規定は，それ自体は宗教上中立的なものであるが，これが「牧会活動」として犯人を匿った牧師の行為に適用されるとき，偶然的に信教の自由（牧会活動）と接することになる。この場合，当該規定自体を信教の自由への制限立法としてとらえるべきではなく，具体的な適用場面で信教の自由の価値を考慮すべきである。神戸簡裁は，こうした事例で，牧会活動が，信仰それ自体と関わることを認め，正当業務行為（刑法35条）として違法性を否定し，犯人を匿った牧師を無罪とした（牧会活動事件・神戸簡判昭和50・2・20判時768号3頁）。

4 政教分離

政教分離の意味

上述のように，明治憲法下の日本政府が，国家神道を事実上国教化することで，他の宗教を弾圧し，またこれを政治体制と結びつけることで民主主義を崩壊させた反省から，日本国憲法は，国家と宗教との分離，すなわち政教分離を

notes

[28] 犯人蔵匿罪とは，隠れ場所を提供するなどして，罪を犯した犯人等をかくまう行為のことをいう。このような行為を行った者には，2年以下の懲役または20万円以下の罰金が科される（刑法103条）。

憲法上の要請とした。しかし，最高裁の解釈によれば，こうした歴史的経緯から，憲法上「国家と宗教との完全な分離」を「理想」と考えるべきではあるが，その実現は「実際上不可能に近［く］」，「政教分離原則を完全に貫こうとすれば，かえって社会生活の各方面に不合理な事態を生ずることを免れない」という（後述する津地鎮祭事件）。宗教は，社会生活の各方面にすでに溶け込んでいるから，国家が社会生活にかかわる以上，必然的に宗教にかかわることになる，というのがその理由である。たとえば，現状，日本には，特定宗教と関係をもっている私立学校は少なからず存在しているため，国家が私立学校の助成というかたちで教育分野にかかわろうとすると，必然的に宗教とも接することになる。それさえも否定されれば，宗教と関係のある私立学校を不利益に扱うことになり，かえって宗教への差別となるというのである。

そこで最高裁は，政教分離を，「国家と宗教との分離を制度として保障することにより，間接的に信教の自由の保障を確保しようとするもの」（制度的保障）と性格づけ，「信教の自由」（目的）との関係で手段的にとらえたうえ，国家と宗教とのかかわり合いが日本の社会的・文化的諸条件に照らして「相当とされる限度を超えるものと認められる場合」に，憲法上の政教分離に反する違憲のかかわり合いになるとした（津地鎮祭事件）。要するに最高裁は，国家と宗教とがかかわり合いをもたざるをえないことを前提に，相当限度を超えるもののみを違憲とする，**相対的な政教分離観**を採用しているのである。

▶ たしかに，国家と宗教との完全分離は不可能かつ不合理かもしれない。たとえば，ひな祭りや門松，クリスマスツリーなど，宗教を起源としながらも，現在では私たち日本人の生活のなかに習俗や「たしなみ」として溶け込んでいるものもある。役所がホールなどにクリスマスツリーを飾ればただちに政教分離に反し違憲と考えるのは，あまりに硬直的であろう。こうした「かかわり合い」は，日本の社会的・文化的諸条件に照らして相当とされる限度の範囲内にあるものとみるべきかもしれない。

政教分離違反を審査する際の判断枠組み

そうすると，国家と宗教とのあるかかわり合いが，日本の社会的・文化的諸条件に照らして相当限度を超えるどうかを，具体的にどのように判断するかが重要な問題となる。最高裁が，政教分離の問題にはじめて正面から向き合ったのは，1977（昭和52）年の**津地鎮祭事件判決**（最大判昭和52・7・13民集31巻4号533頁）であるとされる。これは，津市が公営体育館の建設に際して，神主を招いて地鎮祭[29]を開催したことが政教分離に反するとして争われた事件である（憲法20条3項のいう「宗教的活動」にあたるとする主張が中心であった）。ここで最高裁は，上述した相当限度を超える「かかわり合い」とは，「[①] 当該行為の目的が宗教的意義をもち，[②] その効果が宗教に対する援助，助長，促進又は圧迫，干渉等になるような行為をいう」と述べた。**目的効果基準**と呼ばれる判断枠組みである。ただ，最高裁は，この基準を形式的・機械的に用いたわけではなく，その該当性は，「当該行為の行われる場所，当該行為に対する一般人の宗教的評価，当該行為者が当該行為を行うについての意図，目的及び宗教的意識の有無，程度，当該行為の一般人に与える効果，影響等，諸般の事情を考慮し，社会通念に従って，客観的に判断しなければならない」と述べている。ここでとくに重視されるのは，「一般人」の意識ないし評価である。すなわち，「一般人」が当該行為の目的をどう評価するか，当該行為が「一般人」にどのような印象を与えるかである。

津地鎮祭事件判決は，工事の無事安全等を祈願する「起工式」たる地鎮祭は，時代の推移とともに宗教的意義が稀薄化してきており，「一般人の意識においては，起工式にさしたる宗教的意義を認めず，建築着工に際しての慣習化した社会的儀礼として，世俗的な行事と評価している」こと，そこから，神職により神道固有の祭祀儀礼に則って起工式が行われたとしても，一般人の宗教的関心をとくに高めることにはならず，神道を援助等するような効果をもたらすとは認められないことなどから，相当限度を超える違憲のかかわり合いをもつものとはいえないと結論づけた。

▶ 昭和の時代には，町でよく地鎮祭（起工式）に出くわした。しかし，いまの学生にとっては，地鎮祭は非常に珍しいもののようである（知らない者も多い）。そうすると，現在においては社会的儀礼性の方がむしろ稀薄化し，宗教的意義が逆に強調される傾向にあるようにも思われる。「時代の推移」によって，合憲のものが違憲になることもありえよう。

notes

[29] 地鎮祭とは，神を祀り，工事や建築の安全・無事を祈るための儀式で，家屋の建築前や土木工事の着手前に行われる。鎮地祭，地祭りなどとも呼ばれる。

他方で，愛媛県が，例大祭に際しての玉串料等[30]として，靖国神社等に公金を支出したことが政教分離に反するかが争われた事件では，最高裁は一転して違憲判断を下している。すなわち，1997（平成9）年の**愛媛玉串料事件判決**（最大判平成9・4・2民集51巻4号1673頁）は，靖国神社の挙行する例大祭等は，上記起工式と異なり，「神社自体がその境内において挙行する恒例の重要な祭祀」であり，そこでの玉串料の奉納等がもつ宗教的意義が稀薄化したとはいえず，また，県がこのような特別なかたちで特定の宗教団体とのみかかわり合いをもつことは，一般人に対して，当該宗教団体が特別のものであるとの印象を与え，特定宗教への関心を呼び起こすとして，上記公金支出を違憲と結論づけたのである。

▶ 靖国神社と国家とのかかわりは，戦没者に対する慰霊という要素を含むため，非常に複雑な問題を提起する。国家のために戦った戦没者の慰霊は，国家として当然の行為であるようにも思われるが（とくに遺族の立場からするとそうであろう），他方で，「慰霊」なる行為と宗教性とを完全に切り離すことは難しいからである（宗教性を排除した「慰霊」が可能かは，非宗教的な国立追悼施設設置をめぐる論点にもなる）。とくに靖国神社への国家関与というかたちでの「慰霊」は，靖国神社が戦前に国家神道と深く結びついていたために大きな問題となる。愛媛玉串料事件判決は，この点を強く意識していたようにも思われる。最高裁は，自衛隊退職者等の私的団体（隊友会）による護国神社への殉職自衛隊員合祀申請に，現役の自衛隊職員が協力した行為について，それが当該私的団体を通じて宗教に間接的にかかわっているにすぎないことを主な理由に合憲と判断しているが（**自衛官合祀事件判決**・最大判昭和63・6・1民集42巻5号277頁），これと同様の見方が，戦後の一時期に厚生省引揚援護局が靖国神社での戦没者合祀に「協力」していたことにも成り立ちえたのかは議論の余地があろう（同局は，靖国神社に祭神として祀る者の名簿を作成するなどした）。

また，箕面市が，「村の靖国」とも称される忠魂碑の移設・再建を行い，その

notes

[30] 神社で行われる毎年の祭祀のうち最も重要とされるものを例大祭と呼ぶ。一般に，各神社に祀られる神に関係する日に行われるほか，春や秋などの季節の祭りとしても開催される。玉串料とは，神社への祈禱依頼時に納める金銭のことをいう。「玉串」とは，神道の神事において参拝者が神に捧げる榊の枝のことを指す。本件では例大祭に際しての玉串料として，県は5000円を9回にわたり支出した。他にも，本件は，靖国神社の挙行するみたま祭に際しての献灯料の支出（7000円または8000円を4回），県護国神社の慰霊大祭に際しての供物料（1万円を9回）の支出を問題とした。なお，みたま祭とは，日本古来の盆行事を由来として始められた祭りのことで，毎年30万人程の参拝者が訪れるとされている。夏の本祭期間中，本殿では英霊を祀る祭儀が行われる。

移設先の敷地を，忠魂碑を維持管理する戦没者遺族会に無償で貸与した行為が政教分離に反するかどうかが争われた事件で，最高裁は，①忠魂碑はもともと戦没者記念碑的性格をもつもので，少なくとも戦後は国家神道等，特定宗教とのかかわりが稀薄であること（靖国的性格を戦後はもたない），②遺族会は宗教的活動を本来的目的としていないこと，③学校用地の確保という忠魂碑移設の目的は世俗的であることから，目的効果基準に照らして合憲と判断している（**箕面忠魂碑事件判決**・最判平成5・2・16民集47巻3号1687頁）[31]。ポイントとなっているのは，国家神道的＝靖国的なるものからの〈距離〉であろう。

戦前，天皇は国家神道のまさに中心であったわけだから，天皇とのかかわり合いは，現在においても常に宗教性を帯びることになる。しかし，知事が皇位継承の際に行われる大嘗祭に公費を用いて参列したことが政教分離に反するかどうかが争われた事件で，最高裁は，知事の参列は，公職者の社会的儀礼として，皇室の伝統儀式に際し，日本国および日本国民統合の象徴である天皇の即位に祝意を表すことを目的とし，また一般人も同様の受け止め方をすることなどから，これを合憲と判断している（**鹿児島大嘗祭事件**・最判平成14・7・11民集56巻6号1204頁）。ここでは，憲法が政教分離を要請し，国家神道の特権的地位を否定しながら，その中心である天皇を象徴として認めているという事態を，今後，日本人がどのように受けて止めていくべきかが問われている。

これまでみてきたように，最高裁は，津地鎮祭事件判決以降，あるかかわり合いが相当限度性を超えるかどうかを，目的効果基準を使って判断してきた。しかし，市が公有地を無償で宗教的施設（神社）の敷地として提供してきた行為が政教分離に反するかが争われた**空知太事件判決**（最大判平成22・1・20民集64巻1号1頁）では，同基準を明示的に用いることなく，諸般の事情を踏まえた総合的な判断により，直接的に相当限度性の超過を審査するという建前がとられている。しかし，この総合的判断においてとくに重視されているのは，結局，種々の事情に対する「一般人の評価」（一般人の目にどう映るか）であり，この点において従来の判例と異なるところはない。

▶ 本判決は，市が提供する土地上に設置されているのは神道の神社施設と見ざるをえないこと，かかる神社において行われる春祭り等の祭事は世俗的なものとは

notes

[31] なお，本判決は，20条1項後段および89条が禁止する「宗教団体」等への便宜供与にあたるかも別途審査したが，かかる「宗教団体」等を，「特定の宗教の信仰，礼拝又は普及等の宗教的活動を行うことを本来の目的とする組織ないし団体」と解したうえで，遺族会がこれに該当しない旨述べている。

いえないこと，本件利用提供行為は，その直接の効果として，89条の「宗教上の組織若しくは団体」[32]にあたる氏子集団の宗教的活動を容易にしていると見ざるをえないことから，「一般人の目から見て，市が特定の宗教に対して特別の便宜を提供し，これを援助していると評価されてもやむを得ない」と述べ，本件行為を違憲と結論づけた。この多数意見に対しては，「一般人の評価」は「当該宗教施設が存在する地元住民の一般的な評価」を踏まえて検討すべきであるとし，地元住民には，本件神社は「先祖の思いを伝承するものであることを超えて，神道を具現，普及するようなものとは受け止め」られていない，とする甲斐中裁判官らによる個別意見が付されている。

本判決が明示的に目的効果基準を採用しなかった理由として，従来の事件では，公務員による儀式参列など，一回的な作為的行為が問題とされたのに対し，本件では，半世紀以上もの歴史を有する継続的な土地利用提供行為が問題とされたことを挙げる見解がある（本件利用提供行為は，昭和28年から続いていた）。こうした継続的行為に目的効果基準を適用した場合，どの時点における誰の「目的」を問題にしてよいかわからなくなるため，かかる基準の明示的使用が控えられたというわけである。ほかにも，目的効果基準は，宗教性と世俗性が入り混じった行為を打ち分けるために適用する基準であり，氏子集団という「宗教団体」に対する明確な便宜供与として宗教性が明らかな本件行為には適用されないとする見解もある（藤田裁判官補足意見）。

▶ 市営公園内にある久米至聖廟（儒教の創始者である孔子等を祀った施設）を管理する団体に対し，那覇市が公園使用料の全額を免除した行為が問題となった那覇孔子廟事件判決（最大判令和3・2・24民集75巻2号29頁）では，空知太事件判決と同様の総合的判断が行われた。そして，本件施設は宗教的外観を持つこと，本件施設で孔子の霊を崇めることを目的とした宗教的儀式が行われていたことなどに照らすと，一般人からみて，使用料を免除する市の行為が，特定宗教に対して特別の便益を供与するものと評価することができるとして，本件行為を政教分離に反すると結論づけた。このように，本判決は空知太事件判決と類似した事例（特定宗教に対する用地提供）につき，空知太事件判決と同様の判断を行ったが，空知太事件判決と異なり，憲法20条1項後段および89条違反ではなく，20条3項違反を認めている。本件施設を管理する団体（久米三十六姓）が宗教

notes

[32] 前掲[31]参照。

団体そのものではなく，歴史研究や東洋文化の普及等を目的とする一般社団法人であったことから，89条の適用が難しかったことがその背景にあるのかもしれない。

いずれにせよ，本件で最高裁が，「相当とされる限度」に関する規範を維持したうえで，「一般人の評価」を基軸としながらその具体的な判断方法を事案ごとに柔軟に変化させるといった方向性を模索したことは明らかであろう。

政教分離の性格

最高裁は，政教分離原則を「**制度的保障**」とみてきた（学説には，特定の制度を「保障」しているのではなく，ある国家行為を「禁止」しているにすぎず，あえて制度的保障と呼ぶ必要がないとする見解も有力である）。他方，学説のなかには，これを権利（人権）保障ととらえる見解もある。たしかに，最高裁の制度的保障の考えでも，政教分離は信教の自由を実効的に保障するための手段であるから，権利保障（主観的利益）との結びつきがないわけではない。しかし，判例・通説は，信教の自由の制限と，政教分離違反とは異なると考えている。判例によれば，政教分離に違反する国家行為は，たしかに宗教的少数派にとって不快を感じさせるかもしれないが，これを被侵害利益として，ただちに損害賠償を請求したり，差止めを請求するなどの法的救済を求めることはできないというのである。信教の自由の侵害は，相手方の行為が「強制や不利益の付与を伴うことにより自己の信教の自由を妨害する」ことによって生ずるとされる（自衛官合祀事件）。しかし，**2**⇒117頁で述べたように，信仰は内面的精神作用であって，決して目に見えるものではないため，国家とある特定宗教とのかかわり合いが，別の宗教を信ずる者の信仰を実質的に「妨害」していないか，慎重に判断する必要があろう。

学問の自由・大学の自治

1 沿　革

日本国憲法23条は，「学問の自由は，これを保障する」と規定している。この意義を理解するには，やはり歴史を紐解く必要がある。

まず知っておくべきは，1913（大正2）年の**沢柳事件**であろう。これは，京都大学の総長であった沢柳政太郎が，大学のレベルアップを狙って7名の教授に辞表を提出させたのに対して，法学部教授会（当時の法科）が猛抗議し，教授一同が辞表を提出するなどしたものである。この事件は，総長・対・教授会という図式で単純にとらえるべきではない。沢柳の判断を後押ししていたのは，人事刷新により帝大教授の新陳代謝を図ろうとしていた文部省だったのであり，より厳密には，文部省・対・京大教授会（東京大学の教授陣も支援）という図式でとらえるべきである。この事件は，時の文部大臣であった奥田義人（民法学者でもあった）が間に入り，教授会側を支持したことで，最終的には大学の自治，とりわけ教授会の自治が尊重されることとなった。

しかし，こうした「自治」は慣習として認められたにとどまり，制度的に，あるいは法的に認められたものではなかった（明治憲法に学問の自由に関する規定は存在しなかった）。したがって，大正デモクラシーの時代が終わり，軍部が台頭する殺伐とした時代に入ると，「自治」は容易に崩壊することになる。満州事変勃発後の1933年には，いわゆる**滝川事件**が起こる。これは，当時衆議院議員であった宮沢裕が，衆議院予算委員会の席上で，帝国大学の教官4名をマルクスに傾倒した「赤化教授」として事実上名指しで批判し，これに応じた鳩山一郎文部大臣が，そのひとりであった京大教授の滝川幸辰教授を，その刑法学説があまりに自由主義的であるとして休職処分としたことに端を発する。この処分に対して，京大法学部教授の多くが辞職して抗議したのがこの事件であるが，ポイントは，沢柳事件とは異なり，この抗議により大学の自治が回復されることはなかった，ということである。翌年，鳩山は，議会にて，「講義の内容が大学令に違反しているかという認定は，監督官庁として文部省において認定して差し支えな」く，違反教授は「総長の具状が無くともこれを取更へることができるようになった」と述べるに至っている。

そして，1935年の**天皇機関説事件**である。これは，統治権の主体は団体としての国家であり，天皇はその最高の「機関」であるとする，憲法学者・美濃部達吉（東京帝国大学教授・貴族院議員）の見解が，政府により，「天皇は國家の機関なりとなすが如き，所謂(いわゆる)天皇機関説は，神聖なる我國體に悖(もと)り，其(その)本義を愆(あやま)るの甚だしきもの」として糾弾され（国体明徴声明），美濃部の著書が発禁処分に付されるとともに，美濃部自身，貴族院議員を辞職させられたという事件である。

▶ 天皇機関説攻撃の先鋒に立ったのが，陸軍中将男爵菊池武夫であったことからもわかるとおり，この事件の背景は，天皇を神格化することで，天皇が親卒する軍の権威を高めようとした軍部の思惑がある。もちろん，天皇を「現人神（現御神）」とする当時の国体思想からみても，天皇を国家の一「機関」とみる美濃部説は許されるものではなかった。

このような歴史が教えるのは，国家権力は，みずからの政治路線に反する学説を抑圧する傾向をもつ，ということである。それは，その政治路線が理に反する道を歩みはじめたときに，より顕著になる。国家権力にとって，学問のもつ理性的な力が重大な脅威となりうるからである。このとき，国家権力は，学問の自由を奪い，学者をかくまう「大学」という組織に介入していくことになる。こうした歴史的経験から，日本国憲法は，憲法23条により学問の自由をとくに規定したというわけである。

2 学問の自由の内容

学問の自由は，①**学問研究の自由**と②その**研究結果の発表の自由**を含む。これらは，すべての国民に保障されるが，「大学が学術の中心として深く真理を探究することを本質とする」ことにかんがみて，憲法は，大学において，とくにこれらの自由を保障したものと解されている（後述するポポロ事件判決）。また，同様の観点から，講義や演習などを通じて研究結果を教授する自由，すなわち③**教授（教育）の自由**は，主として大学の教授その他の研究者に保障されると考えられている（同判決）。初等中等教育機関における教師には，教育の機会均等や全国的な教育水準の確保といった観点から完全な教授の自由は認められず，「一定の範囲における教授の自由が保障される」にとどまる（旭川学テ事件・最大判昭和51・5・21刑集30巻5号615頁。したがって，学習指導要領などを通じて，国家が一定程度，教育の内容に介入することも許される。第**5**章**3** **3**参照）。⇒208頁逆にいえば，大学の教授その他の研究者は，大学の講義等で何を教えるかについて，自らの研究成果に基づいて自由に決定することができる。このようにみると，学問の自由は，あらゆる者が平等に享有できる「人権」としての性格と，大学研究者に認められた「特権」としての性格を併有しており，後者に学問の自由の独自性が認められるように思われる。

3　禁止される国家行為

学問の自由が保障されることで，戦前のように国家権力がみずからの政策ないし政治路線に反対する学問研究を弾圧し，その成果の発表等を禁止することは憲法上禁止される。大学教授その他の研究者の教育内容に介入することも許されないと解すべきであろう。もっとも，現代社会においては，国家権力がこのようなわかりやすいかたちで学問研究に干渉することはあまり考えられない。現実には，よりソフトな方法，あるいは間接的な方法をとおして学問研究に干渉することが多いであろう。たとえば，研究費の減額や停止，人事面での介入などをとおして個々の研究者の学問研究にゆさぶりをかけ，間接的に学問研究の内容等に介入していくことが考えられる（このようなソフトな干渉であっても，それが実質的に学問の自由を制限している限り，これを正面から権利侵害として捕捉する方向を模索していくべきである）。

4　大学の自治

大学の自治の内容

そこで重要になるのが，**大学の自治**である。たとえば，大学が自主的に研究者の人事を決定することができるならば，国家権力による人事的な介入は有効に防止されよう。学問の自由の実効的な保障には，大学そのものにバリアを張り，大学の内部行政については大学が自主的に決定できるとする「大学の自治」を認めることが重要なのである。通説は，いわゆる制度的保障として，憲法23条により大学の自治が当然に保障されていると解している。最高裁も，「大学における学問の自由を保障するために，伝統的に大学の自治が認められている」と述べている（ポポロ事件・最大判昭和38・5・22刑集17巻4号370頁）。大学の自治は，その内容として，①人事の自治のほか，②大学施設・学生の管理の自治，③予算管理の自治（財政自治権）を含むとされている。

最高裁も，「大学の学長，教授その他の研究者」は「大学の自主的判断に基づいて選任される」として，①の人事の自治を認めている（ポポロ事件）。教育公務員特例法10条は，「大学の学長，教員及び部局長の任用，免職，休職，復職，退職及び懲戒処分は，学長の申出に基づいて，任命権者が行う」と規定しているが，これを①に適合的に解釈した下級審判決がある。すなわち，九大・井上事件判決（東京地判昭和48・5・1訟月19巻8号32頁）は，「大学自治の原理，なかんずく右原理の中核ともいうべき大学における人事の自治に鑑みれば，……教特法10条〔改正前〕にいう『大学管理機関の申出に基いて』とは，大学管理機関……から申出がなされたときは，任命権者〔文部大臣・当時〕……は，右申出が既に……大学の自主的選考を経たものとされる以上，その申出に羈束されて，申出のあった者……を任命すべく，そこに選択の余地，拒否の権能はなく，他面，申出がなければ，右の人事を行ない得ないものと解するのが相当である」と述べたのである。

▶ 九大・井上事件は，九州大学が，学部長会議の推薦に基づき大学評議会により井上正治教授を学長事務取扱（学長代行）に選考した旨を文部大臣に申し出たにもかかわらず，文部大臣が一定期間，井上教授を同職に任命しなかったことから，井上教授が国を相手に名誉毀損に基づく損害賠償請求をなした事件である。要するに，大学側が自主的に決定した人事を，当時の文部大臣が事実上握りつぶそうとしたことが問題とされた。当時の九大では，大学構内への米軍機墜落事件などをきっかけに基地撤去運動が起きており，井上教授がマスメディアでこの事件等についてみずからの意見を語ったことが本件の背景となっている。その意味では，国家権力が人事を通じて大学人の学問の自由に介入しようとした事件とみることもできる。九大・井上事件判決は，教特法の上記解釈から，文部大臣は，井上教授に関する「上申書の受理後，相当の期間内に［同教授］を九州大学学長事務取扱として発令しなければならな」かったと述べた。

なお，2003年の国立大学法人法によって国立大学が法人化した後，学長任命は「国立大学法人の申出に基づいて，文部科学大臣が行う」（国立大学法人法12条1項）ものとされ，この申出は，学外者を多く含む学長選考・監察会議の選考により行われるものとされた（同条2項）。学長選考のあり方は，人事の自治の趣旨に合致したものであるべきであろう（選考・監察会議の前に教員投票等を行い，この結果を会議に反映させるといった手続が考えられる）。

最高裁は，②の施設・学生管理の自治については，「ある程度で認められ，これらについてある程度で大学に自主的な秩序維持の権能が認められている」と述べている（ポポロ事件）。施設管理との関係で問題になるのは，警察権との関係である。令状がある限りで，大学も，犯罪捜査のための警察権の大学構内への立入りには協力しなければならない。他方，②の観点から，不意の事件が大学構内で起きた場合であっても，警察は独断で大学構内に立ち入ることはできず，警察の入構は，原則として大学側の判断によるべきである。警察官が，大学の了解なく，警備公安活動のために大学構内に立ち入ることも原則として許されない。

③の予算管理の自治は，たとえば上述の国立大学法人法によっても認められているが，そもそも管理しうる予算が，国からの援助（運営交付金や経常費補助など）に強く依存しているという問題がある。世界的にみても，大学の予算が国からの援助に依存していること自体は問題ないが，財政的な援助を通じて国が大学の内部行政に介入し，自治が脅かされることがないように注意を払う必要がある。

大学の自治の担い手

大学の自治の担い手は，学問の自由の実効的な保障という自治の目的に照らして，大学設置者のような運営管理者ではなく，教授その他の研究者の組織（教授会など）であるべきである。問題は，学生も自治の担い手と考えるべきか，であるが，最高裁は消極的な態度を示している。すなわち，学生が大学研究者と同等の「学問の自由を享有し，また大学当局の自治的管理による施設を利用できるのは，大学の本質に基づき，大学の教授その他の研究者の有する特別な学問の自由と自治の効果として」であり，たとえば「大学における学生の集会も，右の範囲において自由と自治を認められるものであって，大学の公認した学内団体であるとか，大学の許可した学内集会であるとかいうことのみによって，特別な自由と自治を享有するものではない」というのである（ポポロ事件)。そうなると，学生が対外的に「自治」を主張できるのは，大学研究者の研究活動や教授活動に関連した活動（たとえばゼミ活動）ということになろう。このような活動，いいかえれば，「真に学問的な研究またはその結果の発表のための」活動に対して警察権の介入があった場合には，学生も大学の自治を根拠に正当にかかる介入を排除することができる。

▶ 最高裁は，以上に述べた考え方をポポロ事件判決において示した。**ポポロ事件**とは，大学公認の学生団体「ポポロ劇団」が，東大の大教室にて，大学の正式な許可を得て，松川事件[33]を題材にした演劇を開催したところ，その観客のなかに警備公安活動のため情報収集を行っている私服警官がいることを学生が発見し，警察官に対して警察手帳の提示を求めた際に暴行を加えたというものである。ここでは，この学生の行為が，大学の自治を守るための正当行為であるかが争点となった。最高裁は，上述のような考えから，「学生の集会が真に学問的な研究またはその結果の発表のためのものでなく，実社会の政治的社会的活動に当る行為をする場合には，大学の有する特別の学問の自由と自治は享有しない」と述べたうえ，本件集会は「実社会の政治的社会的活動であり，かつ公開の集会またはこれに準じるものであつて，大学の学問の自由と自治は，これを享有」せず，よって「本件の集会に警察官が立ち入ったことは，大学の学問の自由と自治を犯すものではない」と判示した。本判決に対しては，①本件警察官による情報収集行為の長期性・継続性（およびその影響)，②本件集会のもつ学問的活動としての要素，③大学の施設管理の自治との関係性（大学は正規の使用許可を出していた）を考慮しなかったことなどについて，学説からの批判もある。

notes

[33] 占領下の1949（昭和24）年，何者かによる列車レールの取り外しにより東北本線金谷川～松川間にて旅客列車が脱線・転覆し，乗務員数名が死亡した事件。国鉄および東芝松川工場関係者のうち数十名の労働者が逮捕・起訴されたが，最終的には冤罪が認められ，被告人は全員無罪となった。事件が起きた福島県では，東北地方一の共産党組織が形成されていたこともあり，本件は共産党と労働運動に対し脅威を与え，それらの勢力を抑え込む狙いがあったとも指摘されている。

CHECK

① 判例は，思想および良心の自由が「直ちに制約」される場合と「間接的に制約」される場合をどのように説明しているか。

② 表現の自由は，なぜ優越的地位をもつといわれているのか。

③ 表現内容規制／表現内容中立規制の違いを述べて，それぞれの例を挙げよ。

④ 判例は，集会の自由について，どのような法理を展開してきているか。

⑤ 判例は，信教の自由に関する事案において信仰の自由をどのように位置づけてきたか。

⑥ 判例が，政教分離違反を審査する際に一貫して採用している判断枠組みとはどのようなものか。

⑦ 日本国憲法が学問の自由を保障するに至った歴史的経緯とはどのようなものか。

読書案内　Bookguide

奥平康弘『「表現の自由」を求めて――アメリカにおける権利獲得の軌跡』（岩波書店，1999）

毛利透『表現の自由――その公共性ともろさについて』（岩波書店，2008）

安西文雄「平等保護および政教分離の領域における『メッセージの害悪』」立教法学44号（1996）81頁

野坂泰司「『追悼』と『祀り』――憲法と靖国神社問題」ジュリスト1222号（2002）68頁

山本龍彦「政教分離と信教の自由」南野森編『憲法学の世界』（日本評論社，2013）

高柳信一『学問の自由』（岩波書店，1983）

山本健人「日本国憲法が信教の自由を規定することの意味」法学教室515号（2023）46頁

同「国家と宗教」山本龍彦＝横大道聡編著『憲法学の現在地』（日本評論社，2020）

CHAPTER

第2章

経済的権利

私たちの経済活動は，国家からまったく自由に営まれているわけではない。国家と経済市場との関係についてはさまざまな見解が対立しているが，現実として，国家の定めた諸ルールを前提としない経済活動はありえない。たとえば，街でラーメン店を開こうと思っても，食品衛生法などの存在から，まずは近くの保健所に行って開設許可を得るなど，一定の手続を踏まなければならない（国家との関係を取り結ばなければならない）。その意味で，ラーメン店も，国家から完全に自由に開業できるわけではないのである。また，企業間の取引や，株の売買なども，「私的自治」の下で自由に行われているように見えて，その実，さまざまなルールや制度を前提にして行われている。「自由」な市場は，独占禁止法のようなルールがあってはじめて成り立つという見解もあるぐらいだ。

このように，経済活動は，言論のような精神的な諸活動とは異なり，「国家からの自由」を徹底できないところがある。しかし，そうはいっても，国家による不合理で過剰な干渉までもが許されるわけではない。憲法上は，22条の「職業選択の自由」や，29条の「財産権」が，経済活動への国家による不合理な干渉を禁止している。とはいえ，国家による干渉の合憲性は，両「権利」のとらえ方や，その干渉の目的や程度などによって変わりうる。以下では，このような違いに着目しつつ，憲法上，国家は人々の経済活動にどこまで立ち入れるのかを検討していきたい。

1 職業選択の自由等

1 憲法22条が保障する諸権利

努力して自らの才能に磨きをかければ，基本的にはみずからの望む職業に就くことができる。現代社会に住む私たちは，現実にはいろいろあるにしても，このことを一応あたり前に感じている。しかし，近代憲法が成立する以前の身分制社会では，これがあたり前ではなかった。そこでは，職業はみずからが属する「身分」と密接につながっていたため，「身分」が固定されている以上，「職業」も固定されていたのである。

このような職業の「不自由」は，職業の選択にあれこれ悩まなくてよいというメリットがあるかもしれないが，やはり個人の自律的な生き方を否定するものといえる。ある職業に就きたいと夢見ても，そこにどうしても乗り越えられない壁があるとすれば，その人は一生この壁の内部で生きていくしかないからである。そこで，個人の自律的で人格的な生き方を尊重する現行憲法は，憲法22条1項で**職業選択の自由**を保障したのである。

Column ❻「職業選択の自由」の辛さ？

職業を，「神」や「法」ではなく，「自分」で決められる「自由」というのは，決して楽なものではない。自分で決めたことだからこそ，その選択には責任をもたなければならないし，選択肢のあまりの多さや可能性の無限性は，ときに人の神経を衰弱させることもある（欲望の無限性と自殺との関係について，エミール・デュルケーム『自殺論』）。人間は自由という刑に処せられていると言ったのはジャン=ポール・サルトルであった。しかし，それでもなお，人間はこの自由を手放すべきではないと主張したのもまたサルトルであった。哲学者サルトルの思想を噛みしめながら，「職業選択」の「自由」の意味を考えるのもよいだろう。

職業選択の自由を規定する22条1項は，**居住・移転の自由**も保障している。これは，かつての封建制の下においては，多くの人々が生産者として特定の

「土地」に縛り付けられていたことへの反省から規定されたものである。人は，場所（地域的束縛）から解き放たれてはじめて経済活動の自由を得られるという側面があるため，居住・移転の自由は，職業選択の自由とセットで規定されているのである。また，職業選択の自由がそうであるのと同様，居住・移転の自由も，人格的・自律的な人生を送るための前提となるものである。22条2項は，さらに「何人も，外国に移住し，又は国籍を離脱する自由を侵されない」と規定し，前項で保障している移動性を海外にまで拡張している。22条は，全体として，個人の**場所的な束縛**ないし**固定性**に対して，個人の**移動性**ないし**流動性**を保障するものといえよう。

▶ もちろん，この自由も公共の福祉による制限を受ける。判例は，「著しく且つ直接に日本国の利益又は公安を害する行為を行う虞があると認めるに足りる相当の理由がある者」に対して，外務大臣が旅券（パスポート）の発給を拒否できるとする旅券法の規定を合憲としている（最大判昭和33・9・10民集12巻13号1969頁）。

また，入居者やその同居者が「暴力団員であることが判明したとき」，市長が市営住宅の明渡しを求めることができるとする条例（西宮市営住宅条例）の規定について，最高裁は，市営住宅の入居資格はそもそも地方公共団体によって裁量的に決定されることや，個人は暴力団を脱退しさえすれば居住が可能になることから，「居住の制限は，公共の福祉による必要かつ合理的なものであることが明らかである」として合憲と判断した（最判平成27・3・27民集69巻2号419頁）。

外国に移住する自由は，永続的な移住だけでなく，一時的な旅行（海外渡航）も含むとされている（最判昭和60・1・22民集39巻1号1頁）。近年のグローバル経済を踏まえれば，この自由が経済活動とも関連していることがわかる。**国籍離脱の自由**は，究極的には，国家のために個人があるのではなく，個人のために国家があるという考えを示している。

2 職業選択の自由の意義とその規制

職業選択の自由と人格的価値

経済的な自由は，しばしば，精神的な自由よりも劣るものといわれる。「職業」を単に「金を稼ぐ手段」としてとらえれば，22条1項の保障する職業選択の自由は，金稼ぎの手段を選ぶだけの自由ということになり，たしかに表現の自由や信教の自由といった精神的自由よりも価値の低いもの，あるいは不純なもののように思えてくる。しかし，先述のように，人が生来の職業に自らの生き方を固定されていた身分制の時代を想起すれば，職業を「選択」できることが，自分らしく生きるためにいかに重要であるかがわかるだろう。

判例も，「職業は，人が自己の生計を維持するためにする継続的活動であるとともに，分業社会においては，これを通じて社会の存続と発展に寄与する社会的機能分担の活動たる性質を有し，各人が自己のもつ個性を全うすべき場として，個人の人格的価値とも不可分の関連を有する」と述べている（薬事法判決・最大判昭和 50・4・30 民集 29 巻 4 号 572 頁）。「人格的価値」とのかかわりという点で，職業選択の自由が精神的自由より劣っているということはない。

職業選択の自由に対する規制

このように，職業選択の自由が憲法上一定の重要性をもつとしても，現実にはこの自由に対してさまざまな規制が加えられている。たとえば，美容師になろうと考えている者は，美容師法上，国家試験を受けたうえで美容師免許を取得しなければならない。クシとハサミを手に勝手に美容業を行うことはできないのである。また，その者が美容院（美容所）を開設しようと思えば，さらに都道府県に届け出なければならない。医師，薬剤師，弁護士なども，そうした職業が患者やクライアントの生命・健康・財産等に直接的な影響を与えうることから，各種の法律で，国家試験に合格し，国家資格を得なければならないとされている。また，風俗営業，飲食業，貸金業などについては，法律に定められた要件を満たすことでその職業を営むことを許される**許可制**がとられている。このように，どのような職業を選択するかは「自由」というのが憲法上の原則とされてはいるが，実際にはこの自由に対して多種多様な規制（ハードル）が課されている。

▶ 一般に，届出制，許可制，特許制の順で，規制が厳しくなるとされている。

「**届出**」とは，国民が行政庁に対して一定の事項を通知しさえすれば（届け出さえすれば），国民が望む行為を行うことができるというものである。この場合，形式的要件さえ満たせば手続は完了するため，国民がある行為を行うにあたり，それほど大きな制約とはならない（たしかに手続は面倒くさいが，手続さえ踏めばよい）。届出をさせることで，何かトラブルが生じたときに，行政がその職業を営む者に連絡しやすくなることなどが，届出制のメリットである。

「**許可**」とは，国民が本来自由になしうる行為を，公共の福祉の観点から一般的に禁止しておき（危険の防止等），申請者のなかで所定の要件を満たす者にその禁止を解除する（命令的）行為である。届出制と同様，国民が望む行為は国民が本来自由になしうる行為であるため，法定された要件を満たしさえすれば，許可は与えられなければならない。他方国民は，この要件を満たすために種々のコストを負担しなければならないうえ，実際にこの要件を満たしているかどうかを行政庁によって実体的に審査されることになる。したがって許可制は，国民がある行為を行うにあたって，比較的大きな制約となりうる。医師，弁護士等の資格制も許可制の一形態であるが，それらは一般に本人の能力を要件にしている。こうした「主観的」要件は，本人の努力によって乗り越えられる壁であるために，本人の能力とかかわりのない「客観的」要件（後述の適正配置規制など）よりも制約の度合いは低いと考えられている。

「**特許**」とは，本来は国民の自由に属しない行為（伝統的に国家の任務と考えられてきた電気・ガス事業，鉄道事業，電気通信事業など）を，国が国民に特別に認める（形成的）行為である。これは，本来的な自由に属しない特別の能力（特権）を国民にあえて付与する行為であるため，行政庁側に，誰にどのような観点から特許を与えるかについて広い裁量が認められる。逆に国民の側からすれば，特許制はある行為を行うにあたって非常に高いハードルとなる。しかし，そこでは，国民がそもそもそのような行為をなす本来的な自由を有していないという点を考慮に入れる必要がある（たとえば，ライフラインともいえる「ガス事業」は，そもそも国民が自由に選択できる「職業」といえるだろうか）。

なお，法令上は「届出」という用語が使われる場合であっても，実際には許可制に近い場合があり，またその逆もある。さらに，規制緩和により，「許可と特許の相対化現象」が起きているとも指摘されている。したがって，上記の区別を機械的に捉えるべきではなく，法令の趣旨や構造をよく理解して，ある規制が実質的にどのタイプに属するのかを検討するべきである。

3 職業の自由規制の合憲性

職業の自由の社会的相互関連性

憲法が，その歴史性から，明文で「職業選択の自由」を保障している以上，この自由の規制はあくまで例外でなければならず，規制には，それを正当化するだけの理由が必要となる。ただ，先述のように，職業選択の自由は，それが含む人格的価値については精神的自由と変わらないとしても，以下の点で，一般に精神的自由よりも広い規制に服すると考えられている。すなわち，職業が，「本質的に社会的な，しかも主として経済的な活動であって，その性質上，社会的相互関連性が大きい」（薬事法判決）ということである。

▶ たとえば，信教の自由とりわけ信仰の自由は，内面的な精神的作用であって，その個人の心の内部において一応完結するものである。つまり，本質的に他者を必要としない個人的な自由である。他方，「職業」（を営むこと）は，本質的に他者を必要とする社会的な行為ないし自由である。医師業を行おうとすれば，必ず「患者」が必要である。商売をしようとすれば，必ず「取引先」が必要である。したがって，「職業」の影響は，必然的に他者，そして社会全体に波及するのであり，国家として何らかの規制を設けておく必要性は高い。判例は，「職業は，それ自身のうちになんらかの制約の必要性が内在する社会的活動である」（薬事法判決）と述べている。

このような「**社会的相互関連性**」から，職業選択の自由に対する規制立法の合憲性は，裁判所においては，一般に，表現の自由のような精神的自由に対する規制立法の場合と同程度の厳格な基準によっては審査されないと考えられている。判例も，職業の先述の性格から，規制をかけるべき領域は自ずと広くなり，その規制も多種多様なものとなりうるから，その規制の合憲性は，「規制の目的，必要性，内容，これによつて制限される職業の自由の性質，内容及び制限の程度を検討し，これらを比較考量したうえで慎重に決定されなければならない」とし，「[こ] のような検討と考量をするのは，第一次的には立法府の権限と責務」であるとした。

つまり，職業の自由を規制するにあたっては，実にさまざまな事情をバランスよく考慮する必要があるから，その規制の違憲審査は，第一次的には，このような事情に比較的精通した立法府自身が行わなければならないとしたのである。このことから，判例は，「裁判所としては，規制の目的が公共の福祉に合致するものと認められる以上，そのための規制措置の具体的内容及びその必要性と合理性については，立法府の判断がその合理的裁量の範囲にとどまるかぎり，立法政策上の問題としてその判断を尊重すべきものである」と述べた（以上の引用はすべて薬事法判決)。

しかし，判例は，このような一般論（立法府と裁判所との一般的な権限配分論）が，常に裁判所による緩やかな審査を導くわけではないとしている。すなわち，立法府の有する「合理的裁量の範囲については，事の性質上おのずから広狭がありうるのであつて，裁判所は，具体的な規制の目的，対象，方法等の性質と内容に照らして，これを決すべきものといわなければならない」(薬事法判決)。

事の性質その1――規制目的

ここで判例は，「合理的裁量」の範囲の広狭を決する「**事の性質**」として，第一に規制の「目的」を挙げている。学説では，以前から，①国民の生命・健康に対する危険を防止・除去するために課される**消極目的規制**（警察目的規制）に対しては「厳格な合理性」⇒27頁の基準を適用し，②福祉国家的理想に基づき，経済の調和的発展や社会的便宜の促進，社会的・経済的弱者の保護のために課される**積極目的規制**（いわゆる社会経済政策）に対しては，その規制措置が著しく不合理であることが明白である場合に限って違憲にするという「明白の原則」を適用すべきであると考えられてきた。

このような**規制目的二分論**の根拠として，(a)機能論ないし権限配分論が挙げられることがある。積極目的規制の合理性については，「社会経済の実態についての正確な基礎資料」に基づき，当該規制が現実の社会経済に与える影響を予測・分析・評価する必要があるが，こうした「機能は，まさに立法府の使命とするところであり，立法府こそがその機能を果たす適格を具えた国家機関である」（小売市場事件判決・最大判昭和47・11・22刑集26巻9号586頁）というのである（他方，消極目的規制の合理性判断には，このような経済分析は必要とされず，裁判所の審査に比較的なじみやすい)。

また，(b)憲法が「福祉国家的理想」を標榜していることを，積極目的規制の審査をより緩める根拠に挙げる見解もある（**福祉国家論**)。判例によれば，憲法は，「全体として，福祉国家的理想」を標榜しており（25条・27条などを参照)，経済的弱者の保護など，「国の責務として積極的な社会経済政策の実施を予定している」とされる（小売市場事件判決)。

さらに最近では，(c)消極目的規制は，“国民の生命や健康を守る”という，一見誰もが納得する美しい目的を掲げるものであるため，一部の特殊利益（業界利益）の保護を狙った恣意的立法の“隠れ蓑”ないし“目くらまし”に使われやすく，裁判所はより慎重にその合理性・必要性を審査すべきであるとの見解も提示されている（**政治過程論**）。先述のような判例の一般的な理解によれば，職業の自由規制の違憲審査は，第一次的には立法府自身が行うべきとされるが，規制目的として国民の生命・健康の保護という大義が掲げられることでこの“審査”が形骸化されうるため，裁判所の第二次的な審査を厳格化すべきというのである。

▶ 規制手段に対する審査を厳格化することで，この審査は，「大義」の裏に隠された真の立法目的や動機を燻り出すといった機能を果たす。なお，弱者保護等を正面に掲げる積極目的規制は，もともと業界保護立法との批判を招きやすく，立法府において侃侃諤々議論される可能性が高いため，第二次的な審査を行う裁判所としては，合理性を推定した緩やかな審査を行えばよい，ということになる。

事の性質その2――規制態様

判例は，このような規制目的二分論的な発想を，立法裁量の広狭を決する「事の性質」の一要素として考慮するが，それのみでこうした広狭ないし審査基準を決定しているわけではない。その際には，いかなる行為がどのようなかたちで規制されているか，といった**規制態様**も考慮している。

憲法22条のいう職業選択の自由は，職業の開始・継続・廃止における自由（**狭義の職業選択の自由**）だけでなく，「選択した職業の遂行自体，すなわちその職業活動の内容，態様」における自由（**職業活動の自由ないし営業の自由**）をも保障している（薬事法判決）。しかし，後者は，自らが自由に選択した職業を，いかなる方法で遂行していくかにかかわる，ある意味で手段的な自由であり，それに対する規制は，職業の選択そのものを妨げるものではない。したがって，規制の強度としても，たとえば先述した開業にかかわる許可制よりは弱い。このように考えると，職業活動の自由に対する規制については，より広い立法裁量を認めてよいようにも思われる。逆に，許可制（事前規制）などは，職業の選択そのものへの制限となりうるから，その立法裁量は前者の場合よりも狭く捉えるべきであり，裁判所の審査もより厳格化させるべきと考えられる。

▶ さらに，同じ許可制であっても，①本人の能力・資質や経営基礎を問うような要件（**主観的要件**）ではなく，②いわゆる**距離制限**（新たに店を開業する場合，既に開業している店から一定の距離をとらなければならないといった規制）のような，本人の努力によっては乗り越えられない要件（**客観的要件**）を課す場合には，職業選択の自由に対するより強力な制限として，さらに厳格な審査がなされるべきであると考えられている。主観的要件であれば，本人の努力次第で何とかクリアできる可能性があり，自らの望む職業を選択できる余地はなお存在するが，客観的要件は，本人にはいかんともしがたい絶望的な「壁」となりうるからである。

以上のように，立法裁量の広狭，いいかえれば，裁判所による審査の厳格度は，職業の自由規制の目的と，その規制態様といった「事の性質」を総合的に考慮することによって決せられる。

4 判　例

薬事法判決

この分野のリーディング・ケースとされているのは，すでに何度か引用している 1975（昭和 50）年の**薬事法判決**である。

薬事法（現・薬機法）は，1963（昭和 38）年に，議員立法によって一部が改正され，薬局の開設について，先述した距離制限が導入された。すなわち，「薬局の設置の場所が配置の適正を欠くと認められる場合には，……［薬局開設の］許可を与えないことができる」（6 条 2 項〔当時〕）とされ，条例でその具体的な基準が定められたのである（本件が起きた広島県の条例では，既存業者からおおむね 100 メートルの距離を保ち設置しなければならないと規定された）。本件は，スーパーマーケット等を経営する株式会社 X が，広島県福山市の商店街で経営する店舗で医薬品の一般販売業を営もうと，広島県にその許可を求めたところ，前記距離制限に引っかかるとして不許可とされたため，薬事法の距離制限規定は憲法 22 条の職業選択の自由を侵害するなどと主張して，不許可処分の取消しを求めたものである。

最高裁は，職業と人格的価値との不可分の関連を認めながらも（**2** 参照⇒138頁），職業の社会的相互関連性から，その規制の当否に関する立法府の判断がその合理的裁量の範囲にとどまる限り，裁判所は同判断を尊重するべきであるとした（**3**参照 ⇒140頁）。しかし，この合理的裁量の範囲については事の性質上おのずから広狭があるとし，①一般に，**許可制**は，「職業の選択の自由そのものに制約を課するもので，職業の自由に対する強力な制限であるから，その合憲性を肯定しうるためには，原則として，重要な公共の利益のために必要かつ合理的な措置であることを要し」，また，②それが，国民の生命・健康に対する危険の防止という**消極目的**に出た措置である場合には，「職業の自由に対するよりゆるやかな制限である職業活動の内容及び態様に対する規制によつては右の目的を十分に達成することができないと認められることを要する」とした。つまり，①規制態様が，（既に選択した職業の遂行ではなく）職業選択そのものを制約するもので，②規制目的が消極目的に出たものであれば，裁判所は当該規制について踏み込んだ審査をすべきとしたのである。

▶ ところで，本件で主に問題となるのは，許可制そのものではなく，距離制限という**許可条件**である。最高裁は，上記①・②の判断枠組みは，個々の許可条件についても妥当すると述べている。そのうえで最高裁は，距離制限は，設置「場所」の制限にとどまり，薬局の開業そのものを制限しているわけではないとの見解もありうるが，「薬局等を自己の職業として選択し，これを開業するにあたつては，経営上の採算のほか，諸般の生活上の条件を考慮し，自己の希望する開業場所を選択するのが通常であり，特定場所における開業の不能は開業そのものの断念にもつながりうるものであるから，……開業場所の地域的制限は，実質的には職業選択の自由に対する大きな制約的効果を有するものである」と述べた。そして，職業の自由に対する「大きな制約」である距離制限が憲法上是認されるためには，(a)このような制限を施さなければ国民の保健に対する危険を生じさせるおそれのあることが具体的に認められなければならず，さらに，(b)「薬局等の業務執行〔職業の遂行〕に対する規制によるだけでは右の目的を達することができない」と認められなければならないとした。

そして，国民の生命・健康に対する危険（不良医薬品が供給される危険）を防止するという目的はたしかに重要だが，(a)距離制限がないことで（薬局が密集することで）業者間に過当な競争が起き，一部業者の経営が不安定化することが，さらに不良医薬品の供給にまでつながるとの想定は，「単なる観念上の想定にすぎず，確実な根拠に基づく合理的な判断とは認めがたい」こと（つまり，距離制限が，不良医薬品の防止という目的と具体的に関連しないこと），(b)距離制限という「大きな制約」を課さなくても，先述の危険は，行政上の監視（不時の立入検査等）によって防止しうることなどから，本件距離制限は，「その必要性と合理性を肯定しうるにはなお遠いものであり，この点に関する立法府の判断は，その合理的裁量の範囲を超えるものである」と結論づけたのである。

▶ 本判決を分析するうえで，薬局の距離制限を設けた1963（昭和38）年の薬事法改正が，スーパー形式等の販売形態をとる「新参者」の医薬品販売業進出を抑え込もうとする既存薬局（薬剤師集団）の「力」によって成立したものである，との指摘を無視することはできない（本件改正は，日本薬剤師会会長であり，参議院議員でもあった高野一夫によって推進され，きわめて短期間の審議の後に成立したものであった）。もしこの指摘が正しければ，国民の生命・健康に対する危険を防止するとの「消極」目的はまやかしで，実際には，既存薬局の既得利益の保護が目的となっていたと考えられる。本判決は，先述した目的二分論の根拠(c)（**3**参照 ⇒141頁）を踏まえて，裁判所として審査基準を厳格化させた例とみることもできる。

その他の判例

薬事法事件と同様，距離制限が問題となった事案として，他に，①小売商業調整特別措置法に基づく**小売市場の距離制限**の合憲性が争われた事件（小売市場判決），②たばこ事業法に基づく**たばこ小売販売業の距離制限**が争われた事件（最判平成5・6・25判時1475号59頁），③公衆浴場法に基づく**公衆浴場業の距離制限**が争われた事件（最大判昭和30・1・26刑集9巻1号89頁）などがある。

①について，最高裁は，許可制という制限の強さにもかかわらず，その規制目的が，「経済的基盤の弱い小売商の事業活動の機会を適正に確保し，かつ小売商の正常な秩序を阻害する要因を除去」し，「過当競争によつて招来されるであろう小売商の共倒れから小売商を保護する」点にあること（積極目的規制）を重視して，明白の原則（**3**参照 ⇒141頁）を適用し，同規制を合憲とした。

▶ 距離制限とは異なる事案ではあるが，「視覚障害者以外の者を教育し，又は養成する」学校または養成施設の設置を許可制とし，それらの新設や定員増加を「承認しないことができる」と定めたあん摩マツサージ指圧師，はり師，きゆう師等に関する法律における規定の合憲性が問題となった事案で，最高裁は，「視覚障害がある者の保護という重要な公共の利益のため，あん摩マッサージ指圧師について一定以上の障害がある視覚障害者の職域を確保すべく，視覚障害者以外のあん摩マッサージ指圧師の増加を抑制する必要がある」こと等から，①（小売市場判決）を引用しつつ，明白の原則を適用して本件規定を合憲と判断した（最判令和4・2・7民集76巻2号101頁）。

②についても同様に，その規制目的を，経済的基盤が弱い既存のたばこ小売人の保護等にみて（たばこの小売人には，零細経営者や身体障害者も多いため，その保護は，彼らの生存権保障という側面もあったと指摘される），明白の原則を適用してこれを合憲としている。

③については，最高裁は，かつてはその規制の目的を，「国民保健及び環境衛生」の保護（消極目的）に求めつつも，これを合憲としていたが（前掲昭和30年判決），かりに消極目的性や制限の強さを重視して審査基準を厳しくした場合には，薬事法事件と同様，浴場の濫立・密集によって衛生設備等が低下するといった確実な根拠がなく，また，行政監視等の事後的規制でこの目的を達成することもできるから，この規制は合理性も必要性もなく違憲なのではないか，との批判もあった。しかし，その後は，公衆浴場施設の公共性と，「公衆浴場業者が経営の困難から廃業や転業をすることを防止し，健全で安定した経営を行えるように［する］」という積極目的性を強調し，明白の原則を適用して合憲判断を導く最高裁判決も出てきている（最判平成元・1・20刑集43巻1号1頁）。

また，酒税法は，**酒類販売業**について**免許制**を採用し，税務署長は「［申請者の］経営の基礎が薄弱であると認められる場合」に免許を与えないことができるなどとしている。酒の販売業になぜ「税務署長」の免許が必要なのかと疑問に思う人もいるかもしれないが，酒税を適正・確実に賦課徴収するためには，納税義務者である酒類製造者が酒の販売代金を確実に回収できなければならず，それには，実際に酒の販売にあたる酒類販売業者にも一定の適格が求められると考えられたからである。最高裁は，社会状況や租税体系の変化から，免許制の必要性・合理性に議論の余地が出てきたことを認めながらも，租税の定立については立法府の政策的・技術的判断に委ねるほかなく，裁判所は基本的にはその裁量的判断を尊重せざるをえないから，「租税の適正かつ確実な賦課徴収を図るという国家の財政目的のための職業の許可制による規制については，その必要性と合理性についての立法府の判断が，右の政策的，技術的な裁量の範囲を逸脱するもので著しく不合理なものでない限り」，これを違憲ということができないとして，結論的にも合憲との判断を導いた（酒類販売業免許制事件・最判平成 4・12・15 民集 46 巻 9 号 2829 頁）。

これまでの事案と異なり，すでに選択された職業の遂行ないし営業に対する制限が問題となった事案もある。たとえば，絹ネクタイ生地等を生産する織物業者が，国内の蚕糸業者を保護するためにかけられた**生糸の輸入制限**（繭糸価格安定法）によって，外国から自由に生糸を輸入することができなくなり，その職業活動（営業）の自由が制限されたと主張した事案がある。ただ，最高裁は，国内の蚕糸業者の保護は「積極的な社会経済政策」（積極目的規制）にあたるとして明白の原則を適用し，この輸入制限を合憲と判断している（西陣ネクタイ事件・最判平成 2・2・6 訟月 36 巻 12 号 2242 頁）。

▶ 本件の輸入制限が，織物業者の職業選択そのものに制約を課すものではなく（たとえば廃業を強制するものではなく），職業の自由にとってさほど強い制限となっていないことも，本件における審査基準の設定（明白の原則の適用）に影響を与えたように思われる。なお，衰退しつつある特定業種（業界）の保護という目的が，それ自体で「社会経済政策」を構成するのかについては，批判もある。このような立場からは，「社会経済政策」というためには，単なる業界保護を超えた目的（経済秩序の維持など）が求められることになろう。

▶「医薬品，医療機器等の品質，有効性及び安全性の確保等に関する法律」（いわゆる薬機法。旧薬事法）では，薬局やドラッグストアなどで購入できる OTC 医薬品（OTC は Over The Counter の略）について，医療用医薬品から一般用に移行して間もない医薬品や劇薬といった要指導医薬品の対面販売を義務づける一方，第一類・第二類医薬品等の一般用医薬品について，インターネット・郵送等での販売を認めていた（なお，薬局やドラッグストアなどで購入できる多くの医薬品は一般用医薬品に該当し，要指導医薬品の市場シェアは 1% にも満たない）。要指導医薬品のインターネット・郵送等での販売が認められていないことの合憲性が争われた事件で，最高裁は，要指導医薬品の市場規模は僅かであること，一定の期間内に一般用医薬品として販売することの可否の評価が行われ，問題がなければ一般用医薬品に移行しうることから，「職業選択の自由そのものに制限を加えるものであるとはいえず，職業活動の内容及び態様に対する規制にとどまるものであることはもとより，その制限の程度が大きいということもできない」などとして，当該規定を合憲と判断した（最判令和 3・3・18 民集 75 巻 3 号 552 頁）。

以上の検討を踏まえて，いまあなたが就きたい「職業」に，国家がどのようなハードル（規制）を課しているか，そのハードルはどれぐらい高いものなのか，そのハードルの目的はどのようなものなのか，その措置は公共的な目的の達成にとって必要で合理的なものなのかを具体的に考えてみてほしい。

 財産権の保障

1　憲法29条1項と2項の意味

29条1項の意味

一般に，私たちは，自分で汗水たらして働いて得た財産を，他人に不当に奪われたくないと考えている。労働して得たお金は，やはり自分の思うままに使いたいと考えるのが自然であろう（洋服を買ったり，本を買ったり，貯金をしたり，震災復興のために寄付したり）。この自然的欲求が，国家を作り上げたといっても過言ではない。約束（契約）を平気で破る者や，理由なく勝手に他人の財産を奪う者などを取り締まる実力機関がない自然状態であれば，いつ，誰に，自分の財産を奪われるかわからない。そこで私たち人間は，自分たちの財産を保護するための安全保障機関として国家を作り上げた，という説明もありうる（社会契約説）。

憲法29条1項を見てほしい。そこには，「財産権は，これを侵してはならない」と書いてある。これは，上に述べたことを踏まえると，とても重要な権利であるように思われる。財産を保護するために創設された「国家」自身が，個人の財産権を侵害するわけにはいかないからである。

18世紀の終わりに近代的な憲法が作られた後，しばらくは，このような考えが一般的であった。財産権は絶対不可侵の「自然権」（第**1**編第**1**章②参照 ⇒5頁）であるから，国家はこれを侵すことができない，という考えである（1789年のフランス人権宣言では，「所有権は，神聖かつ不可侵の権利である」と謳われた）。しかし，このような考えは，資本主義の発展によって次第に修正されていくことになる。19世紀半ばには，富める者はますます富み，貧しい者はますます貧し

くなるという弱肉強食の世界——格差社会——が登場し，国家としても，これまでは「不可侵」であった「財産権」に手をつけて，これを社会福祉・社会保障のために再配分する必要が出てきたからである。

▶ 1919年のワイマール憲法は，「所有権は義務を伴う。その行使は，同時に公共の福祉に役立つべきである」（153条3項）と規定した。

また，国民が相互に交わしたルール（約束ないし契約）それ自体が不平等・不公正な場合もあるので（強者と弱者が取り決めるルールがそもそも平等といえるか，考えてみてほしい。そのルールは，初めから強者に有利なものとして設定される可能性が高い），国家は，そのようなルール（不公正な契約）を執行するのではなく，当事者間のルール設定それ自体に介入し（契約の自由原則の修正），時に，財産をやり取りするためのルールそのものを設定する必要も出てきた。

このようにみると，「財産権は，これを侵してはならない」という29条1項の意味は，その文言だけを見て解釈するのではなく，他の規定（とくに29条2項）とともに解釈されなければならない，ということになろう。

29条2項の意味

そこで，次に29条2項を見てほしい。そこには，「財産権の内容は，公共の福祉に適合するやうに，法律でこれを定める」と書いてある。この規定は，私たちが有する財産権の内容は，国会が「法律」をとおして決定できる，というように読める。これは，1項のニュアンスとはだいぶ異なる。1項は，財産権の神聖不可侵性を規定しているようにみえるが，2項は，それとは逆に，財産権の人為的（作為的）・政治的性格を規定しているようにみえるからである。そこでは，「財産権の内容」は，神が決めるのでも，当事者どうしが（私的自治の名の下に自由に）決めるのでもなく，民主主義あるいは政治のルートを通じて，国会が「法律」で決める，と規定されているのである。

よく考えてみると，たしかに，普段私たちが「財産権」だと考えているものの内容は，すでに法律によって定められている。たとえば，債権や物権の内容や限界に関する諸ルールは，一般的に「民法」という“法律”で定められているし，著作権の内容や限界に関する諸ルールも「著作権法」という“法律”で定められている。そして，私たちは，基本的にはこうした諸ルールを前提に，日々の経済活動を営んでいるのである。

このように，29条2項は，「公共の福祉に適合するやうに」との条件を付しつつも，国会に対して，社会状況の変化等に応じて財産に関する諸ルールを積極的に形成することを要求しているものと考えられる。

▶ いま述べたように，29条2項は，「財産権の内容は，……法律でこれを定める」とある。そこで，地方議会による「条例」によって財産権の内容や限界を形成できるかが問題となる。①財産権は全国的な取引の対象となることが多いので，全国に通用する「法律」というかたちで統一的にその内容を定めるべきとの見解や，②財産権の内容の形成と，すでに内容を定められた財産権の行使の制限とを区別し，前者はあくまでも法律によるべきとの見解もあるが，③条例も地方議会において民主的に制定される法であるから，地方的な特殊事情の下，条例によって財産権の内容・限界を定めることも許されるという見解が一般的である。判例も，こうした考えを否定していない（奈良県ため池条例事件・最大判昭和38・6・26刑集17巻5号521頁）。なお，②説に対しては，財産権の「内容の形成」には，その「限界の創設」も含まれ，そうなると，財産権の「内容形成」とその「制限」とをきれいに区別できないのではないか，との批判がある。

29条1項と2項の関係

しかし，ここであらためて疑問に思うのは，29条1項の意味だろう。上でみた2項は，国会は，社会の変化を踏まえつつ，「法律」の制定・改正・廃止などを通じて，財産権の内容や限界を積極的にデザインしてよいと述べているのに対して，1項は，「財産権は，これを侵してはならない」と述べ，国家が財産権に干渉することを否定的に捉えているようにみえるからである。見方によっては，1項と2項は矛盾しているようにも思える。

また，かりに1項で「侵してはならない」とする「財産権」を，2項で「法律」によってその内容を定められた「財産権」だととらえれば（**法律上の権利保障説**。**CHART** 参照），1項と2項との矛盾はなくなるが，今度は，1項の実質的な意義が失われることになる。なぜならば，1項は，法律で内容を定められた「財産権」を（行政は）侵してはならないというだけで，法律（＝国会）が侵してはならない「財産権」を何も述べていないことになり，法律を定める国会に対して，いかなる規範的な意味ももたないことになるからである。

CHART 法律上の権利保障説

29条1項　「財産権は，これを侵してはならない。」

29条2項　「財産権の内容は，……法律でこれを定める。」→ 法律により内容を定められた財産権

そこで，現在では，「財産権は，これを侵してはならない」という1項は，**①私有財産制度の保障（制度的保障）**と，**②各人が現に有する具体的な財産上の権利（既得権）の保障（現存保障）**という独自の意味をもつと考えられている。そうなると，国会は，2項で付与される**内容形成権**によって，基本的には，動態的かつ柔軟に財産権の内容をデザインしていく（デザインしなおしていく）ことができるが，1項によって，①私有財産制度の核心を侵すような立法[①]，②既得権的利益を侵害するような立法については，その定立を憲法上厳しく制限されているということになろう。

このような通説的な見解によれば，①にも②にもあたらないような立法については，裁判所は，国会の内容形成権を尊重し，国会の広い立法裁量を前提とした（「公共の福祉」適合性に関する国会の裁量的判断を前提とした）緩やかな審査を行うべきことになる。憲法の初学者は，まず，通説の基本的な考え方をしっかり理解してほしい。ただ，最高裁は，1987（昭和62）年の**森林法判決**（最大判昭和62・4・22民集41巻3号408頁）において，①にも②にもあてはまらない立法についても事実上厳格な審査を行い，この立法を違憲とした。この判決を前提にすると，29条1項は，①と②以外の「何か」（以下，便宜上「＋α」と呼ぶ）を憲法上保障している可能性もある。次項**2**⇒156頁で，この＋αの謎に迫ってみたい。

notes

① **「私有財産制度の核心」とは何か**　従来は，これを生産手段の私有制であるととらえ，生産手段を国有化ないし共有化するような立法（要するに，社会主義や共産主義に移行ならしめるような立法）は，2項により内容形成権を付与された国会でも，さすがになしえないとされた。また，この「核心」をよりミニマムにとらえ，「人間が人間たるに値する生活を営むうえで必要な物的手段の享有」と考える見解もある。この見解によれば，生産手段の国有化等は「核心」を侵すものではないため，立法によってなしうることになる。

2 判 例

典 型

前述のように，憲法 29 条 2 項は，社会国家思想の進展に伴い，国会に財産権の内容形成権を付与したものであり，基本的に **1**（⇒151頁）で述べた①，②にあたらない限りは，国会は，財産権の内容を形成し，またそれに限界ないし制限を設ける広い裁量を有する。

最高裁がこのような考え方を示したと思われるのが，2002（平成 14）年の**証券取引法事件判決**（最大判平成 14・2・13 民集 56 巻 2 号 331 頁）である。この事件は，インサイダー取引を防止するために，上場会社の主要株主などに対し，その会社の株式の短期売買によって得た利益を会社側に提供しなければならない（短期売買差益提供義務）とする証券取引法（現・金融商品取引法）の規定により，実際に短期売買利益の提供を請求された X 社が，この規定の違憲性を主張したものである。

> 厳密には，株式の売付けの相手方と X 社の代表者および株主が同一であり，インサイダー情報の不当利用または一般投資家の損害発生という事実は認められないため，そのような本件売付けについてまで本件規定を適用することは憲法 29 条 1 項に違反すると主張した。

たしかに，X 社からすれば，この規定のために，株式売却によってせっかく得た利益を提供しなければならなくなるため，同規定を憲法 29 条違反と主張したいところだろう。実際，X 社は，同規定が 29 条 1 項の保障する「株式売却の自由」を侵害すると主張していた。しかし，**1**（⇒151頁）で述べた通説的な見解によれば，29 条 1 項は，基本的には①私有財産制と②既得権的利益を保障するものであり，「株式売却の自由」を当然に保障したものではない。そしてまた，本件規定は，①私有財産制の核心を侵すものでも，② X 社の既得権的利益を侵すものでもない（本件規定は，1948 年の証取法制定時から存在しているもので，X 社は，はじめから短期売買利益について提供義務があることを知っていたはずである）。そうなると，憲法上問題となるのは，③国会が証取法という法律で定めた「財産権の内容」，すなわち，株式売却のルールが，29 条 2 項の「公共の福祉」に適合しているかどうかということになる。先述した29条2項の趣旨を踏まえれば，国会の内容形成権の行使に逸脱や濫用がないか――そのルール設定があまりにおかしなものになっていないか――が重要なポイントとなろう。

最高裁は，「財産権は，それ自体に内在する制約がある外，その性質上社会全体の利益を図るために立法府によって加えられる規制により制約を受けるものである」としたうえで，「財産権に対する規制が憲法29条2項にいう公共の福祉に適合するものとして是認されるべきものであるかどうかは，規制の目的，必要性，内容，その規制によって制限される財産権の種類，性質及び制限の程度等を比較考量して判断すべきものである」とした。ここでいう「比較考量」の内容が問題となるが，基本的には，立法裁量を前提とした緩やかな審査とみてよいだろう。最高裁は，このような判断枠組みを設定したうえで，証取法の本件規定は，「証券取引市場の公平性，公正性を維持するとともにこれに対する一般投資家の信頼を確保するという目的による規制を定めるものであるところ，その規制目的は正当であり，規制手段が必要性又は合理性に欠けることが明らかであるとはいえないのであるから，……［本件規定］は，公共の福祉に適合する制限を定めたものであって，憲法29条に違反するものではない」と結論づけた。

憲法29条違反が主張される立法でも，前記①ないし②に該当するものは稀であるから（たとえば，現在の立法府が私有財産制の核心を侵す法律を制定することは，現実的には想定しがたい），いま述べた証取法事件判決が，29条関連事案の「典型」（リーディングケース）をなすといえる。実際，農地を農地以外のものに転用するには原則として都道府県知事等の許可を受けなければならないとする農地法の規定の合憲性が争われた事案（最判平成14・4・5刑集56巻4号95頁）や，消費者契約の解除に伴い事業者が消費者に請求する損害賠償額を制限する消費者契約法の規定の合憲性が争われた事案（最判平成18・11・27判時1958号61頁）などで，本判決が引用され，その判断枠組みが使われたうえで，結論としてもこれらの規定の合憲性が支持されている。

▶ いま，②既得権的利益を侵害する立法は稀であると述べたが，これは，そのような立法が現実に制定されないということを意味しない。たとえば，事後法によって財産権の内容が変更されることで，ある者の既得権的利益が侵害されるという事態は生じうる（**事後法による内容変更**）。

たとえば，旧農地法は，農地改革のために強制買収したものの，結局その用（自作農②の創設等）に供しないと認められた農地を，「買収対価」相当額（非常に安い価格）で旧所有者に売り払う規定を設けており，旧所有者Xは，この規定に基づき手続を進めていたのだが，その途中で特措法（＝事後法）が制定され，売払いを受けるには時価の7割もの金を支払わなければならなくなった，という事案がある（**国有農地売払特措法事件**・最大判昭和53・7・12民集32巻5号946頁）。

Xからすれば，旧法で保障されていた「買収対価相当額で売払いを受ける権利」を，事後法たる特措法によって突如として奪われた，と感じるだろう。学説の多くは，このような既得権侵害立法（あるいは当該立法のXへの適用）に対しては，裁判所は厳格に審査すべきと説くが，最高裁は，「法律でいつたん定められた財産権の内容を事後の法律で変更しても，それが公共の福祉に適合するようにされたものである限り，これをもつて違憲の立法ということができない」として，地価高騰を踏まえて売払い価格を変更した特措法の規定およびXへの適用を合憲とした。

また，最高裁は，証取法の損失補塡禁止規定（金融商品取引業者が，顧客に対しその取引による損失を補塡することを禁じるもの）が，同規定導入前の私法上有効な契約（損失保証契約）に基づく履行請求に遡及適用されるか否かを問題とした事案でも，この遡及適用を合憲としている（最判平成15・4・18民集57巻4号366頁）。

「例外」としての森林法判決

先述のように，1987（昭和62）年の森林法判決は，前記①にも②にも当たらないような森林法の規定に対して，事実上厳格な審査を行い，結論としてもこれを違憲とした。①にも②にもあたらない立法が問題とされる事案は，財産権関連事案の「典型」として，本来は緩やかな審査によって処理されるはずである。それにもかかわらず，森林法判決が事実上厳格な審査を行ったのはなぜだろうか。

notes

② **自作農**　土地を所有した農民のことをいう。かつて日本には，土地を所有せず，地主によって一定の支配を受けていた「小作人」が多く存在していた。農地改革は，このような地主・小作関係（地主制支配）を解体し，自作農を創設することを重要な目的として，地主から土地を（非常に安い価格で）買収し，小作人に（非常に安い価格で）売り渡すことなどを行った。

その答えを検討する前に，まずは森林法事件の概要をみておきたい。

▶ ある兄弟が，父から森林を贈与され，これを共有していたところ，いつの頃からか両者の信頼関係が「回復しがたいまでに破壊され」，弟が兄に対し共有森林の「分割」を請求するまでに至った。しかし，当時の森林法186条は，森林の細分化を防ぎ，森林経営の安定化を図るという目的（以下，「法目的」と呼ぶ）の下，共有森林の分割請求権を原則否定していたため，弟の請求は法律上阻まれたのである。そこで，何とか分割を成し遂げ，自由に自らの森林を管理・処分したいという弟の側から，本件規定は憲法29条等に違反するとの主張がなされたのである。

当時の森林法186条（昭和62年法48号による削除前。以下，「本件規定」と呼ぶ）は，「森林の共有者は，民法……第256条第1項（共有物の分割請求）の規定にかかわらず，その共有に係る森林の分割を請求することができない。ただし，各共有者の持分の価額に従い過半数をもって分割の請求をすることを妨げない」と規定していた。

ここで，①本件規定は，例外的に共有森林を分割請求できる場合も認めていることからも（本件規定ただし書参照），私有財産制の核心を侵しているとまではいえず，また，②分割請求権を制限する本件規定は，1907（明治40）年から長きにわたって存在するもので，弟は，このことを知って贈与を受けた（1947〔昭和22〕年）と考えられるから，弟の既得権的利益を侵害したともいえない。この点で，本件には憲法29条2項が立法府に与えた内容形成権を厳格に統制する要素がないようにも思えるのである。

しかし，最高裁は，森林法判決のなかで，「共有物分割請求権は，各共有者に近代市民社会における原則的所有形態である単独所有への移行を可能ならしめ，……公益的目的をも果たすものとして発展した権利であり，共有の本質的属性として，持分権の処分の自由とともに，民法において認められるに至つたものである」とし，この分割請求権（民法256条）の否定が，「憲法上，財産権の制限に該当［する］」ことを明言したのである。

▶ そのうえで本判決は，本件規定に事実上厳格な審査を加え，(a)森林の分割を否定して共有を強制することは，法目的の達成と必然的に結びつかないこと（仲違いした者同士の共有を無理やり継続させることは，かえって法目的を阻害することもある），(b)本件規定が「分割を許さないとする森林の範囲及び期間のいずれについても限定を設けていない」ことは，「必要な限度を超え」た「不必要な規制」であることなどから，本件規定を違憲無効とした。

このようにみると，本判決は，「**単独所有**」（一物一権主義）を，先述した“＋α”ととらえた可能性が高い。本件規定は，①私有財産制の核心も，②既得権的利益も侵害していないが，いま述べた単独所有制（ないしは，単独所有制と強く関連する分割請求権）を侵害するがゆえに，本判決はこれを憲法上の財産権の制限に当たると明言し，事実上厳しく審査したように思われるのである。こうした考えによれば，29条1項は，①，②に加えて，③単独所有制も保障しており，2項の立法府の内容形成権（ないし立法裁量）を厳しくコントロールしていることになる（立法府は，原則として単独所有制から逸脱する立法を行うことはできない。共同所有形態は憲法上の例外ということになろう）。

▶ なぜ③単独所有制を，憲法上保障された法制度とみることができるのだろうか。これについては，すでにいくつかの説明が提示されている。代表的なものに，(i) 日本国憲法は，明治民法が「法制度」として選択した単独所有制（ローマ法的な一物一権主義）を追認したため，それが憲法上も保障されると考える見解（**法制度保障論**），(ii) 単独所有は，法律家集団によって，憲法の想定する所有形態の「ベースライン」とみなされているため，そこからの逸脱には憲法上強い正当化が要求されると考える見解（**ベースライン論**）などがある。また，森林法判決は，憲法29条は「社会的経済的活動の基礎をなす国民の個々の財産権」を保障していると述べており，私たちの社会的経済的活動の「基礎」をなすにまで至った民法上の「分割請求権」を憲法上の「財産権」ととらえた可能性もある。

3　29条3項の意味

財産権と財産価値

憲法29条3項は，「私有財産は，正当な補償の下に，これを公共のために用ひることができる」と規定している。

先述のように，日本国憲法は，社会国家思想の影響を受け，29条2項により，立法府に財産権の内容形成権を認めた。これによって，財産権の神聖不可侵性・絶対性は崩れ，その相対性・流動性が高められることになった。国家は，一定程度，個人の財産領域に介入・干渉できるようになったのである。しかし，それでもなお，国家が，個人の私有財産を――病院・学校・鉄道・公園・ダムの建設などのように――「**公共のために用ひる**」場合には「**正当な補償**」が必要であるとし，個人の既得権的利益を保障しようとしたのが29条3項の規定ということになる。

ただ，注意したいのは，29条3項が保障しているのは，財産権そのものではないという点である。3項は，国家が個人の財産を「用ひる」ことを，正当な補償を行う限りで認めるものであり，個人の側からすれば，それらが「用ひられる」ことを，正当な補償の下で受容しなければならない。たとえば，ある土地に長年にわたって住んでいるXがいるとする（Xはその土地に愛着をもっている）。国家が，29条3項に基づいてこの土地を「用ひる」場合（収用する場合），Xは，この土地自体は手放さなければならない（つまり，この土地の所有権自体はあきらめなければならない）。ここでXが国家によって「補償」されるのは，この土地の財産価値（この土地に見合うだけのお金）にすぎないのである。そうすると，29条3項が保障しているのは，「財産権」ではなく厳密には「**財産価値**」ということになる。

▶ もちろん，Xとしては，お金による補償では満足できず，どうしても，いまここにある財産権（この土地）自体を奪われたくないと思うかもしれない。この場合は，まず，「財産価値」ではなく「財産権」を保障している29条1項ないし2項に依拠して，その「財産権」の制限はそもそも違憲であると主張することになろう（「財産権」それ自体の保障は，基本的に1項・2項の領分である）。もしこの主張に成功すれば，Xは，財産権それ自体を固守することができる。あるいは，29条3項も，「公共のために」用いると規定しており，公共のためではない私有財産の収用（「私用」収用）や制限を否定している。そこで，Xが，その収用等が真に「公共のために」なされるのかを問うことで，収用等が3項の要件を満たしていないと主張することも考えられる。ただ，最高裁は，自作農の創設等を目的とした戦後農地改革の一環として，特定の私人（耕作者）が受益者となる（地主からの）宅地買収であっても，買収全体の目的が広く社会公共の利益を実現するものであれば，3項の公共性要件を満たすと判断している（最判昭和29・1・22民集8巻1号225頁）。

なお，「用ひる」とは，いわゆる「**収用**」（取り上げて用いること）だけでなく，事実上財産権を「取り上げる」に等しい財産権の「**制限**」等も含む（これを「公用制限」とも呼ぶ）。

補償が必要となる場合

先述のように，私有財産の収用等が「公共のために」なされるものと認められる以上，その財産保持者は，「正当な補償」要求に頭を切り替えざるをえない。しかし，実際には，すべての収用・制限に補償が出されるわけではない。たとえば，その財産がもともと一定の危険性を内在させているような場合，国家として，この財産（権）に何らかの制限を課すのは当然とも考えられる（最判昭和58・2・18民集37巻1号59頁）。また，土地のほんのごく一部の使用を禁止するだけの制限に補償を出すべきかどうかも問題となる。そこで，一般に，その収用・制限が，特定の個人に「特別の犠牲」を加えたと認められる場合に，補償が必要になると解されている（**特別の犠牲説**）。

では，どのような場合に「特別の犠牲」が認められるのだろうか。実は，これを判断する画一的な基準があるわけではない。「特別の犠牲」という言葉からは，社会全体の利益のために特定個人が選び出され，生け贄として捧げられる（まさに社会公共のために犠牲者として差し出される）とのニュアンスを感じるが，伝統的には，①この点を汲んで，侵害行為が特定個人を対象にするのか，それとも広く一般人を対象にするのか，という**形式的要件**（前者の場合の方が「特別の犠牲」が認められやすい）と，②(a)その侵害行為が，当該財産権の本来的な効用をどの程度妨げるのか，(b)当該財産（権）がもともと一定の危険を抱えていて，その侵害行為はこの危険の発生を防止するための制約（消極目的・警察目的）として受忍限度内にあるか，という**実質的要件**を総合的に考慮して判断すべきとされてきた。近年では，②の実質的要件を中心に検討すべきとする見解も有力であるが，事案に即してさまざまな事情を総合的に考慮するという点では，伝統的な見解と大きな違いはない。

▶ 最高裁は，条例によるため池の堤とうの使用制限（堤とうでの耕作等の禁止）に補償が必要となるかが争われた事案（**奈良県ため池条例事件**・最大判昭和38・6・26刑集17巻5号521頁）で，上記②(b)を重視して以下のように述べた。「本条例は，災害を防止し公共の福祉を保持するためのものであり，その……［規定］は，ため池の堤とうを使用する財産上の権利の行使を著しく制限するものではあるが，結局それは，災害を防止し公共の福祉を保持する上に社会生活上已むを得ないものであり，そのような制約は，ため池の堤とうを使用し得る財産権を有する者が当然受忍しなければならない責務というべきものであつて，憲法29条3項の損失補償はこれを必要としない」。

他方，河川附近地の使用制限（砂利採取業等の禁止）に補償が必要となるかが争われた事案では，この制限が災害の防止という消極目的を有していたにもかかわらず（②(b)），これまで河川附近地にて砂利採取業を営み，相当の資本投下を投入してきた者にとっては，その制限は「相当な損失」を与えうるとして（②(a)），「特別の犠牲」該当可能性を認めている（**河川附近地制限令事件**・最大判昭和43・11・27刑集22巻12号1402頁）。

なお，こうした損失補償は，侵害行為を根拠づける法令にその規定がなくても，憲法29条3項を根拠に直接請求することができるとされる（河川附近地制限令事件最高裁判決）。

Column ❼ 予防接種事故と損失補償

予防接種事故による生命・身体への侵害（副作用による死亡や後遺症）につき，29条3項を根拠に補償請求できるか，という論点もある。東京地判昭和59・5・18判時1118号28頁は，被害児らを，「一般社会を伝染病から集団的に防衛するためになされた予防接種」により「特別の犠牲」を強いられた犠牲者とみなし，29条3項を類推適用して被害児の補償請求権を認めた。被害児救済の観点からこれを支持する学説も多いが，この論理を突きつめると，「正当な補償」さえあれば生命・身体の「収用」も可能になるのではないか，それはある種の人体実験を許すことになりはしないか，という批判も有力である。難しい論点だが，本判決の控訴審は29条3項による損失補償を否定し，過失概念を拡張することで国家賠償による救済を図った（東京高判平成4・12・18判時1445号3頁）。

「正当な補償」の意味

「特別の犠牲」に該当し，損失補償が必要であると解された場合に問題となるのは，補償額である。憲法29条3項は，シンプルに，「正当な補償」と述べるが，ここでいう「正当な補償」とは何かが問題となるのである。いかなる場合であっても，収用等される当該財産の客観的な市場価格を全額補償すべきだ，とする考え（「**完全補償説**」などと呼ばれる）もあろうが，判例は，「憲法29条3項にいうところの財産権を公共の用に供する場合の正当な補償とは，その当時の経済状態において成立することを考えられる価格に基き，合理的に算出された相当な額をいうのであって，必しも常にかかる価格と完全に一致することを要するものでない」と述べている（**農地改革事件**・最大判昭和28・12・23民集7巻13号1523頁）。

このような判例の立場を「**相当補償説**」と呼び，上記の完全補償説と対立させる見方が一般的であるが，両者にそれほど大きな差があるようには思われない。判例の立場も，市場価格を基礎に補償額を算出することを要求しているし，「必しも常に」市場価格と完全に一致することを要求していないだけで，原則としてはこれとの一致を要求しているようにも読める。判例の立場を前提にしても，①収用・制限の目的，②収用・制限の対象となる財産の性質等からみて不合理であると認められない限りは，市場価格と一致した補償が求められると解するべきだろう。最高裁は，農地改革における農地買収価格がきわめて低かった――農地を買収された地主たちは田1反の買収対価が鮭3尾の代価にも及ばないと嘆いた――ことが「正当な補償」の観点から問題とされた際，上記の相当補償説の立場に立って，その正当性を認めたが，これは，①農地買収の目的（自作農を急速・広汎に創設すること）と，②「地主の農地所有権」の制限的性格と歴史性から，例外的に，市場価格を下回る補償を許容したものと思われる。

▶ 収用は，土地という「財産」だけでなく，その土地を中心に形成されてきたその人の「生活」そのものを奪う場合がある。このことを踏まえ，憲法上要請される「正当な補償」には，生活を建て直すための生活権補償（職業のあっせんなど）を含むと考える見解もあるが，裁判所は消極的である（岐阜地判昭和55・2・25判時966号22頁）。ただし，実際には立法によって補償されている場合も多い（水源地域対策特別措置法8条，都市計画法74条などを参照）。

読書案内　Bookguide

松本哲治「職業選択の自由――タクシーの再規制の問題を中心に」同志社法学64巻7号（2013）691頁

巻美矢紀「経済活動規制の判例法理再考」ジュリスト 1356 号（2008）33 頁
小山剛『基本権の内容形成――立法による憲法価値の実現』（尚学社，2004）
石川健治「財産権①」小山剛＝駒村圭吾編『論点探究憲法〔第 2 版〕』（弘文堂，2013）
小島慎司「経済的自由」南野森編『憲法学の世界』（日本評論社，2013）
高辻正巳「財産権についての一考察」自治研究 38 巻 4 号（1962）3 頁
平良小百合『財産権の憲法的保障』（尚学社，2017）

CHAPTER

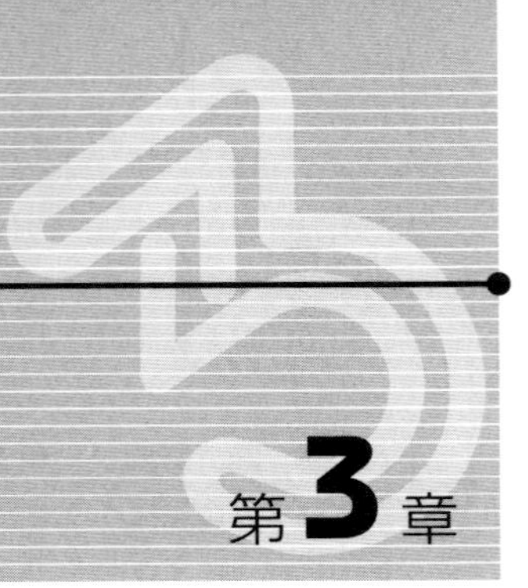

第3章

刑事手続に関する諸権利と人身の自由

想像してみてみよう。もしあなたが突然に逮捕されて，ひどい環境の留置場に入れられ，拷問されたとしたら。しかも，なんでそんな目にあうのか，いつまで続くのかも明らかにされないまま，誰からも法的な助言も受けられないとしたら──。

恐怖以外の何ものでもないだろう。国家のもつ刑罰権は，私たち市民との関係のなかで，まさに「権力そのもの」として迫ってくる可能性をもつ。だからこそ，私たちがいかなる権利を主張しうるか，国家権力の行使はどう枠づけられるかが，重要なのである。

本章では，そのような観点から憲法の保障する刑事手続に関する諸権利を概観し，また「奴隷的拘束及び苦役からの自由」という人身の自由を学ぶ。

1 歴史の概観

日本国憲法には，ほかの国の憲法と比べても詳細に，刑事手続に関する権利の諸規定がおかれている。なぜかといえば，明治憲法下での刑事手続のありようを反省してのことに他ならない。

もともと明治憲法下において，《適正な手続によらずに自由を奪われない権利》などを観念すること自体が無理な話だった。明治期以来の伝統的な規制の手法は，行政権が司法権の判断を仰ぐことなく，身体や財産に直接に強制力を加えることができる警察規制である（「行政執行法」による行政検束など）。

▶ 行政執行法（1900～1948年）は，行政執行に関する通則法であった。同法1条の「検束」（行政検束）とは，警察目的のために一時的に身体の自由を拘束する行政作用のことをいい，泥酔者の保護のような検束とともに，公共の安寧秩序を維持するための予防的な検束も認められていた。予防検束の例として，集会で警察官の制止に従わない者や，言論で犯罪を煽動する者など，個別の刑罰法令に違反していなくとも検束できると解釈された。これはしばしば濫用されて，政治的・思想的な活動を弾圧し，刑罰に代わる制度として利用された。

これに対して，治安維持法（1925～1945年）や機密保護に関する法制度は，警察規制ではなく刑事手続を経るものであったが，実際のところは，刑事法という体裁は形式的にすぎなかった。戦時体制が破滅的になるなか，逮捕されながら起訴されずに身柄を不当に長きにわたって拘束される例や，再犯を「予防」するため身柄を拘禁もされる例が数多く積み重ねられた。また起訴され裁判となった場合でも，検察の判断を追認するおざなりの裁判が，多数，行われた。日本国憲法が詳細な刑事手続上の保障規定を掲げ，そのもとで刑事訴訟法（刑訴法）が改正されて，被疑者・被告人の権利保障が大幅にはかられたのは，以上にその一端を窺えるような実態を踏まえてのことなのである（現行刑訴法は1948年公布，1949年1月1日施行）。

▶ 治安維持法　治安維持法は，1928年の改正により「国体ヲ変革スルコトヲ目的トシテ結社ヲ組織シタル者又ハ結社ノ役員其ノ他指導者タル任務ニ従事シタル者」に最高刑として死刑をもって臨んだ。明治憲法下で，そして日本国憲法が制定された当時においてもきわめて重要な概念であった「国体」という言葉は，元来，漠としてとらえ難い概念であるが，さしあたり「万世一系の天皇を中心としたわが国固有の国がら」として理解しておこう。この法律は，戦時の挙国一致体制を維持するため，政府に反対する運動や言論を広く監視し，取り締まるための法的根拠として機能したのであった。

 刑事手続上の保障

1 遡及処罰の禁止

憲法39条前段の前半は「何人も，実行の時に適法であつた行為又は既に無罪とされた行為については，刑事上の責任を問はれない」としている。これは，遡及処罰（事後法）の禁止を定めた法原則であり，1789年フランス人権宣言8条以来，多くの国の憲法で謳われてきている。この法原則の主たる狙いは，立法権に事後立法を禁止することにより市民の自由一般を保障するところにある。

一般に訴訟法では，裁判時点で通用している法が適用されるのが原則であるが，被告人に不利な改正がされた場合について，判例は「単に上告理由の一部を制限したに過ぎない訴訟手続に関する」規定を適用することは，たとえ「行為時の手続法よりも多少被告人に不利益」となっても，本条に反しないとした（最大判昭和25・4・26刑集4巻4号700頁）。

2 刑事手続と憲法

刑事手続の大原則は「**無罪の推定**」である（憲法31条，刑訴法336条等）。刑事裁判では，被告人がどういう事実に基づいて罪に問われるのか（訴因）を検察官が示し，検察官と被告人という当事者が証拠に基づく主張・立証を互いに行って，第三者たる裁判所が検察官の主張に理由があるかないかを判断する（**当事者主義**）。当事者主義的な手続が公正に機能するには，国家と個人の力関係を対等にする必要がある。そのため弱い立場の被疑者・被告人[①]に対して，権利が付与されているのである。

notes

① 被疑者とは犯罪を犯したと疑われて捜査機関によって捜査の対象とされている人のことをいい，被告人とは検察官により公訴を提起された人のことをいう。

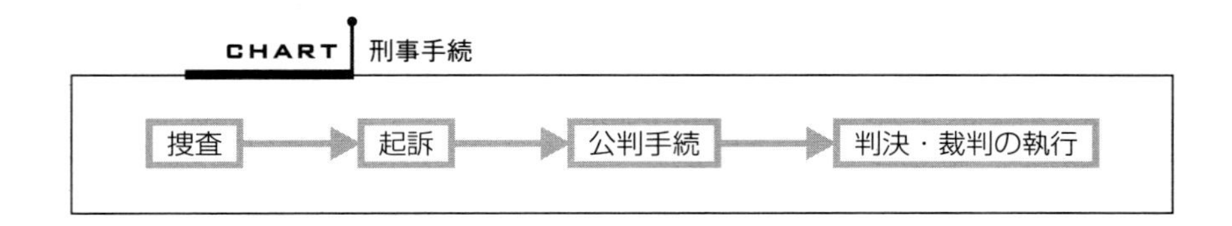

上の**CHART**の「捜査」・「公訴提起（起訴）」・「公判手続」・「判決・裁判の執行」の各段階について，重要な憲法原則等を概観してゆこう。

捜査における原則

捜査における原則を示す憲法規定として，憲法33条・35条が重要である。これらは，「逮捕」，「侵入」，「捜索」，「押収」という局面を取り出し，捜査機関による自由や権利の制約について，裁判所の「令状」という要件を課している（**令状主義**）。

逮捕・勾留[2]とは，要するに家族や友人などのいる「普段の世界」からの隔絶を意味している。証拠収集方法の代表例である捜索・押収においては，たとえば自宅という，人にとってもっともプライベートな領域まで，公権力が踏み込んでくることも想定される。これらは人権侵害の危険が非常に高いため，権力行使が限定される必要がある。そこで違法な手続によって集められた証拠は，法廷で取り調べられる資格（証拠能力）を失う場合があるとされている（**違法収集証拠排除法則**。最判昭和53・9・7刑集32巻6号1672頁）。

▶ GPS捜査の強制処分性　令状なく約6ヵ月半にわたり自動車等にGPSを取り付けて行われた捜査（GPS捜査）の強制処分性について，最大判平成29・3・15刑集71巻3号13頁は，「個人のプライバシーの侵害を可能とする機器をその所持品に秘かに装着することによって，合理的に推認される個人の意思に反してその私的領域に侵入する捜査手法であるGPS捜査は，個人の意思を制圧して憲法の保障する重要な法的利益を侵害するものとして，刑訴法上，特別の根拠規定がなければ許容されない強制の処分に当たる」と判断した。

次に，供述を得るための捜査に対して被疑者へ憲法が用意している対抗方法

notes

[2] 憲法と刑訴法で，用語が違うことに注意しよう。憲法にいう「抑留」・「拘禁」は，刑訴法にいう「留置」・「勾留」にあたる。

は，憲法 38 条 1 項である（**自己負罪拒否特権**。なお，この憲法的な制約は公判にも及ぶ）。憲法 38 条 1 項を受けて刑訴法では，完全に氏名すらも何もいわないという「**黙秘権**」が保障されている（刑訴 198 条）。

取調べを受忍しなければならない義務はあるだろうか。実務では刑訴法 198 条 1 項但書きの反対解釈で，逮捕・勾留されているときには被疑者の取調べ受忍義務があるものとして運用されてきている（起訴後の被告人の取調べ受忍義務については，判例を含めてこれを否定している）。そのため，逮捕・勾留することが自白を獲得するうえで重要な役割を果たしてきた。この点でこれまで問題とされてきたのは，「**代用刑事施設（代用監獄）**」といわれる警察の留置場である。

▶ 代用刑事施設（代用監獄）　勾留は，法務省管轄の刑事施設においてなされるのが原則であるが，刑事収容施設法には「刑事施設に収容することに代えて，留置施設に留置することができる」（15 条）とある。現行法のもとで，起訴前の身体拘束は最長で 23 日間であるが，そのような長い期間を，（現在の多くのケースがそうであるように）被疑者が警察官の管理する「代用刑事施設」に収容されるのは，冤罪が引き起こされたりする原因であるなど，批判がなされてきた。

不当な捜査に対抗するための憲法上の保障としては憲法 34 条がある。同条前段は**弁護人選任権・接見交通権**として刑訴法に拡張的に具体化されている。当事者主義の見地からすれば，勾留された被疑者が，立会人に監視されることなく弁護人に会って，法的助言を受けつつ今後の方針等を検討できることは，とても重要である。また憲法 34 条後段は勾留理由開示請求権等として刑訴法に具体化されている。なお平成 16 年の刑訴法改正で，「被疑者の国選弁護人選任権」の保障が新設された（刑訴 37 条の 2）。

▶ 未決拘禁者および弁護人等の接見交通権について厳しく理解する傾向がある。最判平成 30・10・25 民集 72 巻 5 号 940 頁は，刑事収容施設法 79 条 1 項 2 号に該当するとして保護室に収容されている未決拘禁者との面会の申出が，弁護人または弁護人になろうとしている者からあった場合に，申出があった事実を告げずに保護室収容中であることを理由に面会を許さない刑事施設の長の措置は，特段の事情がない限り，接見交通権を侵害するとして国賠法上違法とした。

起訴（公訴提起）における原則

警察が捜査をして，検察に事件が送られ（検察官送致〔送検〕），必要に応じて検察官による捜査が行われたのち，検察官は被疑者を起訴するかどうかを判断する。この判断にあたって検察官に広い裁量が認められており，起訴を猶予することもできる（**起訴便宜主義**）。

検察官が起訴するにあたっては，「起訴状」という書面を裁判所に提出する。証拠を裁判所に引き継ぐという戦前にとられていた方式だと，裁判官が予断を抱くことになり，「公正な裁判」よりも「真実の追求・断罪」という側面が強くなってしまう。そこで捜査過程と公判とを切断して，起訴状という書面しか裁判所に提出させない方法が，取られているのである（**起訴状一本主義**）。

当事者主義のもとで，被告人は検察官の主張に十分に反論し，争うことが保障されなければならないので，罪となるべき事実（訴因）は十分に具体的で特定的である必要がある。しかし同時に，公正な裁判（憲法37条1項）のために，裁判官に予断を抱かせないよう，詳細にまでわたる記述もしてはいけない（刑訴256条6項）。

なお，不当な起訴処分について，訴追裁量権限を争うための理論構成として，「公訴権濫用論」が弁護活動のなかから展開し，説かれてきた。さらに今日では，公訴権濫用論の枠組みを拡げて，刑事手続の「打切り」という議論もなされている。

▶ 公訴権濫用と認められるためのハードルは，判例によってきわめて高く設定されていて，違法とされる例は実際においては考えられない状態ではある（チッソ川本事件・最決昭和55・12・17刑集34巻7号672頁）。そうではあれ不当な起訴そのものを争うための論理が存在することは重要だろう。

公判手続における原則

公訴提起された場合，次の段階が公判手続であり，審判対象を明確にして，証拠調べがなされる。日本国憲法における公判手続の原則の背景には，英米流当事者主義の，《被告人が自分で攻撃して吟味した証拠に基づかなければ有罪とならない》，《証拠は公判を通じて形成されてゆくものだ》という考えがあると指摘されている。

この理解からすると，自分の立場を主張すること，そして自分に不利な供述に公判廷で反論すること（反対尋問）が，証人審問権の最も強力な内容として導かれる。また公判廷で直接に審問し対決することなく，公判廷外の供述が証拠となってはならないことになる（**伝聞証拠排除の原則**）。もっとも，伝聞証拠排除の原則は「原則」であって，憲法は「例外」も許していると理解されている。刑訴法321条～328条が，その例外（伝聞例外）を定めているが，実務でのあり方に対しては，憲法の保障する諸権利の理念に照らして問題も多いことが指摘されている。

▶ **検察官面前調書（検面調書）**　伝聞例外について，なかでも問題とされてきたのは，「検察官の面前における供述を録取した書面」である検察官面前調書である。刑訴法321条1項2号は「公判準備若しくは公判期日において前の供述と相反するか若しくは実質的に異つた供述をしたとき」に，法廷での証言ではなく検面調書に証拠能力を認めている。調書裁判に陥る要因として批判されてきた。

公判手続に対する憲法による限界づけとして憲法37条1項は，「すべて刑事事件においては，被告人は，**公平な裁判所の迅速な公開裁判**を受ける権利を有する」と保障している。また訴訟における当事者としての地位を保障するため，黙秘権（憲法38条1項，刑訴198条），自己に有利な証人を喚問する権利，自己に不利な証人に対して反対尋問をする権利（憲法37条2項前段），弁護人の助けをえる権利（憲法37条3項）が保障されている。

憲法37条1項の保障する「公平な裁判所」の具体的な意味には，訴訟手続の公平さも含まれる。すでに述べた起訴状一本主義や当事者主義的手続が，この具現化といえる。「公開裁判」とは，対審および判決が公開の法廷で行われる裁判のことをいう。

「迅速な公開裁判」について，第一審で15年余りにわたって審理が中断された高田事件（最大判昭和47・12・20刑集26巻10号631頁）で最高裁は，「審理の著しい遅延の結果，迅速な裁判をうける被告人の権利が害せられたと認められる異常な事態が生じた場合」には，憲法は審理を打ち切る非常救済手段を認めているとして，「免訴」（刑訴337条）とした。つまり憲法37条1項を，単に裁判についての理想を語った規定としてではなく，被告人の権利という観点からとらえる理論的可能性が示されたものとも理解できる。もっとも，その後は，「迅速な公開裁判」違反とされた事例がない。

▶ 現実の刑事事件の圧倒的多くは短期間に終局している。むしろ「迅速すぎる」という問題もあることを心に留めておこう。平成26年度通常第一審事件の場合，審理期間が2年を超える事件の割合は1.2%でしかない[3]。

刑事裁判においては，罪となるべき事実があるかないかを，霊感とか直感とか，あるいは本人の自白のみ，ということではなく，きちんとした「証拠」をもとに，裁判所は判断しなくてはならない。とくに，日本では戦前から自白の偏重と拷問等による自白の強要が，問題とされてきた。憲法38条1項はそのような歴史の反省にたって，「何人も，自己に不利益な供述を強要されない」として，「不利益な供述を強要されない権利」を保障している。これはアメリカ合衆国憲法第5修正の自己負罪拒否特権に由来するものである。

また，ある資料が証拠として法廷で取り調べられる資格を「証拠能力」というが，38条2項は証拠能力に制限を課している（**自白法則**）。そして3項でさらに，どんなに強固な自白でもそれだけで有罪とするのは危険であるという観点から，自白の補強法則を掲げている。

▶ 行政法規には，取締官庁や監督官庁が，一定の事項について罰則付きで，報告，届出，記帳，答弁等の義務を課しているものが数多い。その目的は，害悪発生を予防することや，発生した害悪に効果的に対応することにある。しかしこれは，一定の犯罪について，捜査の端緒を与えるものであることから，憲法38条との関係で問題となる。この点について，麻薬取扱者の記帳義務（最判昭和29・7・16刑集8巻7号1151頁など）や，自動車事故の報告義務（最判昭和37・5・2刑集16巻5号495頁），死体異状検案と報告義務（最判平成16・4・13刑集58巻4号247頁）等が争われてきたが，いずれも合憲との判断がなされてきた。

判決・裁判の執行における原則

判決・裁判の執行という段階における重要な憲法の法原則としては，39条前段後半の**一事不再理の原則**と，後段の**二重の危険禁止の法理**，そして**残虐な刑罰を受けない権利**（36条後段）がある。

notes

③ http://www.courts.go.jp/app/files/toukei/992/007992.pdf

前段後半と後段の規定する原則には，制定過程に起因して大陸法的な「一事不再理の原則」とアメリカ合衆国憲法第5修正の「二重の危険の禁止」の考え方が混在していることが指摘されている（前段前半については⇒164頁→**1**）。一事不再理の原則は確定判決を覆して再び処罰することの禁止の原則である。二重の危険の禁止とは，同一の行為について，刑事裁判を受けるという手続的な負担を被告人に二重にかけさせないことを意味する。一事不再理の原則は，〈裁判の効果〉といった客観法的観点に立つ概念であり（大陸法由来），二重の危険禁止の法理は〈被告人の権利〉という主観的権利の観点に立つ概念である（英米法由来）。

判例はこれらの法原則に関し，「一事不再理」・「二重の危険」のふたつの言葉も使いながら，「（二重の危険にいう）その危険とは，同一の事件においては，訴訟手続の開始から終末に至るまでの一つの継続的状態と見るを相当とする」と述べている（最大判昭和25・9・27刑集4巻9号1805頁）。このように理解するなら，「一事不再理」・「二重の危険」の意味は近づくことになる。

▶ 二重処罰禁止と「刑事罰と行政制裁の併科」　刑事罰と行政制裁が併科されることは，「同一の犯罪について，重ねて刑事上の責任を問はれない」という憲法規定に違反しないだろうか。ほ脱犯（脱税犯）としての刑事罰と，重加算税（当時の追徴税）という行政制裁とが課された事件で，最大判昭和33・4・30民集12巻6号938頁は，行政制裁が刑罰と性格を異にするから，合憲である旨を述べている。つまり，本条で禁止されるのは刑罰の性格を有するものが重ねて科されることという理解である。学説では近年，併科が二重起訴の意味をもたない限り，あとは**全体としての不利益の均衡**の問題となるという見解も有力である。

何が憲法36条後段にいう「残虐な刑罰」にあたるのかについて，判例は「不必要な精神的，肉体的苦痛を内容とする人道上残酷と認められる刑罰」（最大判昭和23・6・30刑集2巻7号777頁）と説明している。これまで問題となってきた最大の論点は，死刑の合憲性である。憲法31条は「何人も，法律の定める手続によらなければ，その**生命**若しくは自由を奪はれ，又はその他の刑罰を科せられない」としており，判例や学説多数説は死刑そのものが残虐な刑罰であるとはいえないと理解している（最大判昭和23・3・12刑集2巻3号191頁）。

以上，本節でみた諸権利は，他の「自由権」と決定的に違う性質をもっていることに注意を払おう。それは，他の自由権とはちがい，「制約されることが権利内在的に認められている」という議論が，基本的に成り立たないからである。刑事事件においては，しかるべき手続を踏んで有罪と判断されるまで，「無罪の推定」が働く。**《原則＝自由》《例外＝自由の剝奪》**なのであり，自由を剝奪するための最低限の手続要件が憲法に示されているのだ。

3 適正手続の保障

市民には，みずからの生命や自由が奪われるにあたっては，適正な手続が踏まれることを要求する権利が保障されている。刑罰を科すためのそのような手続が法律によって定められていることを，憲法 31 条は命じている。そして，本条は手続法と実体法の内容が適正であることも求めている（第 **1** 編第 **3** 章 ⇒46頁 4 **2** も参照）。

判例も，被疑者・被告人に告知・弁解・防禦の機会を与えずに刑罰を科することは 31 条違反となることを認めている（最大判昭和 37・11・28 刑集 16 巻 11 号 1593 頁〔第三者所有物没収事件〕）。これを受けて昭和 38 年には，「刑事事件における第三者所有物の没収手続に関する応急措置法」が制定された。

また，刑事裁判のあるべき姿に照らせば，「どういう行為が犯罪であり，どういう刑罰が科せられるのか」（**罪刑法定主義**）が事前に明らかになっていることも，当然に 31 条は求めている（第 **1** 編第 **2** 章 ⇒30頁 3 **2**）。

4 奴隷的拘束・苦役からの自由

憲法 18 条の前段が**奴隷的拘束からの自由**を謳い，後段が**苦役からの自由**を謳っている。これも明治憲法には存在しなかった類の規定である。1 と 2 でみた憲法 31 条以下の規定と異なり，これら 2 つは，まさに「人身の自由」・「身体の自由」そのものであり，手続ではなく実体が保障されている点に特徴がある。なお本条は当然に私人間に適用される。

1　奴隷的拘束からの自由

奴隷的拘束とは，身体を拘束して人権の享有を否定するものであり，個人の自由な人格の否定である。したがって，これは絶対的に禁止され，たとえ本人の同意があっても正当化されない。たとえば，GHQ 指令で禁止された戦前の「たこ部屋労働」は，これにあたる（現在，労働基準法5条によって禁止されている）。

2　意に反する苦役からの自由

禁じられる「意に反する苦役」とは，一般人からみて普通以上に苦痛に感じられるような労務のことをいう。通説・政府解釈は，兵役の強制（徴兵制）は本条に違反すると理解している。他の立憲主義国家で兵役が市民的義務とされ，「苦役」と考えていないことに照らしてみれば，憲法9条や憲法に兵役義務を定める規定がないことが，このような解釈に影響を与えているといえよう。

緊急時における一般国民の応急の労役義務（災害対策基本法65条，消防法29条5項，災害救助法7条・8条など）について，学説は「苦役」を限定したり，「意に反する」を限定して解釈し，合憲と理解している。

CHECK

憲法が保障する刑事手続上の原則について説明せよ。

読書案内　　**Bookguide**

宇藤崇＝松田岳士＝堀江慎司『刑事訴訟法（LEGAL QUEST）（第3版）』（有斐閣，2024）

杉原泰雄『基本的人権と刑事手続』（学陽書房，1980）

スコット・トゥロー（指宿信＝岩川直子訳）『極刑――死刑をめぐる一法律家の思索』（岩波書店，2005）

CHAPTER

第4章

プライバシー権

「プライバシーの権利」は憲法上保障されている，といわれる。しかし，本当にそうなのか。もし「保障されている」とすれば，それは憲法第何条によって根拠づけられるのか。また，そこで保障される「プライバシーの権利」とは，はたしてどのような「権利」なのか。それは，私生活上の秘密を多くの人に暴露・公開されない自由のみを意味するのか。それとも，個人情報を勝手に取られること，利用・解析されることからの自由をも含むのか。

「プライバシー」概念は，AI を含む情報通信技術の発達とともに姿かたちを変えていくものであるから，この問いに答えるのは容易ではないだろう。

読者の皆さんは，まずは最高裁の考えをしっかりと把握してほしい。そのうえで，憲法の保障する「プライバシー権」の内容は今後どうあるべきかを自分の頭で考えてみてほしい。

1 私生活秘匿権としてのプライバシー権

1 私法上の人格権

私生活秘匿権

「プライバシーの権利」は，アメリカ生まれの権利といってよい。それは，1890年に，ワレンとブランダイスという2人の法律家が，日本でも名高いハーバード大学の紀要に掲載した論文「プライバシーの権利（The Right to Privacy)」によって広く人々に知れ渡ったものである。この記念碑的論文のなかで，ワレンとブランダイスが着目したのは，当時急速に発展していた写真技術と印刷技術が，個人の私生活を瞬時に切り取り，瞬時に不特定多数の人々に伝達することを可能にした，という事実であった。彼らは，この新しい技術を手にした新聞社や出版社が，個人の私生活を多くの人々の前に晒し出すこと，それによって，記事をとおして多くの人々に私生活を覗き見られた者の人格的生存が著しく脅かされることを憂慮したのである。このように，ワレンとブランダイスが「プライバシーの権利」として提示したのは，**私事ないし私生活を公開・暴露されない権利**（以下，「私生活秘匿権」と呼ぶ）であった。

日本でも，1960年代になって，三島由紀夫の小説「宴のあと」により私生活を暴露されたとする元外務大臣（有田八郎）が，三島や出版社に対して損害賠償等を請求した「宴のあと」事件を契機に，プライバシー権の「輸入」あるいは受容をめぐる論争が活発化し，裁判所も，同事件においてプライバシー権を法的な権利として承認するに至った。すなわち，1964（昭和39）年の**「宴のあと」事件判決**（東京地判昭和39・9・28下民集15巻9号2317頁）は，「近代法の根本理念の一つであり，また日本国憲法のよって立つところでもある個人の尊厳という思想は，相互の人格が尊重され，不当な干渉から自我が保護されることによってはじめて確実なものとなるのであって，そのためには，正当な理由がなく他人の私事を公開することが許されてはならない」としたうえで，「私事をみだりに公開されないという保障が，今日のマスコミュニケーションの発達した社会では個人の尊厳を保ち幸福の追求を保障するうえにおいて必要不可欠なものであるとみられるに至っていることとを合わせ考えるならば，その尊重はもはや単に倫理的に要請されるにとどまらず，不法な侵害に対しては法的救済が与えられるまでに高められた人格的な利益であると考えるのが正当であり，それはいわゆる人格権に包摂されるものではあるけれども，なおこれを一つの権利と呼ぶことを妨げるものではない」と述べたのである。

プライバシー侵害３要件

さらに「宴のあと」事件判決は，「プライバシー権は私生活をみだりに公開されないという法的保障ないし権利として理解されるから，その侵害に対しては侵害行為の差止めや精神的苦痛に因る損害賠償請求権が認められるべきものであり，民法709条はこのような侵害行為もなお不法行為として評価されるべきことを規定しているものと解釈するのが正当である」とした。また，プライバシーの侵害に対し法的救済が与えられる要件として，公開された内容が，①私生活上の事実または私生活上の事実らしく受け取られるおそれのある事柄であること（**私事性**），②一般人の感受性を基準にして当該私人の立場に立った場合公開を欲しないであろうと認められる事柄であること（**非公開性**），③一般の人々に未だ知られていない事柄であること（**非公知性**）を必要とし，このような公開によって当該私人が実際に不快，不安の念を覚えたことを必要とするという，いわゆる**プライバシー侵害３要件**を提示した。

このように，その理論的根拠にまで触れるなど，プライバシー権論を積極果敢に展開した「宴のあと」事件判決は，プライバシー権関連判例のリーディング・ケースとして位置づけられているが，やや注意が必要なのは，本判決が当該権利を憲法上のそれとして正面から認めたわけではない，ということである。私人間の紛争を扱った本判決は，当該権利の根拠を，上述のとおり憲法の客観的理念や価値（「個人の尊厳」や「幸福の追求」）に求めたが，法律の諸規定（軽犯罪法１条23号，民法235条１項，刑法133条）にも言及し，直接には，当該権利を民事上の人格権として承認したにとどまる。「個人の尊厳」といった憲法の客観的価値が，私法（不法行為法）解釈を通じて，私法領域において——人格権として——具体化された，というわけである。したがって，「宴のあと」事件判決の時点で，私生活秘匿権としてのプライバシー権が，公法関係（国家と個人との関係）において，どのように承認されるかは，なお不確かな状況にあった。

▶ ここで，私法上のプライバシー権といっても，それは，「個人の尊厳」といった憲法的価値が私法関係において実現されたものであり，その基礎づけにおいて「憲法論」が展開されているとみることもできる。詳しくは私人間効力→第8章③2参照。⇒263頁

2 憲法上の権利

しかし，「宴のあと」事件判決から5年後，犯罪捜査を目的とした警察による写真撮影の合憲性を争った**京都府学連事件**①（最大判昭和44・12・24刑集23巻12号1625頁）において，最高裁は，憲法13条は「国民の私生活上の自由が，警察権等の国家権力の行使に対しても保護されるべきことを規定して」おり，「個人の私生活上の自由の一つとして，何人も，その承諾なしに，みだりにその容ぼう・姿態……を撮影されない自由を有する」とし，「これを肖像権と称するかどうかは別として，少なくとも，警察官が，正当な理由もないのに，個人の容ぼう等を撮影することは，憲法13条の趣旨に反し，許されない」と述べた。最高裁は，「プライバシーの権利」という言葉を使わなかったものの，写真撮影によって自らの容貌・姿態をみだりに他者の視線に晒されない自由を，国家権力（警察権）との関係において認めたのである。ここにおいて，最高裁は，まず私法上の人格権として発展してきた私生活秘匿権を，「憲法上の権利」としても承認したということができる（科学的方法により正確無比に被写体を映し出す“カメラレンズ”を通じて，まじまじと，みずからのありのままの容貌・姿態を見られない自由は，先述した私生活秘匿権と一定の共通性を有している）。

▶ もっとも，本件で問題になったのは，警察による写真の公開・公表ではなく，撮影行為それ自体であり，「憲法上の権利」としてまず承認されたのは，容貌等を公開されない自由ではなく，撮影されない自由であった。先述のように，私生活の秘匿，あるいは「暴露からの自由」を重視するという点で共通しつつも，私

notes

① 京都府学生自治会連合（京都府学連）が主催するデモ行進（学生1300人ほどが参加）中に，許可条件に違反する集団行動があったとして，警察官が，デモ隊の行進状況を写真撮影した事件である。

人間の文脈（私法関係）と，国家・個人間の文脈（公法関係）でプライバシー権の現れ方が微妙に異なっていたことには注意が必要である。

京都府学連事件判決は，警察官による個人の容貌等の撮影が許容されるのは，①現に犯罪が行なわれもしくは行なわれたのち間がないと認められる場合（**現行犯性**）であって，②証拠保全の必要性および緊急性（**証拠保全の必要性・緊急性**）があり，かつ，③その撮影が一般的に許容される限度をこえない相当な方法をもって行なわれるとき（**撮影方法の相当性**）であるとし，写真撮影の違憲審査について，比較的厳格な基準を示した（ただし，結論としては合憲）。

▶ しかし，その後，京都府学連事件判決で示された上記基準を事例限定的なものととらえる下級審判決が出された。たとえば，警察による録画を伴うテレビカメラ撮影を合憲とした山谷テレビカメラ監視事件判決（東京高判昭和63・4・1判時1278号152頁）は，①の現行犯性要件を，「当該現場において犯罪が発生する相当高度の蓋然性が認められる場合」に変更した。こうした変化を受けて，最高裁も，公道上およびパチンコ店内において警察官が被疑者の容貌等をビデオ撮影したことの適法性が争われた事件で，被撮影者の被侵害利益の重大性と撮影の必要性等を考慮する衡量的判断を行うに至った（最決平成20・4・15刑集62巻5号1398頁）。たしかに，公道などの公共空間において他者にもともと晒している容貌や姿態は，家の中での私的な行動等と違って秘匿性・秘密性の低いものであり，公共空間で容貌等を撮影されない自由は，社会公共の利益と「衡量」可能な弱い自由といえるかもしれない。しかし，①公共空間での撮影といっても，集会施設や宗教施設の付近などでの撮影は，他の憲法上の権利行使に萎縮効果を与えうること[2]，②撮影後の画像等の保存・管理・利用・解析方法が不明確であると，被写体の趣味・嗜好，思想・信条等までプロファイリングされるおそれもあり，その撮影が被写体に与える不安は実質的なものとなりうることを踏まえれば，その自由を軽視することはできないだろう。

また，最高裁は，在留外国人に対する指紋押なつ制度（外国人登録法14条1

notes

[2] この点，釜ヶ崎監視カメラ事件判決（大阪地判平成6・4・27判時1515号116頁）が，「公道においても，通常は，偶然かつ一過性の視線にさらされるだけであり，特別の事情もないのに，継続的に監視されたり，尾行されることを予測して行動しているものではないのであって，その意味で，人は一歩外に出るとすべてのプライバシーを放棄したと考えるのは相当でない」とか，「公共の場所とはいっても，例えば病院や政治団体や宗教団体など人の属性・生活・活動に係わる特殊な意味あいを持つ場所の状況をことさら監視したり，相当多数のテレビカメラによって人の生活領域の相当広い範囲を継続的かつ子細に監視するなどのことがあれば，監視対象者の行動形態，趣味・嗜好，精神や肉体の病気，交友関係，思想・信条等を把握できないとも限ら」ない，と述べていることが注目される。

項〔昭和57年改正前のもの〕）の合憲性が争われた事件で，憲法13条は「個人の私生活上の自由の一つとして，……みだりに指紋の押なつを強制されない自由」を保障していると述べた（最判平成7・12・15刑集49巻10号842頁）。これは，指紋という個人識別情報を，国家権力によってみだりに収集されない自由を認めたものと考えることができるが，同時に，最高裁が，「指紋は，指先の紋様であり，それ自体では個人の私生活や人格，思想，信条，良心等個人の内心に関する情報となるものではないが，性質上万人不同性，終生不変性をもつので，採取された指紋の利用方法次第では個人の私生活あるいはプライバシーが侵害される危険性がある」と述べていることが注目される。最高裁は，この自由を，あくまで私生活が暴露される危険（リスク）との関係で認めた可能性があるからである。本判決において，指紋それ自体の重要性（指紋を索引として，その人の行動に関するさまざまな情報を芋づる式に集めることができるという索引（インデックス）的価値）が否定されたこと，指紋押なつ制度が緩やかな基準によって審査されたこと，指紋（情報）の保管・利用方法等の問題について一切触れられていないことは，最高裁が，本件において情報プライバシーの観点よりも，私生活秘匿権の観点を重視したことを示唆している。

▶ 実際，最高裁は，「在留外国人の公正な管理」という立法目的の合理性と，押なつ方法の相当性（一指のみの押なつであることや，罰則による間接強制にとどまることなど）から合憲性を導き，指紋押なつ制度の「必要性」に関する独立した検討を行わなかった。

Column ❽ 京都府学連事件判決の「参照」

最近では，私人間の文脈でも，京都府学連事件判決が「参照」され，撮影からの自由それ自体が法的保護の対象になってきている。写真週刊誌のカメラマンが刑事事件の法廷において被疑者の容貌・姿態を撮影した行為が不法行為法上違法となるかが争われた事件で，最高裁は，「人は，みだりに自己の容ぼう等を撮影されないということについて法律上保護されるべき人格的利益を有する（〔京都府学連判決〕参照）」としたうえ，「人の容ぼう等の撮影が正当な取材行為等として許されるべき場合もある」から，「ある者の容ぼう等をその承諾なく撮影することが不法行為法上違法となるかどうかは，被撮影者の社会的地位，撮影された被撮影者の活動内容，撮影の場所，撮影の目的，撮影の態様，撮影の必要性等を総合考慮して，被撮影者の上記人格的利益の侵害が社会生活上受忍の限度を超えるものといえるかどうかを判断して決すべきである」と述べた（最判平成 17・11・10 民集 59 巻 9 号 2428 頁）。「みだりに自己の容ぼう等を撮影されない自由」のように，憲法上確立した権利については，私法解釈上とくに「参照」（間接適用）が求められるのかもしれない。

 情報プライバシー論の取り込み

1 情報プライバシー論の背景

前節で概観したように，これまで，プライバシーの権利は，私生活秘匿権として，私法上および憲法上保障されてきた。しかし，近年の情報通信技術の飛躍的発展によって，こうした伝統的な私生活秘匿権のみで，「個人の尊重」のような基底的価値が十分に保護されるのか，疑問がもたれるようになってきている。私生活秘匿権は，不特定多数に対する私事の公開・公表や，容貌・姿態等の撮影のように，**他者の視線に晒されること**，すなわち「暴露」からの保護をカバーしてきたが，近年の高度情報化社会ないしデータベース社会においては，こうした暴露を伴わない，個人情報の収集・保存・利用・解析・開示（提供）が，個人の人格的生存や民主主義社会に重大な影響を与えるようになっているからである（ここでいう「開示」・「提供」は，不特定多数への「公開」・「公表」と異なり，個人情報を特定第三者に伝達・提供することを意味する）。このような社会的変化を受けて，プライバシー権を，私生活秘匿権としてではなく，あるいは私生活秘匿権の側面に加えて，**情報プライバシー権**ないし**自己情報コントロール権**として理解する傾向が強くなってきている。

下級審の裁判例ではあるが，たとえば，住基ネット事件の大阪高裁判決（大阪高判平成 18・11・30 判時 1962 号 11 頁）は，この点について以下のように述べている。

▶「自己の私的事柄に関する情報（個人情報）が，自己の知らないうちに，他者によって勝手に収集，利用されるということが行われれば，民主主義社会におけ

る自己責任による行動の自由（人格的自律）や私生活上の平穏が脅かされることになる。他方，社会の変化に伴い個人情報の取り扱われ方は変化していく。とりわけ，情報通信技術が急速に進歩し，情報化社会が進展している今日においては，コンピュータによる膨大な量の情報の収集，保存，加工，伝達が可能となり，また，インターネット等によって多数のコンピュータのネットワーク化が可能となり，人は自己の個人情報が他者によってどのように収集，利用等されるかについて予見，認識することが極めて困難となっている。このような社会においては，プライバシーの権利の保障，それによる人格的自律と私生活上の平穏の確保を実効的なものにするためには，自己のプライバシーに属する情報の取扱い方を自分自身で決定するということが極めて重要になってきており，その必要性は社会において広く認識されてきているといえる。今日の社会にあって，自己のプライバシー情報の取扱いについて自己決定する利益（自己情報コントロール権）は，憲法上保障されているプライバシーの権利の重要な一内容となっているものと解するのが相当である。」

また，自己情報コントロール権としてのプライバシー権は，情報の収集・保存・利用・解析・開示に対抗する権利（自由権的側面）というだけでなく，実際にどのような情報が保有され，利用・解析されているかを知るために自己情報の開示・閲覧を求める権利（閲覧請求権），訂正を求める権利（訂正請求権），抹消を求める権利（抹消請求権）をも含むと考えられている。ただし，このような請求権的側面は，原則として法令の裏づけがあってはじめて具体化されることになる。

▶ 他方，在日台湾元軍属身元調査事件1審判決（東京地判昭和59・10・30判時1137号29頁）は，法令の裏づけがなくても，「個人情報が当該個人の前科前歴，病歴，信用状態等の極めて重大なる事項に関するものであり，かつ，右情報が明らかに事実に反するものと認められ，しかもこれを放置することによりそれが第三者に提供されることなどを通じて当該個人が社会生活上不利益ないし損害を被る高度の蓋然性が認められる場合には，自己に関する重大な事項についての誤った情報を他人が保有することから生じうべき不利益ないし損害を予め回避するため，当該個人から右個人情報保有者に対して，人格権に基づき右個人情報中の事実に反する部分の抹消ないし訂正を請求しうる」と述べている。

法制度上は，まず**「行政機関の保有する個人情報の保護に関する法律」**（2003年）（行政機関個人情報保護法）が，（行政機関に対する）自己情報コントロール権の請求権的側面を実質的に具体化したといえる。続いて，**「個人情報の保護に関**

する法律」(2003年。以下,「個情法」という)が,自己情報に対するコントロールのしくみを私人間においても実質的に導入した。私人間では,個人情報の保護と,個人情報取扱事業者の職業遂行(営業)の自由(憲法22条1項),報道の自由(21条),信教の自由(20条)等との調整を図る必要があることから,行政機関の場合とは異なる保障がされている。とくに,報道機関・宗教団体等は,個人情報取扱事業者が一般に課される義務の適用除外機関とされていることが注目される(個情法57条参照)。また,個情法は,学問研究の自由(憲法23条)との関係で,大学等の学術研究機関等について,個情法上の各種義務に関する例外規定(本人同意原則の例外)を設けている(個情法18条3項5号,20条2項5号など)。個情法の2021年改正により,個情法,行政機関個人情報保護法,独立行政法人等個人情報保護法が1本の法律に統合された(ただし,統合後の個情報でも,民間事業者と行政機関で規律のあり方は異なっている)。

▶ 個情法は「自己情報に対するコントロールの仕組みを導入している」(宇賀克也)と説かれるが,「自己情報コントロール権」という言葉が明記されているわけではない。他方,目的規定にこの言葉(あるいはこれと似た言葉)を明記する条例もある(たとえば,八幡市個人情報保護条例1条参照)。

2 判例における情報プライバシー権論の位置

特定第三者に開示されない自由

最高裁は,先述した伝統的なプライバシー権概念,すなわち私生活秘匿権に軸足を置きつつも,情報プライバシー権ないし自己情報コントロール権の考え方を部分的に取り込んできている。たとえば,最高裁は,1981(昭和56)年の時点で,すでに,「前科及び犯罪経歴」(以下,「前科情報」という)を「みだりに公開されない」法的利益を承認していた(**前科照会事件**・最判昭和56・4・14民集35巻3号620頁)。

前科情報を「みだりに公開されない」というこの自由は,「私生活をみだりに公開されない」自由(「宴のあと」事件)を出発点とする私生活秘匿権と強く関連しているが,この事案の詳細をみれば,その自由が,「宴のあと」事件判決で示された私生活秘匿権とは若干異なる性質をもっていることに気が付く。前節で述べたように，「宴のあと」事件は，原告の「私生活」が，三島の小説をとおして**不特定多数者に公開・暴露されたこと**を問題にした。他方で，この前科照会事件は，本来は選挙資格の調査のために犯罪人名簿を作成・保管する市区町村長が，そこに記載されていた原告の前科情報を，弁護士会の照会に応じて「漫然と」弁護士会に開示・提供したことを問題にしたものだった。つまり，この事件で起きたのは，不特定多数者に対する私事の公開・暴露ではなく，**特定第三者**（本件では弁護士会）に対する前科情報の（本人の同意のない）**開示または提供**だったのである。したがって，この事件で最高裁が認めたのは，実際には，前科情報をみだりに「公開」されない自由ではなく，これをみだりに第三者に「開示」（提供）されない自由だった（文字どおり，前科情報の「公開」が問題となった事案として，ノンフィクション「逆転」事件〔最判平成6・2・8民集48巻2号149頁〕がある）。

▶ 前科照会事件判決は，「前科等の有無が訴訟等の重要な争点になっていて，市区町村長に照会して回答を得るのでなければ他の立証方法がないような場合」には，照会を受けた市区町村長による前科情報の開示も許されると述べた。この判決は，「裁判所に提出するため」とだけ書かれた照会申出書に応じて行った京都市の不用意な（条件反射的）開示を，「公権力の違法な行使にあたる」と結論づけた。

さらに最高裁は，2003（平成15）年に，私立大学が，要人（江沢民，当時の中華人民共和国国家主席）の講演会を開催するにあたって，その講演会に参加する学生の氏名・住所・電話番号・学籍番号を，警備目的のためにその提出を求めてきた警察に開示・提供した事件（**江沢民講演会事件**・平成15・9・12民集57巻8号973頁）で，このような「個人識別等を行うための単純な情報」でも，「本人が，自己が欲しない他者にはみだりにこれを開示されたくないと考えることは自然なことであり，そのことへの期待は保護されるべきものである」と述べた。

この判決は，前科情報のような「人の名誉，信用に直接にかかわる」情報（前記前科照会事件判決・伊藤正己補足意見は，これを，「最も他人に知られたくない」情報と表現していた）とは性質を異にする「単純な」個人識別情報も，「プライバシーに係る情報として法的保護の対象となる」とした点で，情報プライバシー権論にさらに配慮した判決とみることができる。しかし，前科照会事件判決が，前科情報の取扱いには「格別の慎重さ」が要求されると述べ，それを開示する重要な理由がある場合に限って，当該開示が許容ないし正当化されると考えたのに対し，本判決は，「単純」情報の取扱いについて，単に「慎重」さが要求されると述べた。これは，個人情報の「性質」によって，それに対する保護の程度が変わりうることを示している。

▶ このような考えは，思想・信条・精神・身体に関する基本的な情報や，重大な社会的差別の原因となる情報（**センシティブ情報**ないし**プライバシー固有情報**）と，氏名や住所等に関する情報（**プライバシー外延情報**）とを区別したうえで，前者については，国家はその取扱いを原則的に禁止され，重要な目的のためになされる必要最小限度の取扱いのみが例外的に許容されると考える一方，後者については，国家は正当な目的のために，適正な方法を通じて収集・保管・利用しても，直ちにはプライバシー権の侵害にならないと考える有力学説（佐藤幸治）とも符号する。

なお，江沢民講演会事件判決は，本件個人情報の開示には，「それが困難であった特別の事情がうかがわれない」限り，本人の「同意」が必要であるとした。そのうえで，こうした事情が認められない（つまり同意取得が容易であった）本件において，本人に無断で本件個人情報を警察に開示・提供した大学の行為を「プライバシーを侵害するものとして不法行為を構成する」と述べた。

プライバシーの現代的問題

近年の情報技術の飛躍的な発展を踏まえると，個別具体的な個人情報のやりとりのみを前提とした議論には限界があるとも指摘されている。技術的には，個人情報はほぼ無制限に保存・蓄積されるうえ，それによって構築されたデータベースも，ほぼ無制限に，かつ広範にネットワーク化される。また，連結された複数の個人情報と特定のアルゴリズムから，情報主体の好みや性格（あるいはその心理状態）を瞬時に割り出すような解析技術（プロファイリング）も進化してきたことで，本人（情報主体）すら把握していないような新たな個人情報がネットワークシステム上で次々と生み出される。つまり，現在の**情報ネットワークシステム**（以下，「NWS」と呼ぶ）は，もともと，個別具体的な（一回的な）個人情報のやりとりを目的として構築されたものではなく，不特定的で包括的な個人情報のやりとりを目的として構築されたものなのである。

したがって，従前のように，個別具体的な個人情報のやりとりの正当性のみを議論してもあまり意味がない。NWSにおいては，当初予定されていた目的から逸脱する危険——予定「外」の個人情報の開示・保存・連結・利用・解析が行われる危険——が常に存在するからである（したがって，特定の開示や利用に対してあらかじめなされた同意が実質的な意味をもたないことがある）。また，この「危険」や不確実性の存在は，私たちに底知れぬ不安を与え，私たちの行動を萎縮させる可能性もある。そうなると，情報プライバシー権の観点からは，NWS自体の構造的な適正さにも目を向ける必要が出てこよう。

住基ネット事件判決——民主主義的根拠と「構造」

このような問題が明るみになったのは，住民基本台帳ネットワークシステムの合憲性が争われた**住基ネット事件**である。住基ネットとは，氏名・生年月日・性別・住所の4情報に，住民票コードおよび転入・出生等の変更情報を加えた**本人確認情報**を，市町村＝都道府県＝国の機関等で共有してその確認ができるNWS（平成11年の住民基本台帳法改正に基づく）であるが，これが，憲法上のプライバシー権を侵害するかどうかが争われたのである。最高裁は，国によるNWSの構築・運用を問題とした本件（最判平成20・3・6民集62巻3号665頁）でも，まずは，「宴のあと」事件や，個人情報の「開示」が争われた前科照会事件や江沢民講演会事件で用いられてきた言葉を合成して，「個人に関する情報をみだりに第三者に開示又は公表されない自由」を認めるにとどめた。

そして，上述の本人確認情報を，「個人の内面に関わるような秘匿性の高い情報とはいえない」と位置づけたうえで，住基ネットによる役所間での本人確認情報のやりとりは，「〔①〕法令等の根拠に基づき，〔②〕住民サービスの向上及び行政事務の効率化という正当な行政目的の範囲内で行われている」と述べた。住基ネットによる個人情報のやりとりが「みだりに」なされたものではないことを論証するために，①それが法令等によって，②正当な行政目的の範囲内に限定されていることを示したのである。ここまでの議論の運びは，一見したところ，個人情報の個別的な「開示」を扱ったこれまでの最高裁の考え方と似ている。とくに，②は，情報主体（本人）から離れて行われる個人情報のやりとり（開示等）について，その実体的な理由を要求している点で，しかし，それにもかかわらず，取り扱われる情報の秘匿性の低さから，その理由として「住民サービスの向上」といった「正当な行政目的」で足りるとした点で，(1)でみた判例の考え方を反映しているようにも思える。

しかし，最高裁が，NWSの合憲性を問題にした本件で，①「法令等の根拠」（形式的理由）を要求したことは注目されてよいだろう。先述したように，NWSは，一旦構築されると，その管理者によって際限なく使用される危険がある。したがって，あらかじめ，そのNWSを，誰が，何のために使用するのか――そこでどのような情報を，どのようにやりとりするのか――を明確に決めておく必要が高いのである。したがって，最高裁が，住基ネット上で許される個人情報のやりとりを，「法令等」によってあらかじめ確定しておくべきとした意味は小さくない。ただ，行政機関自らの手で，このルールを変更できては，結局，先述の危険ないしNWSの“自己拡大”の可能性を除去できない。したがって，「法令等」は，基本的には，民主主義過程を通じて制定される**法律**ないし**条例**と考えるべきだろう。また，NWSの使用範囲の確定のためには，このルール自体が明確なものである必要がある。

このように，①法律等によってNWS上の個人情報のやりとりがあらかじめ規定され，しかも，②そのやりとりに，個人情報の性質に見合った実体的な理由があれば，少なくとも建前上は，NWSにおいて個人情報が「みだりに」やりとりされているとはいえないだろう。しかし，私たちが，NWSが実際にどのように運用されているのかをうかがい知ることはできないため（NWSの不可視性および専門性），NWS上で個人情報が「みだりに」やりとりされる危険（いわば「建前」が崩れる危険）は，なお存在する。①，②のみによって，私たち自身がNWSを飼い馴らしたことにはならないのである。そこで最高裁は，住基ネット事件判決において，さらに，③「建前」どおりに（法令等によって画された正当な行政目的の範囲内で）個人情報がやりとりされることを担保する**しくみ**ないし**構造**がNWSに組み込まれていることを求めた。

▶ すなわち，住基ネット事件判決は，①，②に加えて，③(a)「システム上の欠陥等により外部から不当にアクセスされるなどして本人確認情報が容易に漏えいする具体的な危険はないこと」（**システムの安全性**），(b)「目的外利用又は本人確認情報に関する秘密の漏えい等［が］，懲戒処分又は刑罰をもって禁止されていること」（**罰則等による厳格な禁止**），(c)住基法が，監視機関を設置することとして，「本人確認情報の適切な取扱いを担保するための制度的措置を講じていること」（**監視機関の設置等**）の3点をチェックしたのである。

この結果，住基ネット事件判決は，住基ネットに構造上の不備があり，「そのために本人確認情報が法令等の根拠に基づかずに又は正当な行政目的の範囲を逸脱して第三者に開示又は公表される具体的な危険が生じているということもできない」と判断し，住基ネットによる情報のやりとりは「憲法13条により保障された〔前〕記の自由を侵害するものではない」との結論を導いたのであった。この判決は，結論的にその合憲性を認めたこともあって，学説からの批判も少なくない。また，住基ネットに組み込まれた監視機関が，実効性のある監視機能を果たすのに十分な権限を有しているかなど，③の各項目に関する本判決の前記評価に疑問がないわけでもない。

しかし，本判決が，NWSの特性を踏まえて，個人情報の（個別的）開示を扱った前科照会事件判決等でもみられた②（実体的理由）の審査に加えて，①（形式的理由，民主主義的根拠）と③（システム構造の審査，**構造審査**）を要求したことは，情報プライバシー権論に対するさらなる配慮をみせたものとして，積極的な位置づけを与えてよいようにも思われる。

(4) 住基ネット事件判決の射程

住基ネットを合憲とした住基ネット事件判決を，「監視国家」化を容認した判決として批判することは簡単である。しかし，本判決が，どこまで意識的であったかにかかわらず，住基ネットを違憲と結論づけた原審の判断に応対するかたちで，国家が構築・運用するNWSに対して，従前の判例でも行われていた②審査に加え，①および③の審査を行ったことは重要である。たとえば，警察によるNシステム（車両ナンバー読取システム）やDNA型データベースは，広義には，住基ネットと同様，国が構築・運用するNWSといえるものであるが，それらは「法律」に基づいておらず（①），また実質的な権限を付与された監視機関等を組み込んでいるわけでもない（③）。そうなると，住基ネット事件判決を前提にする限り，これらを憲法上疑義のあるものとしてとらえ直す余地も出てくるだろう。

▶ しかし，Nシステムの合憲性を審査した東京高判平成21・1・29判タ1295号193頁は，Nシステムが「法律の定めに基づくことを要する」との見解があるものの，「我が国においては，警察は，警察法2条1項の規定により，強制力を伴わない限り犯罪捜査に必要な諸活動を行うことが許されていると解されるのであり，……公道上において何人でも確認し得る車両データを収集し，これを利用することは，適法に行い得る」と述べ，結論的にもNシステムの合憲を支持した。また，本判決は，「Nシステム等によって取得，保有，利用された情報の安全管理及び利用状況」の「適正」さにも触れているが，それが前記構造審査として十分であったかどうかは議論の余地がある。全体として，NWSの特性を軽視した判決と評さざるをえないだろう。

▶ 刑事被告事件で無罪となった者が，警察のDNA型データベースに登録されていた自らのDNA型情報の抹消等を求めた事案で，名古屋高裁は，憲法13条は「DNA型等の個人情報がみだりに保有され，利用されない自由」を保障しているとし，無罪となりその保有等の必要がなくなったDNA型情報の抹消請求を認めた（名古屋高判令和6・8・30裁判所ウェブサイト）。また同判決は，DNA型データベースが内部的な組織法上の下位規則等で運用されている点を問題視し，「広く国民的議論を経た上での憲法の趣旨に沿った立法的な制度設計が望まれる」と述べている。

また，国民一人ひとりに「個人番号」を付し，国の機関や自治体等が分散して保有している個人情報と関連づけて，国の機関や自治体等での情報連携を促進する**番号制度（マイナンバー制度）**（「行政手続における特定の個人を識別するための番号の利用等に関する法律」〔マイナンバー法，2013年〕に基づく）も，住基ネット判決が示した①，②，③の観点から，憲法的な検討を加える必要がある。

▶ マイナンバー制度が憲法上のプライバシー権を侵害するかどうかが争われたマイナンバー訴訟判決（最判令和5・3・9民集77巻3号627頁）は，住基ネット事件判決の判断枠組みに従って，マイナンバー法の下で行政機関が特定個人情報（個人番号をその内容に含む個人情報）の利用，提供等をする行為を合憲であると判断した。まず同判決は，マイナンバー法（①）は「行政運営の効率化，給付と負担の公正性の確保，国民の利便性向上を図ること等を目的とするもので」，「正当な行政目的を有」しており，同法上，特定個人情報の利用，提供等はかかる目的の範囲内で行われているとした（②）。そのうえで，同法は，「特定個人情報の漏えい等を防止し，特定個人情報を安全かつ適正に管理するための種々の規制を行うこととしており〔③（a)〕，以上の規制の実効性を担保するため，これらに違反する行為のうち悪質なものについて刑罰の対象とし，一般法における同種の罰則規定よりも法定刑を加重等するとともに〔③（b)〕，独立した第三者機関である〔個人情報保護〕委員会に種々の権限を付与した上で，特定個人情報の取扱いに関する監視，監督等を行わせることとしている〔③（c)〕」から，「特定個人情報が法令等の根拠に基づかずに又は正当な行政目的の範囲を逸脱して第三者に開示又は公表される具体的な危険が生じているということもできない」として，マイナンバー法に基づく特定個人情報の利用，提供等をする行為は「憲法13条の保障する個人に関する情報をみだりに第三者に開示又は公表されない自由を侵害するものではない」と結論づけた。

「特定個人情報」は税や社会保障にかかわる個人情報を包含することを踏まえると，住基ネット事件判決の判断枠組みをより厳格に適用すべきだったように思われる（特に③（c）で，個人情報保護委員会が実効的な監視，監督を行う権限を有するかは，より実質的・現実的な視点から審査すべきであった)。

CHECK

① 私生活秘匿権（伝統的プライバシー権）とはどのような内容の権利のことをいうのか。

② 自己情報コントロール権説とはどのような内容の権利のことをいうのか。またこの見解が登場した背景とはどのようなものか。

③ 最高裁は，住基ネット事件判決において，憲法13条からどのような自由を導いたか。

読書案内 Bookguide

佐藤幸治「プライヴァシーの権利（その公法的側面）の憲法論的考察」法学論叢86巻5号（1970）1頁

土井真一「国家による個人の把握と憲法理論」公法研究75号（2013）1頁

山本龍彦「プライバシーの権利」ジュリスト1412号（2010）80頁

宍戸常寿「インターネット上の名誉毀損・プライバシー侵害」松井茂記＝鈴木秀美＝山口いつ子編『インターネット法』（有斐閣，2015）

音無知展『プライバシー権の再構成』（有斐閣，2021）

曽我部真裕「憲法上のプライバシー権の構造について」毛利透編『講座　立憲

主義と憲法学　第3巻　人権Ⅱ』（信山社，2022）

CHAPTER

第5章

社会権

国家が存在しない社会とは，どのような社会だろうか。国家のことなど，普段意識しないと思うが，ぜひ一度，真剣に考えてみてほしい。国家という権力的な存在がないという状態は，やはり自由なのだろうか。それとも，国家に代わる社会的な権力によって，私たちの自由は，結局抑圧されることになるのだろうか。たとえば，市場での競争に勝ち抜き，経済的な力を得た勝者によって，労働者その他の経済的・社会的弱者が支配され，搾取されることはないだろうか。それによって，弱者が貧困に喘ぎ，十分な教育も受けられず，その苦境から一生抜け出せないということはないだろうか（負のスパイラル）。

私たちの憲法は，このような事態をつくり出さないために，国家に一定の役割ないし責務を与えている。憲法25条は，国家に対して「健康で文化的な最低限度の生活」を保障すること（生存権保障），26条は，子どもたちの教育に一定の責任をもつこと（学習権保障），27条・28条は，経済市場において労働者等を勇気づける（empowerする）こと（労働基本権保障等）を要求しているのである。憲法は，こうした国家の積極的な役割によって，私たちの自由が実現されると考えている。これを「国家による自由」と呼び，こうした国家活動によって保障される私たちの権利を「社会権」と呼ぶ。

1 社会権とは

1 自由国家と社会国家

近代立憲主義のひとつの眼目は，個人を様々な軛（くびき）（身分，職能集団，血縁，土地など）から解放して，個人がみずからの意思に従って自由に生きることを可能ならしめる点にあった。したがって，国家も，個人の自由な生き方を阻害しないよう，できる限り「小さく」あることが求められた。こうした「**自由国家**」的発想から，近代型憲法の人権カタログは，「国家からの自由」（国家に干渉されない自由，自由権）を中心に構成されたのであった。

しかし，19世紀も半ばになると，このような近代立憲主義の発想が，その限界を露呈し始める。自由な主体同士の関係（私法関係）に対する国家の不干渉，すなわち「**私的自治の原則**」や，個人の自由意思の合致である契約を最大限尊重しようという「**契約自由の原則**」が，資本主義の発展に大きな貢献をなす一方で，極端なまでの貧富の差をもたらし，ただただ「生物」として生きていくために「人間」としてのプライドを捨てざるをえない多くの社会的・経済的弱者（「レ・ミゼラブル（哀れな人々）」！」）を生み出したのである。実際，この時期のフランスでは，労働者の平均拘束時間が1日15時間に達していたとされ，その過酷な労働条件から，1806年には28歳であったフランス人の平均寿命は，1840年には20歳まで下がったともいわれる。

こうした社会状況を受けて，国家に対し，国民の自由と生存を確保するための積極的な役割が期待されるようになった。国家は，すべての国民に対して人間らしい生活を保障する責務を負う，という「**社会国家**」[①]観の登場である（イギリスでは「**福祉国家**」とも呼ばれる）。そこでは，国家には，国民の福祉を増進するための「積極主義の政治」（食糧管理法事件・最大判昭和23・9・29刑集2巻10号1235頁）が求められるようになった。

notes

① 「社会国家」は，資本主義を前提としつつ，国家にその弊害の是正を求めるものであり，自由競争による私的利益の追求を根本的に否定する「社会主義」とは区別される。

2　社会権の特徴

20世紀以降に制定された現代型憲法の多くは，このような社会国家の理念を取り込んでいる。その嚆矢（こうし）となったのが1919年の**ワイマール憲法**である。たとえば，その151条は，「経済生活の秩序は，すべての人に，人たるに値する生存を保障することを目指す正義の諸原則に適合するものでなければならない」と規定し，153条3項は，「所有権は，義務を伴う。その行使は，同時に公共の善に役だたなければならない」と規定していた。1946年に成立した日本国憲法も，社会国家理念を受けて，25条で生存権（生活権），26条で教育を受ける権利，27条で労働権と労働条件の法定，28条で労働基本権を規定している。

これらは，自由権が国家に対して不作為（何もしてくれるな）を請求する権利としての性格（国家からの自由）を有するのに対して，国家に対して一定の作為（何かしてくれ）を請求するといった性格（**国家による自由**）を有する。

したがって，基本的に，自由権にとっての法律（それは，国会の「作為」の結果である）は，権利を侵害・制限するネガティブな存在であるが，社会権にとっての法律は，権利を実現するポジティブな存在ということになる（自由権と法律が**対抗的関係**に立つのに対して，社会権と法律は**親和的関係**に立つ）。このことから，社会権が問題となる多くの事案では，法律（社会福祉立法）の「過剰」ではなく，「過少」が争われ，その射程の拡張が求められる。

もっとも，国家が特定の職業に就く者の労働基本権（たとえば争議権）を不当に制限したり（⇒211頁 ④**3**参照），教育を受ける権利から導かれる教師の教育の自由を不当に制限する場合に（⇒206頁 ③**2**参照），社会権がその制限の排除（不作為）を裁判所に求める自由権としての性格を帯びることもある。

生存権（生活権）

1　基本的な考え方

憲法25条1項は，「すべて国民は，健康で文化的な最低限度の生活を営む権利を有する」と規定している。ここでまず問われるのは，同規定のいう「権利」の意味である。はたしてこの憲法規定は，一人ひとりの国民に「健康で文化的な最低限度の生活を営む権利」を具体的・現実的に保障するものなのだろうか。

もしそのように考えると，①Xが「健康で文化的な最低限度の生活」（以下，単に「生活」と呼ぶ）を営むために行った行為を国が禁止する場合，この禁止は権利侵害として端的に憲法25条違反となるし，②Xが，自身の「生活」を維持するために，金銭の給付等を国に請求したのに，国がこれに応えなかった場合も，この国の不作為は同様に憲法25条違反ということになる。しかし，ここで立ち止まって考えざるをえないのは，25条1項のいう「生活」とは一体何かである。この内容が確定できなければ，①の状況下で，国がXのどのような行為を禁止すれば違憲となるのか，②の状況下で，国がXのどのような生活を保障しなければ違憲となるのかがわからない。これでは，25条が個々の国民に直接「健康で文化的な最低限度の生活を営む権利」を保障していると考える（以下，便宜上「直接権利保障説」と呼ぶ）ことは難しくなる。

最高裁は，食糧管理法に違反して，ヤミ米[2]を購入・運搬したために逮捕・起訴された被告人が，同法は不足食糧を購入・運搬するといった生存権の行使を否認するもので違憲無効であると主張した事件（**食糧管理法事件**・最大判昭和23・9・29刑集2巻10号1235頁。上記①の事案）で，上述の直接権利保障説を明確に否定した。すなわち，憲法25条1項は，「積極主義の政治として，すべての国民が健康で文化的な最低限度の生活を営み得るよう国政を運営すべきことを国家の責務として宣言したもの」であり，「国家は，国民一般に対して概括的にかかる責務を負担しこれを国政上の任務としたのであるけれども，個々の国民に対して具体的，現実的にかかる責務を有するのではな［く］」，「この規定により直接に個々の国民は，国家に対して具体的，現実的にかかる権利を有するものではない」と述べたのである。

▶ だからこそ，不足食糧を搬入運搬する「権利」を，憲法25条から直接導こう

notes

② ヤミ米　第二次世界大戦後，食糧管理法に違反して流通していた米のこと。「戦後の今日〔昭和23年〕と雖も主食の不足は戦後事情の故になお依然として継続」（食糧管理法事件判決）していたため，ヤミ米の運搬・購入は，「生活」の維持と深く関係していた。

とする本件被告人の主張は，「同条の誤解に基く論旨」として斥けられたのだった（結論としても被告人を有罪）。

また，最高裁は，生活保護の受給者が，厚生大臣（当時）の設定した生活保護の基準が要保護者の「健康で文化的な最低限度の生活」を著しく下回り，無効であるなどと主張した事件（**朝日訴訟上告審**・最大判昭和42・5・24民集21巻5号1043頁。上記②の事案）でも，同様に，25条1項は，「直接個々の国民に対して具体的権利を賦与したものではない」と述べている。

では，このような最高裁の考えにおいて，「個々の国民の具体的，現実的の生活権」は，一体どのようにして保障されるのだろうか。最高裁によれば，それは，「社会的立法及び社会的施設の創造拡充に従つて，……設定充実せられてゆく」ものとされる（食糧管理法事件判決）。つまり，**具体的・現実的な生存権**は，憲法によって直接保障されるのではなく，社会的な「立法」，とりわけ国会の制定する「法律」によって保障される，というわけである。現状，日本には，生活保護法，児童福祉法，児童扶養手当法，老人福祉法，障害者総合支援法，精神保健福祉法，国民健康保険法，国民年金法といった各種社会福祉立法が存在しているが，これらはいずれも，国家（国会）が，憲法25条によって課された「責務」ないし「国政上の任務」を果たすために制定したものと考えることができる。たとえば**生活保護法**1条は，「この法律は，日本国憲法第25条に規定する理念に基き，国が生活に困窮するすべての国民に対し，その困窮の程度に応じ，必要な保護を行い，その最低限度の生活を保障するとともに，その自立を助長することを目的とする」と規定している。

2 憲法25条の法的な意味

プログラム規定説

このように，具体的・現実的な生存権が，「立法」によって保障されるということになると，わざわざ「憲法」で生存権を規定したことの意味があらためて問われることになろう。具体的にどのような「生活」が保障されるべきかを決めるのは，結局は政治（国会）だ，ということになるからである。この点，かつては，25条は国家が追求すべき目標ないし政治的プログラム（計画，構想)，あるいは政治道徳的な責務を定めたにすぎないと考える**プログラム規定説**が説かれ，**1** でみた最高裁の立場をこのような観点から説明する見解が多く存在した。もちろん，「プログラム」や「目標」といえども，それが憲法に明記されることの政治的な意味は過小評価すべきではない（政治がその実現を怠る場合，少なくとも選挙における責任追及の材料にはなる)。しかし，社会的・経済的弱者の声が常に政治に反映するとは限らず，25 条の法的な意味を一切否定する点で問題がある。

法的責務説

プログラム規定説をとったと考えられてきた食糧管理法事件判決も，25 条により，国家は，「個々の国民に対して具体的，現実的に……義務を有するのではない」と述べているが，「国民が健康で文化的な最低限度の生活を営み得るよう国政を運営すべきこと」を——「国民一般に対して概括的に」ではあるけれども——「責務」として負担すべきと述べており，25 条が先述のような「生活」を実現すべき法的な責務を国家に課していないとは断じていない。つまり，25 条は，具体的・現実的な生存権を直接国民に保障するものではないとしても，国家（とりわけ立法権を有する国会）に対して，「健康で文化的な最低限度の生活」を実現する法的な責務，すなわち，具体的・現実的な生存権を設定し，充実させる法的責務を課したものと考えることができるのである。

このように考えると，たとえば国会が制定した社会的立法が，国民の「生活」を実現するうえで不十分なものであれば，国会は 25 条の法的責務に違反したとして，違憲という評価を受ける可能性も出てこよう（これは，プログラム規定説からは出てこない帰結である)。

25 条の規範としての意義

このように，25 条に（国家に対する）法的規範としての性格を認めるとしても，その規範としての強さないし意義については別途検討されなければならない。「健康で文化的な最低限度の生活」は，やはり不確定性の高い抽象的概念であるから，国家は，どのような立法を行えば 25 条の責務を果たしたことになるのか，逆に，どのような権限の不行使があればこの責務に違反したことになるのか，不明確とならざるをえないからである。また，国家は，財政的な裏づけもないのに，やみくもに具体的・現実的な生存権を創造拡充することもできない。こう考えると，その規範としての力は弱いようにも思われる。

最高裁は，視力障害者として国民年金法に基づいて障害福祉年金を受給していた原告（夫と離婚後，独力で子どもを育てていた女性）が，児童扶養手当法に基づく児童扶養手当を受けようとしたところ，同法の併給禁止条項に引っかかり，この手当を受けられず生活が困窮したため，当該併給禁止条項は憲法25条に違反するなどと主張した事件（**堀木訴訟上告審**・最大判昭和57・7・7民集36巻7号1235頁）で，立法府に対する25条の規範的意義について以下のように述べている。

▶ ①25条にいう「『健康で文化的な最低限度の生活』なるものは，［①］きわめて抽象的・相対的な概念であつて，その具体的内容は，その時々における文化の発達の程度，経済的・社会的条件，一般的な国民生活の状況等との相関関係において判断決定されるべきものであるとともに，右規定を現実の立法として具体化するに当たつては，［②］国の財政事情を無視することができず，また，［③］多方面にわたる複雑多様な，しかも高度の専門技術的な考察とそれに基づいた政策的判断を必要とするものである。したがつて，憲法25条の規定の趣旨にこたえて具体的にどのような立法措置を講ずるかの選択決定は，立法府の広い裁量にゆだねられており，それが著しく合理性を欠き明らかに裁量の逸脱・濫用と見ざるをえないような場合を除き，裁判所が審査判断するのに適しない事柄であるといわなければならない」。

要するに，最高裁は，立法府が「国民の健康で文化的な最低限度の生活」を実現する法的責務を有しているとしても，それを具体的かつ現実的にどのように実現するかは，**①「生活」概念の抽象性・相対性**，**②財政的裏づけの必要性**，**③専門技術的考察・政策的判断の必要性**から，立法府自身の広い裁量に委ねられており，その判断が著しく合理性を欠く場合でない限りは違憲とはいわない，と述べたわけである。これは，25条の規範としての力がそれほど強くないことを示している。

▶ 堀木訴訟上告審判決は，このように立法裁量を広く認めたうえで，障害福祉年金と児童扶養手当がともに所得保障としての性質をもつことを前提に，「社会保障給付の全般的公平を図るため公的年金相互間における併給調整を行うかどうかは，……立法府の裁量の範囲に属する事柄と見るべきである」とし，併給禁止条項が憲法25条に違反するとの主張を斥けた。

立法が，具体的・現実的な生存権の設定や形成をさらに行政府に委任している場合には，行政府に上述の立法裁量に類似した裁量が認められる。たとえば，**朝日訴訟上告審判決**は，生活保護法が，生存権を具体的に輪郭づける生活保護基準の設定（基準設定行為）を厚生労働大臣に委任している（同法8条1項）ことを踏まえて，具体的・現実的な生存権は，「厚生大臣［当時］が最低限度の生活水準を維持するにたりると認めて設定した保護基準による保護を受け得ることにある」としたうえで，「厚生大臣の定める保護基準は，……憲法の定める健康で文化的な最低限度の生活を維持するにたりるものでなければならない」としながらも，先述のような「生活」概念の抽象性・相対性などから，結局，「何が健康で文化的な最低限度の生活であるかの認定判断は，……厚生大臣の合目的的な裁量に委されて［いる］」と述べた。

もちろん，この場合でも，「現実の生活条件を無視して著しく低い基準を設定する等憲法および生活保護法の趣旨・目的に反し，法律によつて与えられた裁量権の限界をこえた場合または裁量権を濫用した場合には」，違憲・違法な行為と評価されうるとしたが，本件ではそのような裁量権の逸脱濫用を認めなかった。

▶ 25条1項と2項で規範としての意義が異なると考える見解がある（**1項2項分離論**）。たとえば，堀木訴訟控訴審判決（大阪高判昭和50・11・10行裁例集26巻10＝11号1268頁）は，1項は現に「落ちこぼれた者」を救済する国の責務を定めたものであるのに対して，2項はこうした者を出さないために国が事前に積極的施策をなすべき努力義務を定めたものであるとし，後者（＝防貧施策）について広範な立法裁量を認める一方，前者（＝救貧施策）については厳格な司法審査を行う可能性を示した。最高裁のとる見解ではないが，救貧的な最低生活保障と防貧的な「＋α」保障との間には，施策をなす際に「国の財政事情」をどこまで考慮できるかなど，一定の違いが存するようにも思われる（最低生活保障としての生活保護の基準策定時に，国は正面から「財政事情」を考慮できるのか）。

3 憲法25条を生かすための技法

「立法」裁量の統制

議論がループしていると感じた読者は，おそらく憲法のセンスがあるのだろう。憲法25条は政治道徳的な責務ではなく，法的な責務を課したものだ，と考えても，その責務が抽象的で，「健康で文化的な最低限度の生活」を具体的にどう実現するかについて，政治部門に広い裁量があると考えると，結局，25条の生存権の実現は，実際には「政治」のあり方次第ということになってしまう。

この感覚は，“憲法は裁判所のみによって実現されるわけではない”という事実，“その実現は政治部門ないし民主主義の肩にもかかっている”という事実をうまく捉えていると思う。しかし，他方で，法的責務と考えることにより，“ある程度”とはいえ，裁判所が政治部門の行為を統制できるという事実を忘れるべきではない。“裁量の逸脱・濫用”と宣言できる余地を多少なりとも裁判所に認めている意義を過小評価すべきではないのである。なぜなら，そのことによって，裁判所による**裁量審査の手法**を導入し，政治部門の行為をより実効的に統制する途(みち)がひらけていくからである。

たとえば，立法府ないし立法府の委任を受けた行政府が裁量権を行使した「結果」を，裁判所があれこれ評価，審査することはできないとしても，立法府等が裁量権を行使した「過程」を，裁判所が厳密に審査することはできるかもしれない。すなわち，立法府等がある結論に到達するまでの判断の過程に過誤や欠落があったか，具体的には，立法府等が生存権を具体化・現実化するに当たり，本来考慮すべき事項をきちんと考慮したか，本来考慮すべきでない事項を排除したか，考慮要素間の重みづけを適切に行ったかなどを審査することはできるのである（**判断過程審査**）。

このような司法審査は，とくに，社会保障の受給者にとって不利益となるような生存権の設定変更（「**不利益変更**」ないし「**制度後退**」と呼ばれる）にうまく当てはまる（もちろん，不利益変更事案とは異なる一般的事案における判断過程審査の適用可能性が排除されるわけではない）。たとえば，生活保護基準の切下げは，いったん最低限度の生活水準として設定されたラインをさらに下回ることになるため，過少の推定が働くこと（過少保護の危険），これまでの基準で支給が受けられることを前提に生活設計を立てていた被保護者に関しては，その期待的利益の喪失をきたす側面があることなどから，裁判所は，厚生労働大臣による判断過程を厳密に審査すべきである，といえる。

▶ 最高裁は，生活保護費における老齢加算[3]を廃止する生活保護基準の改定が，憲法25条に違反するかどうかが争われた事件（**老齢加算廃止事件**・最判平成24・2・28民集66巻3号1240頁，最判平成24・4・2民集66巻6号2367頁）で，①老齢加算を廃止しても「健康で文化的な最低限度の生活」が維持されうるかどうかの実体的判断，②廃止の具体的方法に関する手続的判断について，それぞれ**厚生労働大臣の裁量**を認めたうえで，①に関する「厚生労働大臣の判断に，最低限度の生活の具体化に係る判断の過程及び手続における過誤，欠落の有無等の観点からみて裁量権の範囲の逸脱又はその濫用」がなかったか，②に関する「大臣の判断に，被保護者の期待的利益や生活への影響等の観点からみて裁量権の範囲の逸脱又はその濫用」がなかったかを審査した。不利益変更事案について**判断過程審査**を行ったものと考えることができるが，①について，大臣の判断は「生活保護制度の在り方に関する専門委員会」の（専門的）意見を一応考慮したものであったこと，②について，（段階的廃止という）大臣の判断は，生活水準の急激な低下を考慮し，それを防止するよう配慮したものであったことなどから，結論的には①，②の双方につき，裁量権の範囲の逸脱・濫用を否定した。

▶ 生活保護費の支給額を引き下げる生活保護基準の改定の違法性が争われた事件で大阪地裁（大阪地判令和3・2・22判時2506＝2507号20頁）は，老齢加算廃止事件の枠組みに依拠しつつ，「保護基準の改定に至る判断の過程及び手続に過誤，欠落があるか否か等の観点から，統計等の客観的な数値等との合理的関連性や専門的知見との整合性の有無等について審査」するという判断過程統制を行った。大阪地裁は，本件改定に用いられた統計資料である生活扶助相当CPI（Consumer Price Index。消費者物価指数）が，生活保護受給世帯の消費実態を必ずしも反映していない点について，「統計等の客観的な数値に真摯に向き合い，専門的知見に基づいて冷静に分析すれば，探知することができたと推認されるし，そのような探知が困難であったとうかがうべき事情は見当たらない」としたうえ，厚生労働大臣が「平成20年からの物価の下落を考慮し，消費者物価指数の下落率よりも著しく大きい下落率を基に改定率を設定した点において，統計等の客観的な数値等との合理的関連性や専門的知見との整合性を欠いて」いるなどと述べ，

notes

③ **老齢加算**　生活保護受給者のうち70歳以上の高齢者の特別の需要に対し，一定額を加算して保護費を支給するものとして，1960（昭和35）年に設けられた制度。

判断過程の瑕疵を認めた。本判決は，憲法25条の趣旨を踏まえて，判断過程審査による裁量統制（特に，政治的思惑から自律して専門的知見を適切かつ客観的に使用したか）を精緻に行った裁判例として注目に値する。

また，裁量権者といえども，みずから創設した社会保障制度内部で矛盾をきたすような立法を行うことは許されない。当該制度の基本的な目的ないし制度趣旨（以下，便宜上「基本決定」と呼ぶ）に沿った，あるいはそれらと適合した首尾一貫した制度構築を行う必要があるのであり，基本決定と矛盾する（制度内不整合を生じさせるような）立法を行うことは，裁量権の逸脱・濫用とも評価されうる（**首尾一貫性審査**）。

▶ 児童扶養手当法（平成6年当時）は「父と生計を同じくしていない児童が育成される家庭の生活の安定と自立の促進に寄与するため，当該児童について児童扶養手当を支給し，もつて児童の福祉の増進を図ることを［基本的な］目的と〔している〕」にもかかわらず，その施行令1条の2第3号括弧書は，父から認知された婚姻外懐胎児童を児童扶養手当の支給対象から除いていた。

しかし，父からの「認知によって当然に母との婚姻関係が形成されるなどして世帯の生計維持者としての父が存在する状態になるわけでもない」し，「父から認知されれば通常父による現実の扶養を期待することができるともいえない」。そうすると，父から認知された婚姻外懐胎児童を支給対象から外す上記括弧書は，児童扶養手当法の基本決定と矛盾しているといえる（それによって児童扶養手当制度に内部的不整合が生じている）。実際，最高裁は，上記引用文のように述べて，本件括弧書を違法と判断した（最判平成14・1・31民集56巻1号246頁）（本判決は，委任立法の限界という観点から施行令中の本件括弧書を違法としたのだが，実質的には首尾一貫性審査を行ったものと考えてよいだろう）。

適用行為に関する行政裁量の統制

これまでみてきたのは，具体的・現実的な生存権の設定（デザイン）や形成にかかわる「立法」裁量と，その統制手法であった。しかし，現実には，この裁量権が行使されたことにより設定・形成された具体的・現実的生存権の「適用」が問題となることが少なくない。たとえば，生活に困窮するXに対して生活保護を支給すべきか，また，Xに対する支給額を具体的にいくらにするか，などが実際に問題になりうるのである。こうした問題を検討するにあたっては，かりに支給額の具体的決定等について行政機関の専門技術的な裁量を認めるにしても，それは，先述の「立法」裁量とは次元が異なることをしっかりと意識すべきである。そのうえで，立法者が具体的・現実的な生存権を設定・形成した趣旨を踏まえた丁寧な法律解釈や，X を取り巻く個別具体的事情（特殊事情）を考慮した慎重な**判断過程審査**を行い，適切な事案の解決を導くべきである。

▶ この点で，**和歌山 ALS 訴訟**（和歌山地判平成 24・4・25 判時 2171 号 28 頁）が注目される。この事件では，まず，原因不明の難病である ALS（筋萎縮性側索硬化症）のため要介護状態にある原告（70 歳代の男性）が，障害者自立支援法（現・障害者総合支援法）に基づき，市に対して，重度訪問介護の支給量を 1 カ月 651 時間以上とする介護給付費支給申請を行い，24 時間の介護サービスを求めたことからはじまる。これに対し，市が，同居する妻（患者と同じく 70 歳代と高齢で，左変形性股関節症のため歩行も困難）の介護が可能であることを考慮して，支給量を 1 カ月 268 時間とする支給決定を行ったため，原告が，この支給決定の取消しと支給量を 1 カ月 651 時間とする決定の義務付けを求める訴えを提起したのである。和歌山地裁は，支給決定について市の裁量を認めながらも，先述の**判断過程審査**を行い，市は「妻が原告の介護を行っているという要素を過度に評価する一方で，原告及び妻の心身の状況等の考慮すべき要素を十分に考慮していない」として，市の裁量権の逸脱濫用を認め，本件支給決定の一部を取り消すとともに，1 カ月あたりの支給量が 542.5 時間を下回らない決定をするよう義務づけた。

▶ 生活保護を受けながら子どもの高校修学のために積み立てた学資保険の満期保険金の一部を収入として認定され，市の福祉事務所長から生活保護法に基づき金銭給付を減額する内容の保護変更決定処分を受けた者が，同所長に対しこの処分の取消しを求めた事案で，最高裁は，「保護金品又は被保護者の金銭若しくは物品を貯蓄等に充てることは本来同法［生活保護法］の予定するところではない」としながら，「生活保護法の趣旨目的にかなった目的と態様で保護金品等を原資としてされた貯蓄等は，収入認定の対象とすべき資産には当たらない」と解釈したうえ，近年の高校進学の一般化を踏まえ，「被保護世帯において，最低限度の生活を維持しつつ，子弟の高等学校修学のための費用を蓄える努力をすることは，同法の趣旨目的に反するものではない」との解釈を示した（最判平成 16・3・16 民集 58 巻 3 号 647 頁）（結論としても本件処分を違法とした）。

これは，憲法 25 条の要請を受けて立法府が生活保護制度を創設した趣旨を踏まえた丁寧な法律解釈であるといえる。

Column ❾ 抽象的権利説と具体的権利説

学説では，これまで，憲法 25 条の法的性格について**抽象的権利説**と**具体的権利説**とが対立してきた。両説とも，先述したプログラム規定説（および同説を採用していると解されていた過去の判例）に対する批判として登場した。プログラム規定説が，25 条を，法的意味をもたない「プログラム」（計画）ととらえたのに対して，これらの説は，25 条が「権利」という言葉を使っていることなどを重視して，その法的性格を強調したわけである。ただ，両説とも，具体的・現実的な生存権が 25 条限りで（つまり具体化立法なく）裁判所によって直接保障されるとは考えていない。

抽象的権利説は，「健康で文化的な最低限度の生活」の意味内容はたしかに不確定的であるが，これを実現する国の法的責務は肯定されるとし，生存権は立法によって実現されることを待つ抽象的な「権利」と呼んで差し支えない（むしろそう呼ぶべきだ）と考える。しかし，同説が想定する国の法的責務は抽象的なものであるため，結局のところ，「生活」をどのように実現・具体化するかについて，立法府の広い裁量を認める。その限りでは，現在の判例の立場と基本的に変わらない。

具体的権利説も，裁判所による直接保障を受けられるほど「生活」の内容が憲法限りで確定的であるとは考えない（たとえば，憲法レベルで具体的な支給額まで確定しているとは考えない）。同説の特徴は，これを，立法府の法律制定ないし制度創設を義務づけるほどには確定的・具体的であると考え，**立法不作為の違憲確認訴訟**を認める点にある。ただ，この訴訟形式をかりに認めても，はたして誰が原告となりうるかなど，なお不明瞭なところがある（かりに原告を“25 条が本来予定している給付を受けられない者”に限定した場合，結局それは，25 条の内容を憲法限りで確定的ととらえる直接権利保障説〔②**1** 参照〕と変わらなくなる）。また，立法の不十分性は，判例や抽象的権利説の立場を採用しても，既存の（不十分な）立法に基づく行政処分にかかわる主観訴訟のなかで争いうるため，立法不作為の違憲確認訴訟を認める必要がどこまであるのかも疑問である。もちろん，具体的権利説のポイントを，25 条が立法府に課す法的責務の内容を一定程度「具体的」なものと考え，立法裁量を否定ないし限定するところにあると解することはできる。しかし，判例や抽象的権利説のように立法裁量を正面から認めた場合でも，判断過程審査や首尾一貫性審査をとおして，その裁量を有効にコントロールできることに留意すべきだろう。

教育を受ける権利

1 「教育を受ける権利」の法的性格

子どもの学習権

憲法26条1項は,「すべて国民は, 法律の定めるところにより, その能力に応じて, ひとしく教育を受ける権利を有する」と定めている。

本条のいう「権利」は,「国民各自が, 一個の人間として, また, 一市民として, 成長, 発達し, 自己の人格を完成, 実現するために必要な学習をする……権利」(**旭川学テ事件**・最大判昭和51・5・21刑集30巻5号615頁), すなわち学習権として把握されている。教育を受ける権利の内容をこのように理解するとしても, この権利の中心的な主体である「子ども」は, みずからの力のみで, 自己の人格の完成・実現のために必要な学習を自律的になしうるわけではない。したがって, 子どもにとっての学習権は,「その学習要求を充足するための教育を自己に施すことを大人一般に対して要求する権利」(旭川学テ事件) としてとらえられることになる。そうすると, 26条1項も, 先にみた25条と同様, このような「権利」に応え, これを具体的に実現する国家などの**責務**を規定しているという側面があるのである。最高裁も, 憲法26条において「子どもの教育は, 教育を施す者の支配的権能ではなく, 何よりもまず, 子どもの学習をする権利に対応し, その充足をはかりうる立場にある者の責務に属するものとしてとらえられている」と述べている (旭川学テ事件)。

教育権の所在——教育権論争

ただ, ここで注意を要するのは,「**国家**」の**責務**の範囲と, これを果たすための**権限** (**教育権**) の範囲である。憲法25条においては,「健康で文化的な最低限度の生活」を実現するのはもっぱら「国家」の責務であるとされ, その実現主体として, 国家以外のアクターが登場する余地はなかった。しかし, 問題が「教育」ということになると, 事態が少し複雑化する。教育主体としての「国家」の役割, あるいは, 子どもの学習権を充足する責務と権限 (教育権) をもつアクターとして「国家」の役割を認めすぎることは，学習権の根底にある価値をかえって阻害することになりうるからである。判例も指摘するとおり，戦前の日本の教育が，「国家による強い支配の下で形式的，画一的に流れ，時に軍国主義的又は極端な国家主義的傾向を帯びる面があつた」(旭川学力テスト事件) ことを忘れるべきではないのである。

そこで，戦後教育改革は，まずは，戦前の「極端」に国家主義的な教育体制への反省から，教育の分権と教育の自主性・自律性の確保 (教育に対する国家の謙抑) を推進した。しかし，1950 年代の後半には，連合国軍総司令部 (GHQ) の政策転換 (いわゆる「逆コース」[4]) の影響もあって，文部省により，法的拘束力をもつ教育内容の全国的基準として，**学習指導要領**が告示され，あわせて**教科書検定基準**が公示されるなど，教育への国家的介入・統制が再強化される動きが出始めた。そこで，「国家」が学習権の充足主体として果たすべき憲法上の役割とは何か，いいかえれば，「国家」は学習権に応えるための憲法上の権限 (教育権) をどこまでもつのかが，活発に論じられるようになったのである。いわゆる**教育権論争**である。

国民教育権説は，憲法 26 条のいう子どもの学習権を充足するのは，基本的には「国民」であって，親と，その付託を受けた教師こそが教育権の実質的な担い手であると考える (教育のボトム・アップ的思考)。ここでは，国家は，教育の内容 (ソフト面) を決定する権限をもたず，あくまで教育の条件整備 (学校の創設といったハード面の拡充) の任務を負うにとどまる。この見解は，いうまでもなく，国家による教育内容への (再) 介入の動きを牽制する狙いをもっていた。他方で，**国家教育権説**は，戦前と異なり，国家が民主制に支えられていること (国民主権) を拠り所に，学習権の充足主体はあくまで「国家」であるとし，国家は教育内容について関与・決定する権限を有すると考える (教育のトップ・ダウン的思考)。この見解は，国家による教育内容への (再) 介入の動きを正当化する狙いをもっていた。

教育権論争では，いま述べた両説が，教科書の内容に対する国家的関与を認

notes

④ **逆コース**　GHQ は，当初，「日本の民主化・非軍事化」を推し進めた。しかし，その後，反共産主義の観点から，こうした考えに逆行するような政策をとるようになった。これを「逆コース」と呼ぶことがある。

める**教科書検定制度**（⇒210頁 **3**参照）や，国家（文部省・当時）が主導・実施する**全国一斉学力テスト**（以下，「学テ」と呼ぶ）の合憲性をめぐって，激しく対立したのである。

▶ 学テの合憲性は，文部省（当時）が1961（昭和36）年に実施した学テに反対する教師ら4名が，その実施を実力で阻止しようと，実施校に侵入したうえ，校長を取り囲み，暴行を加えるなどしたため，公務執行妨害罪等で起訴された事件（**旭川学テ事件**）において争点化した。ここでは，「公務」執行妨害罪の成立を否定するために学テの違法性を主張する被告人側によって，国民教育権説が援用された。同説に立ち，国家による学テの実施を，教育内容への違憲的介入であるとみれば，学テの実施はそもそも違法（「公務」ではない）ということになり，その妨害は公務執行妨害罪を構成しなくなるからである。

2 「国家」の可動範囲と教師の自由

複数のアクターによる学習権の協働的実現

最高裁は，**1**で述べた教育権論争に対してどのような態度をとったのだろうか。いいかえれば，最高裁は，国家と教師との間でなされる教育内容決定権をめぐる"綱引き"を，憲法上どのように決着させたのだろうか。その答えは，先述の**旭川学テ事件**において示された。

最高裁は，この事件で，国民教育権説および国家教育権説は，「いずれも極端かつ一方的であり，そのいずれをも全面的に採用することはできない」と述べ，二者択一的で硬直的なこれまでの思考形式を一刀両断したのである。そのうえで，憲法26条は，単独のアクター（とくに国家）による教育権の独占を否定し，複数のアクターが，その能力や機能にふさわしい責務と権限を分かち合い，「子どもの利益」の最善の実現に向けて，協働的にその学習権を実現していくという考え方を示した（**学習権の協働的実現**）。

「親」の権限と自由

では，最高裁（旭川学テ事件判決）は，どのようなアクターが，学習権の実現のためにどのような権限を有すると考えたのであろうか。

▶ ここで「権利」ではなく「権限」というのは，それが憲法26条によって各アクターに課される「責務」に由来するものだからである。したがって，以下の記述は，まずはアクター間の責務＝権限配分や権限の限界に関する客観法の問題にかかわる。しかし，親や教師の「権限」が国家によって侵食された場合，親や教師は，これを有効に排除するために，憲法上の他の「権利」規定を援用して，「権利」侵害を語ることも許される。たとえば，国家が，みずからに憲法上割り当てられた権限を超えて，教師の権限を侵食する場合，教師は，憲法23条の学問の自由（教授の自由）の侵害を主張しうるだろう。その限りで，「権限」の範囲（客観法）は，「権利」ないし「自由」の範囲（主観法）とも重複する。

まず，最高裁は，「親」の権限ないし自由について以下のように述べた。「親は，子どもに対する自然的関係により，子どもの将来に対して最も深い関心をもち，かつ，配慮をすべき立場にある者として，子どもの教育に対する一定の支配権，すなわち子女の教育の自由を有すると認められるが，このような親の教育の自由は，主として家庭教育等学校外における教育や学校選択の自由にあらわれるものと考えられる」。

▶ ここでは，他のアクターに対する親の権限ないし自由が強調されているが，憲法26条2項は，「すべて国民は，法律の定めるところにより，その保護する子女に普通教育を受けさせる義務を負ふ」とも規定している。

「教師」の権限と自由

つぎに最高裁は，普通教育における教師が有する「権限」の範囲を，教師に認められる**学問の自由**（憲法23条），とりわけ（研究成果の）**教授の自由**の範囲を検討することをとおして，以下のように描出している。

▶「大学教育の場合には，学生が一応教授内容を批判する能力を備えていると考えられるのに対し，普通教育においては，児童生徒にこのような能力がなく，教師が児童生徒に対して強い影響力，支配力を有することを考え，また，普通教育においては，子どもの側に学校や教師を選択する余地が乏しく，教育の機会均等をはかる上からも全国的に一定の水準を確保すべき強い要請があること等に思いをいたすときは，普通教育における教師に完全な教授の自由を認めることは，とうてい許されない」。

しかし，「例えば教師が公権力によつて特定の意見のみを教授することを強制されないという意味において，また，子どもの教育が教師と子どもとの間の直接の人格的接触を通じ，その個性に応じて行われなければならないという本質的要請に照らし，教授の具体的内容及び方法につきある程度自由な裁量が認められなければならないという意味においては，一定の範囲における教授の自由が保障されるべき」である。

ここでは，教師に対して，子どもとの直接の人格的接触をとおして，それぞれの子どもの個性に応じた創造的かつ弾力的な教育を行う権限（自由），あるいは，教授の具体的内容・方法を「ある程度」自由に決定する権限（自由）が割り当てられている。そうなると，たとえば，教師による創造的かつ弾力的な教育の余地を一切奪うような国家（あるいは地方公共団体における教育委員会等）の介入は，教師の憲法上の権限（26条）ないし自由（23条）を侵害するものとして，違憲と判断される可能性がある。

「国家」の権限

最高裁は，最後に，国家が有する教育上の権限について，「国は，国政の一部として広く適切な教育政策を樹立，実施すべく，また，しうる者として，憲法上は，あるいは子ども自身の利益の擁護のため，あるいは子どもの成長に対する社会公共の利益と関心にこたえるため，必要かつ相当と認められる範囲において，教育内容についてもこれを決定する権能を有する」と述べている。「必要かつ相当と認められる範囲」で，国家による教育内容の決定あるいはそれへの介入を容認したものと考えられるが，最高裁は，先に国家教育権説を否定していることからもわかるように，決してこの権限（権能）を積極的にとらえているわけではない。

この点で，本判決が，さらに続けて以下のように述べていることが注目される。

▶「政党政治の下で多数決原理によつてされる国政上の意思決定は，さまざまな政治的要因によつて左右されるものであるから，本来人間の内面的価値に関する文化的な営みとして，党派的な政治的観念や利害によつて支配されるべきでない教育にそのような政治的影響が深く入り込む危険があることを考えるときは，教育内容に対する右のごとき国家的介入についてはできるだけ抑制的であることが要請されるし，殊に個人の基本的自由を認め，その人格の独立を国政上尊重すべきものとしている憲法の下においては，子どもが自由かつ独立の人格として成長することを妨げるような国家的介入，例えば，誤つた知識や一方的な観念を子どもに植えつけるような内容の教育を施すことを強制するようなことは，憲法26条，13条の規定上からも許されない」。

3 国家による教育政策の憲法適合性

学習指導要領

旭川学テ判決は，2（⇒205頁）で述べてきたような，各アクター間の憲法的権限配分を前提に，たとえば「国の教育行政機関が法律の授権に基づいて……普通教育の内容及び方法について遵守すべき基準を設定する場合」には，「教育における機会均等の確保と全国的な一定の水準の維持という目的のために必要かつ合理的と認められる大綱的なそれにとどめられるべき」であるとした。そして，事件当時の中学校**学習指導要領**（文部省〔当時〕）について，それが一部詳細にすぎる事項を含んでいるとしても，「教師による創造的かつ弾力的な教育の余地や，地方ごとの特殊性を反映した個別化の余地が十分に残されており，全体としてはなお全国的な大綱的基準としての性格をもつものと認められる」などとし，「上記目的のために必要かつ合理的な基準の設定として是認することができる」と述べた。要するに，学習指導要領は，それが大綱的な基準である限り，国家に割り当てられた権限を超えて教師の権限・自由などを不当に侵害するものではないと判断したのである。

なお，学習指導要領の基準には**法規性**があるとされ，教師が，そこからあまりに外れた授業を行うことは，先述した教師の権限ないし自由を考慮しても，その範囲を逸脱するものとして懲戒処分の対象となりうる[5]。

全国一斉学力テスト

また，旭川学テ判決は，文部大臣（当時）が実施する学テについて，やはり

notes

[5] **伝習館高校事件**　県立高校の教師らが，教科書を離れた授業や成績の一律評価を行うなどしたため，県教育委員会が当該教師らに対して行った懲戒免職処分の違法性が争われた事件。最高裁は，教師らの本件行為は，「高等学校における教育活動の中で枢要な部分を占める日常の教科の授業，考査ないし生徒の成績評価に関して行われたものであるところ，教育の具体的内容及び方法につき高等学校の教師に認められるべき裁量〔2参照（⇒192頁）〕を前提としてもなお，明らかにその範囲を逸脱して，日常の教育のあり方を律する学校教育法の規定や学習指導要領の定め等に明白に違反するもので」，これを理由とする懲戒免職処分に違法性はないとした。最判平成2・1・18民集44巻1号1頁。

2 で述べた憲法的権限配分を踏まえつつ，学テの目的を，「教育の機会均等の確保，教育水準の維持，向上に努め，教育施設の整備，充実をはかる」という国家（文部大臣）の責務と権限との関係で合理的であるとしたうえ（学テを，教育政策の策定・学習指導の改善・教育条件整備に役立たせるための資料作成の一環として捉えた），生徒の学力レベルがどの程度で，そこにどのような不足・欠陥があるかを知ることは，上記目的を達成するための資料として必要かつ有用であることは明らかであると述べた。そしてまた，全国中学校の生徒に対し同一試験問題によって一斉に試験を行うという調査方法も，文部大臣が全国中学校の生徒の学力をできるだけ正確かつ客観的に把握するために必要であるとした。要するに，文部大臣による学テの実施もまた，憲法26条が「国家」に割り当てた権限の範囲を超えるものでないと判断したのである。

▶ しかし，本判決が，学テによって「中学校内の各クラス間，各中学校間，更には市町村又は都道府県間における試験成績の比較が行われ，それがはねかえつてこれらのものの間の成績競争の風潮を生み，教育上必ずしも好ましくない状況をもたらし，また，教師の真に自由で創造的な教育活動を畏縮させるおそれが絶無であるとはいえ［ない］」との懸念を示していたことを軽視すべきではない。本判決は，学テにおいては「試験問題の程度は全体として平易なものとし，特別の準備を要しないものとすることとされ，また，個々の学校，生徒，市町村，都道府県についての調査結果は公表しないこととされる等［,］一応の配慮が加えられていたこと」を「考慮」して，こうした「おそれ」を否定していたのである。

Column ⑩ 学力テストの復活

学テは，1964年に中止されたが，子どもの学力低下が指摘され始めた2007年に，43年ぶりの復活を果たしている。また，2014年度には，学校別の成績公表が，市区町村の教育委員会の判断によって認められることとなった。こうした学校別の成績公表については，学校の序列化や過度の競争につながるといった反対意見も強い。旭川学テ事件判決が示した先述のような懸念を踏まえて，成績公表を伴う学テの合憲性ないし適法性について検討してみてほしい。

教科書検定

教科書検定制度もまた，国家による教育内容への干渉として，憲法上問題となりうる。最高裁も，教科書検定における審査が，「単なる誤記，誤植等の形式的なものにとどまらず，記述の実質的な内容，すなわち教育内容に及ぶ」ことを，まずは認めている（第1次家永教科書訴訟上告審・最判平成5・3・16民集47巻5号3483頁）。

しかし最高裁は，児童・生徒にはいまだ授業内容を批判する十分な能力が備わっていないこと，学校・教師を選択する余地も乏しく教育の機会均等を図る必要があることなどから，教育内容の正確さや中立・公正さを確保し，全国的に一定の教育水準を維持することが国家には要請されるとし，検定制度および検定基準を，この目的のための必要かつ合理的な国家的な介入であるとした。さらに，検定基準は，「子どもが自由かつ独立の人格として成長することを妨げるような内容を含むものでもな」く，「検定を経た教科書を使用することが，教師の授業等における……裁量の余地を奪うものでもない」と述べて，それらが憲法26条に違反するとの主張を斥けた。これも，旭川学テ事件判決で示された憲法的権限配分論を踏まえた判断であるといえるだろう。

Column ⓫ 国家の両義性

教育に対する「国家」の憲法上の役割は，ある意味で両義的である。教育内容（ソフト面）については抑制的な態度が求められる一方，教育環境・条件の整備・拡充（ハード面）については積極的な対応が求められるからである。いいかえれば，憲法上，前者には「過剰」とのクレームが，後者には「過少」とのクレームが寄せられることになろう。ただ，憲法25条（生存権）の議論と同様，後者に関する国家の責務は抽象的なもので，教育環境・条件をどのように拡充していくかは，基本的に立法府の広汎な裁量にゆだねられる。

とはいえ，憲法26条2項は「義務教育は，これを無償とする」と明記しており，義務教育の無償化については，国家に課された具体的な責務であるといえる。「無償」とする範囲については争いがあるが，最高裁は，その範囲を，教育の対価である授業料に限定する授業料無償説を採用している（最大判昭和39・2・26民集18巻2号343頁）。この見解によれば，教科書代金や給食費等を無償とするかどうかは立法府の裁量的判断にゆだねられることになる。

4 労働基本権

1 勤労の権利と義務

社会国家といえども，私たちの生活は，私たち自身の勤労によって維持するのが原則であり，憲法27条1項も，こうした原則を受けて，「すべて国民は，勤労の権利を有し，義務を負ふ」と規定している。

ただ，この規定は，具体的・現実的な勤労権や勤労の義務を直接規定しているとは考えられていない。「権利」部分については，基本的に，国家に対して，①私たちが私企業に就職する機会を得られるよう配慮する責務を，また，②就職機会を求めても就職がかなわない場合には，雇用保険制度の創設など，適切な措置を講じる責務を課すものと考えられる。もちろん，こうした責務は抽象的なものであり，これを受けて具体的にどのような制度を構築するかは立法府の広い裁量にゆだねられている（**抽象的権利説**⇒202頁と同様の考え方）。現状，①，②を受けて制定された法律として，職業安定法，雇用対策法，職業能力開発促進法，男女雇用機会均等法（以上は上記①と関連），雇用保険法（上記②と関連）などがある。「義務」部分についても，これを具体的にどう実現するかは立法府の広い裁量に属する事項とされるが，たとえば生活保護法4条1項は，「保護は，生活に困窮する者が，その利用し得る資産，能力その他あらゆるものを，その最低限度の生活の維持のために活用することを要件として行われる」と規定し，勤労能力があるのに勤労の意思がない者に社会国家的給付を与えることに消極的な姿勢をとっている（雇用保険法32条1項等も参照）。

2 勤労条件法定主義

憲法27条2項は，「賃金，就業時間，休息その他の勤労条件に関する基準は，法律でこれを定める」と規定し，続く3項は，「児童は，これを酷使してはならない」と規定している。

これらの規定は，いずれも，雇用関係ないし労働契約関係に対する国家の介入を憲法上要請するものといえる。周知のとおり，19 世紀半ばまでは，個人の自由意思の合致である「契約」を最大限尊重しようとする考え（契約自由の原則）が強調された。しかし，その後，労働契約にこの原則をストレートに当てはめた場合，使用者と労働者との事実上の力関係から，労働者の側に圧倒的に不利な内容・条件の契約が締結され，労働者の人格的生存を危険にさらしうることが明らかとなった。

そこで，憲法 27 条 2 項は，もともと労使間の契約の自由にゆだねられてきた労働条件の設定に国家が介入し，労働者を保護すべく，使用者が守るべき最低賃金や最長労働時間等を法律によって定めることを求めた（**勤労条件法定主義**）。この規定を実現する立法として，労働基準法や最低賃金法などがある。

憲法 27 条 3 項は，児童の酷使を禁止するが，労働基準法は，これに対応して，15 歳未満の子どもを労働者として使用すること（56 条），深夜業務に就かせること（61 条），坑内で労働させること（63 条）などを禁止している。

3　労働基本権

労働基本権の法的性格

憲法 28 条は，「勤労者の団結する権利及び団体交渉その他の団体行動をする権利は，これを保障する」と規定している。これは，使用者に事実上従属せざるをえない勤労者（以下，「労働者」と呼ぶ）に，使用者と対等の立場（交渉力）を与え，その経済的地位を向上させるべく，労働者に対して**団結権**，**団体交渉権**，**団体行動権**（**争議権**）を保障するものである。これら 3 つの権利は，「労働基本権」ないし「労働三権」とも呼ばれる。

労働基本権は，上述のような趣旨から，使用者との関係において認められなければならない（この点で，28 条は私人間に直接適用されると説かれることがある）。しかし，使用者と労働者間の現実の力の差から，憲法のレベルで抽象的に保障するだけでは実効性を発揮できない可能性も高く，立法によりこれを具体的に制度化する必要性が小さくない。したがって，労働基本権は，その具体化・実質化を国家に対して法的に要求する**社会権**としての性格を有する。実際に，労働基本権の保障を具体化・実質化する立法として，**労働組合法**などが制定されている。ただ，一般に，労働基本権は，これを制限するような国家の行為を排除する**自由権的側面**を強くもつものとされ，上述の社会権的側面と自由権的側面の両方を併せもつ**複合的な権利**であると説明される。

▶ たとえば，立法によって労働者の争議行為に刑事罰を科す場合，それは国家による労働基本権（争議権）の「制限」ととらえられる（自由権的側面）。もっとも，現状では，労働組合法1条2項が労働者による争議行為を刑事免責している。

労働基本権の意味と具体的なあらわれ

団結権は，労働者が，労働条件の維持・改善を目的に，団体を組織する権利のことをいい，実際には労働組合結成権を意味する。労働組合法は，このような権利を実質化するために，使用者は，労働者が労働組合の組合員であること，労働組合に加入すること，結成しようとすることなどを理由に，その労働者を解雇したり，不利に取り扱ってはならないと規定している（7条1号）。

▶ 労働組合法は，「労働組合」を，「労働者が主体となつて自主的に労働条件の維持改善その他経済的地位の向上を図ることを主たる目的として組織する団体又はその連合団体」と定義している（2条1項）。

団体交渉権は，労働者の団体が，使用者と労働条件について交渉する権利のことをいう。労働組合法は，このような権利を実質化するために，使用者は正当な理由なく団体交渉を拒否することができないと規定している（7条2号）。また，団体交渉を要求する行為は，刑法の逮捕監禁罪や強要罪を免除される（1条2項）。さらに，団体交渉の結果成立した労働協約は法規範としての効力をもち，これに反する労働契約は無効となる（16条）。

団体行動権（争議権）は，労働者の団体が，労働条件の交渉を有利に進めるために団体行動を行う権利のことをいう。ストライキ（同盟罷業）が中心だが，それ以外にも，サボタージュ（怠業），ピケッティングなどの行為がある。労働組合法は，このような権利を実質化するために，正当な争議行為を刑事責任から免除している（1条2項）。この刑事免責により，たとえば争議行為が刑法234条の威力業務妨害罪に当たる場合でも，「正当行為」として違法性を阻却される。さらに同法は，正当な争議行為を民事責任からも免除している（8条）。

この民事免責により，たとえば争議行為が契約違反の債務不履行（たとえばサボタージュ）となる場合でも，これを原因に解雇されない（7条1号）。また，争議行為により使用者に与えた損失に関する損害賠償責任を負わない（8条）。

もっとも，労働組合法1条2項は，「いかなる場合においても，暴力の行使は，労働組合の正当な行為と解釈されてはならない」と規定しており，他人の生命・身体に危害を及ぼす行為を「正当な争議行為」から外している。また最高裁は，労働条件の維持・改善など，労働者の地位向上を目的としない「政治的目的」のための争議行為（いわゆる政治スト）を，「憲法28条に保障された争議行為としての正当性の限界をこえるもので，刑事制裁を免れない」と述べている（全逓東京中郵事件・最大判昭和41・10・26刑集20巻8号901頁）。さらに判例は，労働組合が工場・事業場や設備資材等を取り上げて管理し，使用者の指揮命令を排除して自ら企業経営を行う「生産管理」を違法としている（山田鋼業事件・最大判昭和25・11・15刑集4巻11号2257頁）[6]。

労働基本権の限界

これまでみてきたような労働基本権を直線的に拡大・強化することが，憲法上つねによい結果をもたらすわけではない。たとえば，組合の団結権の拡大・強化が，組合に加入している個人（組合員）の自由とぶつかることがあるし（組合・対・個人），競合する他の組合の活動を妨げることもある（組合・対・組合）。また，公益性の高い業種でなされるストライキ等が，私たちの日常生活に重大な支障をもたらすことも考えられる（組合・対・国民生活）。こうみると，労働基本権には一定の限界があることになる。

この点で，まず，いわゆる**ユニオン・ショップ協定**（使用者は，労働組合に加入しない労働者や，組合から脱退した，あるいは除名された労働者を解雇しなければならないとする労使間協定）の有効性が問題になりうる。これは，労働者に対し，解雇を威嚇力に労働組合への加入を事実上強制することで，労働組合の組織力や

notes

⑥ **山田鋼業事件**　労働組合の組合員らが，会社からの解雇通告を受けたために行った生産管理において，工場内の会社所有の鉄板を搬出・売却したために，業務上横領罪で起訴された事件。最高裁は，「労働者側が企業者側の私有財産の基幹を揺がすような争議手段は許されない」と述べ，本件の組合員らの行為を違法とした。

交渉力の強化につながる一方，労働者個人の消極的団結権（組合に加入しない自由）や，加入先が協定締結組合に限定される場合には，労働者個人の積極的団結権（組合を選択する自由）および非締結組合の団結権などを制約することになるからである。

▶ 判例は，「ユニオン・ショップ協定によって，労働者に対し，解雇の威嚇の下に特定の労働組合への加入を強制することは，それが労働者の組合選択の自由及び他の労働組合の団結権を侵害する場合には許されない」とし，協定のうち，「締結組合以外の他の労働組合に加入している者」と，「締結組合から脱退し又は除名されたが，他の労働組合に加入し又は新たな労働組合を結成した者について使用者の解雇義務を定める部分は，……民法90条の規定により，これを無効と解すべきである（憲法28条参照）」と述べている（三井倉庫港運事件・最判平成元・12・14民集43巻12号2051頁）。この判例は，労働者の消極的団結権（組合に加入しない自由）については触れておらず，特定の労働組合ではなく，労働組合一般への加入強制については，これを許容するものと考えることもできる。

また，労働組合が使用者と対等にわたり合うには一定の団結力が必要であり，この団結力を得るには労働組合が組合員に対して一定の**統制権**（除名・権利停止・戒告・制裁金など）を有することが必要であるが，統制権を強く認めすぎれば，今度は，組合員個人の自由を厳しく制約することになる。

▶ もちろん組合員は，労働組合がみずからの考えと矛盾・対立する方針を選択したような場合，組合を脱退すればよいと考えることもできるが，「今日の社会的条件のもとでは，組合に加入していることが労働者にとって重要な利益で，組合脱退の自由も事実上大きな制約を受けている」（国労広島地本事件・最判昭和50・11・28民集29巻10号1698頁）。

判例は，「憲法上，団結権を保障されている労働組合においては，その組合員に対する組合の統制権は，一般の組織的団体のそれと異なり，労働組合の団結権を確保するために必要であり，かつ，合理的な範囲内においては，労働者の団結権保障の一環として，憲法28条の精神に由来するものということができる」とし，労働組合は，「憲法28条による労働者の団結権保障の効果として，……その目的を達成するために必要であり，かつ，合理的な範囲内において，その組合員に対する統制権を有する」と述べた（三井美唄労組事件・最大判昭和43・12・4刑集22巻13号1425頁）。

▶ **三井美唄労組事件**は，統制権の限界が争われた有名な事件である。この事件は，市会議員選挙にあたり，A労働組合が，統一候補を決定し，その選挙運動を推進しようとしていたところ，組合員Xが，組合の意図に反し独自の立場で立候補しようとしたため，組合役員らが，Xに対し，組合の統制を乱した者として処分することがある旨を告げるなどし，立候補を断念させようと圧力をかけた事件である（この役員らの行為が，特殊の利害関係を利用して候補者となろうとする者を威迫したものとして，公職選挙法違反に当たるかが争われた）。

判決は，まず，労働組合は，労働者の経済的地位の向上といった本来の目的を達成するために必要な政治活動等を行なうことを妨げられるわけではなく，組合を挙げて選挙運動を推進することは許されるとしながらも，組合員の立候補の自由を制約するためにその統制権を行使する場合には，その制約の必要性と立候補の自由の重要性とを比較衡量して，その許否を決すべきであるとした。そして，Xに対し，「勧告または，説得の域を超え，立候補を取りやめることを要求し，これに従わないことを理由にXを統制違反者として処分するがごときは，組合の統制権の限界を超えるものとして，違法といわなければならない」と結論づけた。また，本判決と同様，労働組合は，組織として支持政党や統一候補を決定し，その選挙運動を推進することはできるが，これを支持しない組合員に協力を強制すること，協力資金を臨時組合費として強制徴収することまでは許されないとした判例もある（国労広島地本事件）。

これらの判例は，労働組合の政治活動を広く認め，そのための統制権行使を許容しつつ，それが組合員個人の政治的自由と正面から衝突する場合には，労働組合の統制権は組合員個人の自由の重要性によって制限を受けうることを明らかにしたものと考えられる。

以上述べてきたような限界に加えて，たとえば労働関係調整法は，公益企業（運輸事業，郵便・電気通信事業，水道・電気・ガス事業，医療・公衆衛生事業）の従事者が争議行為を行う場合，少なくとも実施10日前までに労働委員会等にその旨を通知しなければならないとし（37条），内閣総理大臣の決定（緊急調整決定）によって，一定期間争議行為が禁止される場合もあるとしている（38条）。公益性の高い事業の停廃は，国民生活に重大な障害をもたらすおそれがあるため，このような手続の必要性自体を否定することはできないが，憲法上，争議行為が制限される範囲などは厳格に絞り込まれるべきだろう。なお，公務員は，労働基本権につき種々の制限を受けているが，この点については第**8**章⇒240頁で検討することにしたい。

CHECK

① 自由権と社会権の違いとはどのようなものか。
② 憲法25条は，個々の国民に「健康で文化的な最低限度の生活を営む権利」を具体的・現実的に保障したものといえるか。
③ 憲法26条のもと，国家は教育内容にどこまでかかわることができるか。
④ 憲法28条は，労働基本権として具体的にどのような権利を保障しているか。

読書案内 Bookguide

尾形健『福祉国家と憲法構造』（有斐閣，2011）
遠藤美奈「生活保護と自由の制約――憲法学からの検討」摂南法学23号（2000）33頁
永井憲一『国民の教育権』（法律文化社，1973）
兼子仁『教育権の理論』（勁草書房，1976）
大久保史郎「憲法と労働」樋口陽一編『講座憲法学4　権利の保障(2)』（日本評論社，1994）

CHAPTER

第6章

参政権・請願権

私たちは，さまざまなモードで「政治」とかかわっている。SNSやブログで政府の政策を批判するような発言をすることも，広い意味では政治にかかわる活動といえるだろう。近年，ラップ音楽などを使った学生らによるデモ活動が活発になってきているといわれるが，こうした活動も，やはり政治にかかわるものといえる。さらに，国会議員の選挙や，（日本では実際に一度も行われていないものの）憲法改正のための国民投票をとおして政治にかかわることもある。

本章では主に，こうした政治への多元的なかかわりのなかでも，憲法がとくに「参政権」（国の政治に参加することができる権利）として保障しているものは何かを具体的に考えてみることにしたい。また，このような「参政権」が，前章までで勉強したような自由権などと比べてどのような特徴をもつのかも考えてほしい。たとえば，参政権の中心である選挙権は，小選挙区制か中選挙区制かといった選挙制度があらかじめ構築されていないと，そもそも行使することができない。そうすると，選挙権またはその行使の制限として正面からとらえられる事案とはどのようなものか（選挙制度の構築といった国家行為を，単純に選挙権の制限ととらえられない），また，先述した制度依存的な性格が，選挙権に関連した事案（議員定数不均衡訴訟など）の違憲審査に実際にどのような影響を与えるのかも確認してもらいたい。

1 参政権のあれこれ――「政治」「参加」の多元性

第**1**編第**1**章**3** **1**（⇒6頁）で述べたように，憲法上，国家からの自由（自由権），国家による自由（社会権）と並んで，**国家への自由**が語られることが多い。国の政治に参加する・かかわる権利としての**参政権**である。私たちの憲法は，あらゆる条文で，国民に対してこのような参政権を保障している。しかし，憲法を学び，考えるうえでは，こうした条文が，国民に対し，何に，どのように参加し，かかわることを保障しているのかを検討しておく必要がある。

「どのように」という点（関与の態様）からみると，それはさしあたり，①政策等を直接決定するレベル（直接決定レベル），②政策等の形成に直接参画するレベル（直接参画レベル），③政策等の直接的決定者を選出するレベル（選出レベル），④政策等の形成に間接的に参画するレベル（間接参画レベル）に区別されよう（この区別はあくまで便宜的なものである）。

「何に」という点については，それは端的に「政治」ということになるが（参政権とは文字どおり「政治」に参加する権利である），この言葉が多義的であることに注意しなければならない。たとえば，憲法を改正する場合の「政治」と，道路交通法を改正する場合の「政治」では，レベルが異なろう。「政治」概念の憲法的な用法は，本来もっと突き詰めて検討されなければならない課題であるが，ここではさしあたり，(a)憲法や統治そのものにかかわるような高度に政治性を有するそれ（以下，便宜上「憲法政治（constitutional politics）」と呼ぶ）と，(b)一般的な法律制定にかかわるような通常の政治性を有するそれ（以下，便宜上「通常政治（normal politics）」と呼ぶ）とに区別して考えたい。

(a)に対して，①という態様で国民がかかわるものとして，憲法改正手続における**国民投票権**（96条）がある。ここでの「参政」とは，まさに憲法的重要性を帯びた高度な政治的決定を国民が直接決定することを意味する。この意味における参政権は，「制度化された制憲権（憲法制定権）」とも呼ばれ，憲法典そのものの変更にかかわる。ただ，憲法96条によれば，国会による発議がなければ（各議院の総議員の3分の2以上の賛成），国民が国民投票権を行使できないとされる。その意味では，ここでいう「参政」は国会の提案に対する承認という，やや受動的な意味をもつ。地方レベルで，〈(a)＋①〉の意味における「参政」に近いものとして，**地方特別法住民投票権**がある（95条）。憲法95条によれば，国会は1つの地方公共団体のみに適用される特別法を制定する場合には，当該団体の住民投票においてその過半数の同意を得なければならないとされる。特別法によってみずからの属する地方公共団体の自治権やアイデンティティが脅かされるような場合に，住民が直接これに抵抗することができるというのが同規定の中心的な意義であると解されている（ただしこれまでは，広島平和記念都市建設法のように，地方公共団体に特権を付与する場合に同条の住民投票が行われてきた）。なお，最高裁裁判官の**国民審査権**（79条2項）を，①の態様にかかわる「参政」の例として挙げる見解もあるが，こう理解するには，その前提として，「裁判」を「政治」概念に含めて考える必要があり，議論の余地がある。

▶ 最高裁は，「直接国家統治の基本に関する高度に政治性のある国家行為」は，その有効無効の判断が法律上可能であっても，かかる国家行為は裁判所の審査権の外にあり，「その判断は，……政府，国会等の政治部門の判断に委され，最終的には国民の政治判断に委ねられている」と述べている（最大判昭和35・6・8民集14巻7号1206頁）。いわゆる**統治行為論**である。ここでは(a)の憲法政治が問題とされており，それに対して国民がどのようにかかわる——「参政」する——ことが憲法上想定されているかが問題となる。選挙を通じて政治部門のメンバーを選出できることで，「高度に政治性のある国家行為」に間接的な影響を与えられるという意味での「参政」であれば（上記③），下線部には特段の意義が認められない。それは，(b)の通常政治におけるかかわり方と同じである。あえて下線部分を加えたのは，選挙に際して，当該国家行為の問題を明確なかたちで争点化し，国民が意識的かつ熟慮的に当該問題についての判断を行えるようにするなど，選挙を国民投票制度に近いかたちで運用すべきであるとのメッセージであると考えられる（統治行為については，国民には実質的に①に近いかたちでの「参政権」が認められていると解すべきであろう）。

公務員になることができる資格を**公務就任権**と呼び，これを参政権のひとつと考えることがある。公務員のなかでも，国民ないし住民の権利義務を直接形成し，その範囲を確定するなどの公権力の行使にあたる行為を行い，もしくは重要な施策に関する決定を行い，またはこれらに参画することを職務とする公務員については，国民がこれに就任することで，(a)に対して②のかたちでかかわることができるため，たしかに「参政」的な意味をもつ。憲法 15 条からこれを憲法上根拠づける見解もあるが，近年では，憲法 22 条の職業選択の自由として保障されると考える見解が有力である。先述のような公権力行使にかかわる公務員であればともかく，一般の公務員が常に「政治」にかかわっているわけではないため，公務就任権そのものを「参政」権としてとらえることは妥当ではなかろう（公務就任権＝参政権とみるためには，公務員の担当する「行政」を「政治」概念に含めて考える必要が出てくる)。

▶ 最高裁は，(a)にかかわるような公務員，すなわち公権力行使にかかわる公務員は，「国民主権の原理に基づき，国及び普通地方公共団体による統治の在り方については日本国の統治者としての国民が最終的な責任を負うべきものであること（憲法 1 条，15 条 1 項参照）に照らし，原則として日本の国籍を有する者が……就任することが想定されて」おり，外国人がかかる「公務員に就任することは，本来我が国の法体系の想定するところではない」と述べている（最大判平成 17・1・26 民集 59 巻 1 号 128 頁)。「国民主権」概念が非常に曖昧なかたちで用いられており，その論旨が明確であるとはいえない。たとえば，選挙選出の政治家が任免権をもつなどにより，その選定・罷免の手続が，間接的に主権者たる国民の意思に基づくよう整備されていれば，外国人が公権力行使にかかわっても，終局的には国民にその責任を負っていると考えることもできる。

④にいう間接参画レベルの「参政」は，③（選挙）をとおして，あるいは憲法 21 条によって保障される政治的表現活動をとおして保障される。したがって，④を「参政権」の一類型として一般的に括り出す必要はない。デモ活動など，政治的表現活動をとおして間接的に政治にかかわることの憲法的重要性を踏まえれば，まずは表現の自由保障の一層の充実・強化を図ることが重要である。もっとも，選挙期間中の表現活動，すなわち選挙運動については，後述する選挙権の適正な行使に不可欠なものと解し，参政権の一態様として 15 条等に基づき保障されるとする見解もある。選挙には公正さが強く保証される必要から，たしかに選挙運動については，通常の政治的表現活動と区別して考える必要がある。

選挙権・被選挙権

1 選挙権の性質

憲法が保障する参政権の中心は，議員を選挙する**選挙権**である。先述の③のかたちで「政治」とかかわり合う権利である。最高裁も，i)憲法前文のいう国民主権原理（「日本国民は，正当に選挙された国会における代表者を通じて行動」する）[1]，ii)15条1項（「公務員を選定し，及びこれを罷免することは，国民固有の権利である」），iii)43条1項（「両議院は，全国民を代表する選挙された議員でこれを組織する」）を根拠に，憲法は「国民に対し，主権者として，両議院の議員の選挙において投票をすることによって国の政治に参加することができる権利を保障している」と述べている（後述する在外邦人選挙権訴訟判決 ⇒224頁）。

▶ この選挙権を，国民主権原理からどのように説明するかは，じつは相当に難しい問題である。「主権」概念を憲法を創る権力（憲法制定権力，制憲権）と関連づけて考える立場であっても，先述の憲法改正に関する国民投票権までは「制度化された制憲権」として説明できるが，選挙権までを無理なく説明できるかは疑わしい。この選挙権は，憲法を創ることに常に関連しているわけではないからである（この立場では，憲法のあり方そのものにかかわる制憲権と改正権が国民主権原理の本質であるため，それらが国民に留保されている限りで，独裁制を採用することも理論上は可能となる）。そうすると，先述の最高裁のいう「国民主権原理」や「主権者」は，憲法を創る権力としての制憲権とは次元を異にしている可能性がある。ここで最高裁のいう国民主権とは，憲法のあり方そのものにはかかわらない通常政治においても，なお国民が主役であると憲法が宣言しているという，穏便な意味における――実定憲法上の――「国民主権」でありうる。憲法学は憲法のいう国民主権の意味を問題にすればよく，超憲法的な制憲権を取り扱う必要はないとする見解（長谷部恭男）も有力である。

憲法前文や15条1項等の文言および趣旨からして，選挙権が「権利」としての性質をもつことは否定できない（在外邦人選挙権訴訟 ⇒224頁）。問題は，これが「公務」としての性格を併せもつか，である。学説上は，権利としての側面の

notes

① 憲法前文は国民主権を宣言し，「日本国民は，正当に選挙された国会における代表者を通じて行動」する，などと述べる。

みを認める**一元説**と，公務としての側面を併せもつとする**二元説**とが対立している。選挙権を行使できるのは，実際のところすべての国民（全国民）ではなく，一定の年齢に達した一部の有権者（団）である。そうすると，実際に選挙権をもつ有権者（団）は，それ自体が，主権者である全国民を代表している，という側面をもつ。有権者は，選挙権をもたない国民をも代表して議員を選出しているのである。そうすると，選挙権をもつ有権者（団）は，ある種の国家機関として，主権者＝全国民（ナシオン）に対して公的な責務を負っていると考えることもできる。これが，「公務」的側面を認める二元説の基本的な考え方である。

他方，権利説は，政治的な意思決定能力をもつ有権者（団）を主権者＝人民（プープル）と重ね合わせ，有権者が責任を負うべき「全国民」の存在を認めず，したがってその公務性を否定するのである（「人民」のとらえ方には諸説ある）。権利説は，内在的な制約しか認めない。なお，棄権の自由につき，公的な責務としての性格を認める二元説では消極的に解され，一元説では積極的に解されることになる。

いずれの見解をとるにせよ，選挙権が，精神的自由などの権利とは異なる性格をもつことは否定できない。選挙は，それ自体，「公正」さが必要とされるから，この選挙に参加する資格を「権利」とみても，結局のところ，選挙自体の性格に内在する特別の制約を受けるのである（他者の人権との調整といった観点とは異なる制約を受ける）。

2　選挙権の範囲

選挙権と選挙制度

選挙権について議論する際には，選挙それ自体に参加できるかという問題と，どのような選挙に参加できるかという問題を区別する必要がある。一口に「選挙」といっても，小選挙区制[2]，中選挙区制[3]，比例代表制[4]など，じつにさま

notes

[2] 各選挙区において１人の議員を選出する選挙制度。選挙区の多数派に当選者を独占させる多数代表法の典型とされる（定数を増やし，選挙区の少数派にも当選者を出す可能性を認める方式を少数代表制と呼ぶ）。二大政党制の傾向を助成する機能をもつ一方で，死票が多くなり，少数党に不利にはたらく。

ざまな選挙（制度）がある。それらのうちどれを採用するかによって，政治のあり方，とりわけ政治における政党の役割や機能は大きく変わってくる。しかし，私たちの憲法は，こうしたバリエーションのうち，どの選挙制度を採用すべきかについて述べていない。それどころか，憲法47条は，「選挙区，投票の方法その他両議院の議員の選挙に関する事項は，法律でこれを定める」と規定し，選挙制度の選択や構築は，基本的に立法府の役割であると宣言している（**選挙事項法定主義**）。

そうすると，選挙それ自体に参加することは「権利」として裁判所において強く保障されるとしても，ある特定の選挙に参加することまでは「権利」として認められておらず，選挙制度の選択は基本的には立法裁量の問題になると考えられる（選挙というゲームに参加すること／そのゲームのルールを決めること）。最高裁も，ある国家の措置が選挙そのものへの参加を妨げている場合には，（裁量の問題ではなく）選挙権への制限として厳格に審査すべきとし，選挙の公正を維持するうえでやむをえないと認められる事由がない限り違憲になるとしながら（在外邦人選挙権訴訟），小選挙区制や重複立候補制度など，具体的な選挙制度の合憲性が争われた場合には，立法府の広範な裁量を認め，その制度が著しく不合理なものでない限りは合憲であるとしている。

選挙権の制限

前者の例として，**在外邦人選挙権訴訟**（最大判平成17・9・14民集59巻7号2087頁）を挙げることができる。かつて，外国に住む日本人（在外邦人）は選挙人登録されず，選挙権を行使することができなかった（選挙それ自体に参加できなかった）。平成10（1998）年には公選法が改正され，比例代表選挙について

notes

③ 各選挙区において２人以上の議員を選出する大選挙区制の一種。定数が３～５名の場合を一般に中選挙区制と呼んできた。平成６（1994）年まで我が国の衆議院議員選挙で採用されていたが，現在では小選挙区制（289人）に比例代表制（176人）を加味した小選挙区比例代表並立制がとられている。

④ 政党名簿を用いた名簿式比例代表制が主となる。各政党が提出した名簿に対して投票が行われ，各政党の獲得票数に比例して議席が配分される。少数党の議員選出が保障されるため，国民の多様な意見を反映できるメリットがあるが，多党制による政権の不安定化をもたらすというデメリットもある。政党がつけた順位に従い当選人が決定される拘束名簿式と，政党が順位をつけず，各候補者の得票数に応じて当選人が決定される非拘束名簿式がある。参議院議員は，現在，非拘束名簿式比例代表制（100人）と，都道府県を選挙区とする選挙区制（148人）によって選出されている。

は選挙権行使が認められたが，選挙区選挙への参加は見送られた。そこで，一部の在外邦人が，次の選挙で投票できる地位の確認と損害賠償を請求したのが本件である。

最高裁は，「国民の選挙権又はその行使を制限することは原則として許されず，国民の選挙権又はその行使を制限するためには，そのような制限をすることがやむを得ないと認められる事由がなければならない」とし，「そのような制限をすることなしには選挙の公正を確保しつつ選挙権の行使を認めることが事実上不能ないし著しく困難であると認められる場合でない限り，上記のやむを得ない事由があるとはいえず，このような事由なしに国民の選挙権の行使を制限すること」は憲法に違反すると述べた。とくに候補者の氏名を自書させて行う選挙区選挙については，事前に在外国民に候補者個人に関する情報を適正に伝達する必要があり，それが不可能であれば，情報の偏りなどから「選挙の公正」が害されることも考えられる。しかし最高裁は，現在では通信手段も発達し，こうしたリスクはなくなったなどと述べ，先述の「やむを得ない事由」の存在を否定し，本件制限を違憲と判断した。

このように，国家のある行為（または不作為）が選挙への参加それ自体を妨げている（または事実上不可能にしている）場合には，裁判所はこれを権利制限と認めて厳格に審査する傾向がある。

▶ たとえば，大阪高裁は，公選法が受刑者一般について，選挙権を停止していることを，同様の基準から違憲としている（大阪高判平成25・9・27判時2234号29頁）（もっとも，選挙犯罪者については，選挙の公正確保という観点から，その停止にやむをえない事由があると考えられる〔最大判昭和30・2・9刑集9巻2号217頁〕）。また，東京地裁は，成年被後見人の選挙権を一律に制限する公選法11条1項1号を，やはり厳格な審査から違憲と判断している（東京地判平成25・3・14判時2178号3頁）。精神的な原因により外出が困難な者について，在宅投票制などの措置をとっていないことの合憲性が争われた事件でも，最高裁は，これを選挙権に対する制限としてとらえたことが注目される（最判平成18・7・13判時1946号41頁）。形式的には選挙権を行使する資格はあるが，事実上投票できないという状態についても，これを権利制限にあたるものと認めているからである（これにより，国家は選挙権行使の機会を実質的に保障しなければならないということになる。ただし本判決は，明白な違憲とはいえないとして，国賠法上の違法は否定している）。

選挙制度と立法裁量

後者のように，小選挙区制など具体的な選挙制度の合憲性が争われた場合，最高裁は，まず次のような一般論（以下，便宜上「制度言説」と呼ぶ）を展開するのが常である。「代表民主制の下における選挙制度は，選挙された代表者を通じて，国民の利害や意見が公正かつ効果的に国政の運営に反映されることを目標とし，他方，政治における安定の要請をも考慮しながら，それぞれの国において，その国の実情に即して具体的に決定されるべきものであり，そこに論理的に要請される一定不変の形態が存在するわけではない」。つまり，憲法上，選挙制度の目標は決定されているが，その具体的な形態については決定されていない，というわけである。そうなると，誰かがこの具体的形態を決定しなければならない。最高裁は，次いで，私たちの憲法は，憲法47条等により，この決定，すなわち「選挙制度の仕組みの具体的決定を原則として国会の広い裁量にゆだねている」と述べる。そして，国会が，その裁量により「新たな選挙制度の仕組みを採用した場合には，その具体的に定めたところが，……国会の右のような広い裁量権を考慮してもなおその限界を超えており，これを是認することができない場合に，初めてこれが憲法に違反することになる」と述べ，選挙制度の審査においては，裁判所は国会の決定に敬譲を払うかたちでの緩やかな審査基準をとることを明らかにするのである（最大判平成11・11・10民集53巻8号1704頁）。このような敬譲的審査は，選挙への参加そのものが問題とされた前記諸事案における厳格な審査とまったく異なるといえよう。

たとえば，小選挙区制が，死票率が高く，国民代表原理に反するなどとしてその合憲性が争われた事案では，上述の制度言説を展開した後に，「小選挙区制の下においては死票を多く生む可能性があることは否定し難いが，死票はいかなる制度でも生ずる」うえ，「各選挙区における最高得票者をもって当選人とすることが選挙人の総意を示したものではないとはいえない」などと述べ，小選挙区制を採用することが国会の上記裁量の限界を超えているとは考えられないと結論づけている（上掲・最大判平成11・11・10）。

▶ 最高裁は，重複立候補制についても，制度言説を前提に敬譲的な審査を行い，その合憲性を結論づけている。すなわち，重複立候補制では，小選挙区選挙での落選者が，名簿順位次第で比例代表選挙で当選できることとなり，「小選挙区選挙において示された民意」との関係で問題が生じうるとしながら，「選挙制度の仕組みを具体的に決定することは国会の広い裁量にゆだねられているところ，同時に行われる二つの選挙に同一の候補者が重複して立候補することを認めるか否かは，右の仕組みの一つとして，国会が裁量により決定することができる事項である」と述べている（最大判平成 11・11・10 民集 53 巻 8 号 1577 頁）。また，公選法上，重複立候補を特定政党の所属者にのみ認めていることが，その所属者でない者の立候補の自由（後述）を不当に制限し違憲ではないかとの論点についても，「政党の果たしている国政上の重要な役割」にかんがみ，選挙制度を政策本位・政党本位とすることはもとより国会の裁量の範囲に属するため，こうした観点に立脚する比例代表選挙と小選挙区選挙に重複立候補できる者を特定政党所属者に限定することも相応に合理的であり，「国会の裁量権の限界を超えるものとは解されない」と結論づけている（上掲・最大判平成 11・11・10）。

3 投票価値の平等

基本的な考え方

1 人 1 票の原則（one person, one vote）は，憲法 44 条等から導かれる確固たる憲法原則（平等選挙の原則）である。ある者に 1 票も与えないとか，逆にある者に 2 票を与えるというのは，選挙に参加する「資格」それ自体の平等性にかかわるため，先述したような立法裁量（制度形成）の問題として考えることはできない。選挙権の制限として審査するにせよ，平等原則の厳格な適用により審査するにせよ，現行憲法下で許されるものではないであろう。

問題となるのは，投票価値の平等である。選挙区選挙のもとでは，選挙区をどのように区切り，各選挙区にいくつの議席を配分するかによって，ある選挙区の有権者と，別の選挙区の有権者とで，その投票価値に違いが出てくる。たとえば，議員 1 名を有権者 50 人が選ぶ農村地域の選挙区 A と，議員 1 名を有権者 300 人が選ぶ都市部の選挙区 B とを比較すると，A の有権者がもつ 1 票の価値は，B の有権者がもつそれよりも 6 倍重いということになる。B の有権者 1 人が議員の当選に与える影響力は相対的に軽く，全国単位でみると，B のような人口の多い都市部有権者の声が国政に薄くしか反映されないという問題も出てくる。こうしたことから，「資格」の平等（1人1票の原則）を超えて，投票価値の平等まで憲法が保障しているかが問題となる。

最高裁は，中選挙区制における投票価値の不平等を問題とした昭和51年判決（最大判昭和51・4・14民集30巻3号223頁）以降，憲法は投票価値の平等を要求していると明言している。しかしながら，最高裁は，投票価値の平等は，資格の平等とは異なり，選挙制度を決定する立法裁量を外から枠づけるものではないと考えている。つまり，投票価値の平等は，国会が選挙制度を決定する際に考慮しなければならない「唯一絶対の基準」ではなく，憲法47条に基づく裁量権を行使する際に考慮しなければならないひとつの要素にとどまるとしたのである。かくして，最高裁の考え方からは，投票価値の完全な実現（1対1）は憲法上要求されない，ということになる。

もちろん，投票価値の平等は憲法上の要請であるから，国会は選挙区割り・定数配分を行う際に，行政区画，地域の面積，人口密度，住民構成，交通事情，地理的状況等の諸要素を考慮できるとしても，「議員1人当たりの選挙人数又は人口ができる限り平等に保たれることを最も重要かつ基本的な基準」としなければならない（最大判平成11・11・10民集53巻8号1441頁）。いいかえれば，種々の考慮要素のなかで，投票価値の平等に最もウエイトをおいて区割り等を行わなければならないのである。したがって，国会がこうした重みづけを怠れば，それは憲法47条等が国会に与えた裁量権の行使として合理性を欠くものと考えられよう。

このように，司法審査のポイントは，国会が投票価値に重きをおいて行動したかどうかにあるが，実際に生じた「較差」がその客観的な目安になることがある。最高裁は，中選挙区制の時代には，最大格差が1対3を超えるかどうかを，国会の裁量権行使の合理性を判断する際の目安としていた。都道府県を単位とした参議院の選挙区選挙については，参議院の都道府県代表的な機能など，参議院の第二院としての独自性から，投票価値の平等の要求は「一定の譲歩，後退を免れない」とされ，衆議院選挙の場合よりも大きな較差が許容されてきた（最大判昭和58・4・27民集37巻3号345頁）。しかし，近年では，「参議院についても，二院制に係る……憲法の趣旨との調和の下に，更に適切に民意が反映されるよう投票価値の平等の要請について十分に配慮することが求められ」，

「参議院議員の選挙であること自体から，直ちに投票価値の平等の要請が後退してよいと解すべき理由は見いだし難い」と指摘され，1対5を超える場合には，著しい不平等状態にあると判断される傾向にある（最大判平成24・10・17民集66巻10号3357頁）。

1人別枠方式

衆議院の小選挙区制については，「較差」というよりも，**1人別枠方式**の採用そのものがポイントとされうる。1人別枠方式とは，まず各都道府県に，人口の多寡にかかわらず1議席を配分し，その後に人口比例に基づき残りの議席を配分していくという方式で，1票の重みの較差を生じさせる根本原因になっていると指摘されるものである。国会は，平成6（1994）年の衆議院議員選挙区画定審議会設置法において，この方式を採用するとしつつも（3条2項），選挙区間の人口の最大較差が2倍未満になるように区割りをすることを基本とすべきものと宣言し（3条1項），投票価値の平等に配慮した考え方を示した。2倍未満を「基本」とみる限り，必然的にこれを超える較差を生み出す1人別枠方式の「目的」が問題になりうる。

当初は，「相対的に人口の少ない県に定数を多めに配分し，人口の少ない県に居住する国民の意思をも十分に国政に反映させることができるようにすること」，すなわち過疎地対策と説明されたが，それは本来，全国民を代表する議員によって法律制定などを通じて配慮されるべき事柄であり，その意義は，いわゆる激変緩和にあるとも考えられる。「新しい選挙制度を導入するに当たり，直ちに人口比例のみに基づいて各都道府県への定数の配分を行った場合には，人口の少ない県における定数が急激かつ大幅に削減されることになるため，国政における安定性，連続性の確保を図る必要がある」からである。このように，1人別枠方式を激変緩和のための過渡的措置と考えると，最大較差を「2倍未満」におさえるべきとの基本決定とたしかに矛盾しなくなる。しかし，もしそれが過渡的な措置ならば，「新しい選挙制度が定着し，安定した運用がされるようになった段階においては，その合理性は失われる」ことになる（最大判平成23・3・23民集65巻2号755頁）。その後，最高裁は，選挙区割りを国勢調査等に基づき人口比で議員定数を割り振る方式（アダムズ方式）によって行うことで，「1人別枠方式の下における定数配分の影響を完全に解消させる立法措置が講じられていた」ことに着目して，平成29（2017）年10月の衆議院小選挙区選挙の区割りを合憲と判断した（最大判平成30・12・19民集72巻6号1240頁）。

▶ 最高裁は，1人別枠方式は，本件選挙制度導入後の最初の総選挙が実施されてからすでに10年以上を経過している平成21年8月の選挙時点では，既にその合理性を失っており，また，かかる方式によって，実際に選挙人数の最大格差は2.304倍に達するなど，その不合理性は投票価値の較差としても現れていたとし，遅くとも平成21年の前記選挙時においては憲法の投票価値の平等の要求に反する状態に至っていたと述べている（前掲・最大判平成23・3・23）。ここでは，1人別枠方式が，国会自身が行った基本決定に沿って投票価値の平等を実現していくための過渡的な措置であったのにもかかわらず，国会が10年以上もこれを維持し，現状に居座っていたことが，適正さを欠いた裁量権行使としてとらえられたように思われる。

合理的期間

ところで，最高裁は，区割り等が投票価値の平等の要求に反する状態（いわゆる**違憲状態**）に至っていると判断される場合でも，そこからただちに「違憲」との結論を導かない（違憲状態≠違憲）。「人口の異動は不断に生じ，したがって選挙区における人口数と議員定数との比率も絶えず変動するのに対し，選挙区割と議員定数の配分を頻繁に変更することは，必ずしも実際的ではなく，また，相当でもないことを考えると，右事情によって具体的な比率の偏差が選挙権の平等の要求に反する程度となったとしても，これによって直ちに当該議員定数配分規定を憲法違反とすべきものではなく，人口の変動の状態をも考慮して合理的期間内における是正が憲法上要求されていると考えられるのにそれが行われない場合に始めて憲法違反と断ぜられるべきものと解するのが，相当である」（**合理的期間論**）というのである（最大判昭和51・4・14民集30巻3号223頁）。

▶ この「合理的期間内における是正がされなかったといえるか否かを判断するに当たっては，単に期間の長短のみならず，是正のために採るべき措置の内容，そのために検討を要する事項，実際に必要となる手続や作業等の諸般の事情を総合考慮して，国会における是正の実現に向けた取組が司法の判断の趣旨を踏まえた立法裁量権の行使として相当なものであったといえるか否かという観点から評価すべきもの」とされる（最大判平成25・11・20民集67巻8号1503頁）。

▶ 合理的期間を過ぎて「違憲」であると判断されても，選挙訴訟の目的である「選挙無効」との結論が出るわけでもない。違憲判断により選挙を無効としても，「憲法に適合する状態が直ちにもたらされるわけではなく，かえって，右選挙により選出された議員がすべて当初から議員としての資格を有しなかつたこととなる結果，すでに右議員によって組織された衆議院の議決を経たうえで成立した法律等の効力にも問題が生じ，また，今後における衆議院の活動が不可能となり，前記規定［違憲の区割り等］を憲法に適合するように改正することさえもできなくなるという明らかに憲法の所期しない結果を生ずる」からである（前掲・最大判昭和51・4・14）。このため，当該選挙が違法である旨を主文で宣言するものの，選挙自体はこれを無効とせず，無効請求については棄却するという処理方法がとられている（行政事件訴訟法31条1項が定める「**事情判決**」の手法を用いたものとされる）。

近年は，違憲とされても無効とされないことが，国会による投票価値の平等の軽視につながっているとの批判から，違憲とされた区割り等に基づいて行われた選挙を，将来のある時点から無効にするという将来効的無効判決を導入すべきとする考えも有力に主張されている（最大判昭和60・7・17民集39巻5号1100頁少数意見）。

4 被選挙権

被選挙権とは，有権者団によって選挙されたときに，これを受諾して公務員になる資格のことをいうが，議員等として選出され，政治にかかわることは「参政」の一形態とも解されるため，現在では，参政権のひとつとしてその権利性を認める見解が一般的である。最高裁も，「被選挙権を有し，選挙に立候補しようとする者がその立候補について不当に制約を受けるようなことがあれば，そのことは，ひいては，選挙人の自由な意思の表明を阻害することとなり，自由かつ公正な選挙の本旨に反することとならざるを得ない」とし，「この意味において，立候補の自由は，選挙権の自由な行使と表裏の関係にあり，自由かつ公正な選挙を維持するうえで，きわめて重要である」と述べたうえ，「憲法15条1項には，被選挙権者，特にその立候補の自由について，直接には規定していないが，これもまた，同条同項の保障する重要な基本的人権の一つと解すべきである」と解している（三井美唄労組事件・最大判昭43・12・4刑集22巻13号1425頁）。

このような被選挙権を制限するものとして，立候補者に高額の供託金を求める**供託金制度**（選挙で法定得票数に達しない場合には供託金は没収される。公選法92

〜94条。たとえば，衆議院小選挙区選挙に立候補する場合には300万円の供託が必要とされる）や，選挙運動において重要な役割を果たした者（総括主宰者や出納責任者）や候補者と密接な関係にある者が選挙違反を行った場合に，候補者であった者の当選を無効とし，立候補を数年間禁止する**連座制**（同法251条の2・252条の3）などがある。最高裁は，後者について，「民主主義の根幹をなす公職選挙の公明，適正を厳粛に保持するという極めて重要な法益」を実現するために必要かつ合理的な規制であるとして合憲と判断している（最判平成9・3・13民集51巻3号1453頁）。

3 請願権

⇒219頁
1で挙げた④の態様での「参政」にかかわるものとして，私たちの憲法は，国または地方公共団体の機関に対して国務に関する希望や苦情を述べることのできる権利，すなわち請願権を保障している。これにより，国家機関等は，請願を妨げたり，請願したことによって不利益を課すことを禁じられるだけでなく，請願を受理し，これを誠実に処理する義務を負うとされる（請願法5条）。ただし，国家機関等は，請願内容を実現する義務まで負うものではなく，この⇒219頁点では1②のかかわり方とは大きく異なる。日本国憲法では，請願権以外の「参政」のツールも保障されており（④として，政治活動の自由），その意義が薄れたという理解もあるが，憲法が明示的に保障する権利ないし参政権のひとつである以上は，その独自の意義を見出すべきとする見解も有力である。

CHECK

① 憲法は参政権としてどのような権利を保障しているか。
② 裁判所が，選挙制度の合憲性を審査する際に，一般に立法裁量を前提とした緩やかな審査を行うのはなぜか。
③ 1人1票の原則と投票価値の平等の違いを説明せよ。

読書案内　Bookguide

辻村みよ子『「権利」としての選挙権――選挙権の本質と日本の選挙問題』（勁草

書房，1989）
加藤一彦「選挙権論における『二元説』の意義」現代法学8号（2005）115頁
只野雅人「参政権と議会制民主主義」辻村みよ子ほか編『憲法理論の再創造』（日本評論社，2011）
林田和博『選挙法』（有斐閣，1958）

CHAPTER

第7章

国務請求権

国家に対して公権力の行使によって生じた損害の賠償を求めたり（国家賠償請求権：憲法17条），冤罪の補償を求めたり（刑事補償請求権：40条），裁判サービスを求めたり（裁判を受ける権利：32条）など，「国家による行為を請求する」という性質をもつ権利は，国務請求権と呼ばれている（受益権ともいわれる）。

日本国憲法では，請願権（16条）も国務請求権に分類されるが，本書では政治に参加するという側面に着目して，第**6**章で扱っている。

1 国家賠償請求権

明治憲法下では，公権力の行使によって生じた損害に対して，賠償を求めることができなかった（**国家無答責**）。憲法17条はこれを否定し，「何人も，公務員の不法行為により，損害を受けたときは，法律の定めるところにより，国又は公共団体に，その賠償を求めることができる」とする。国家賠償請求権を具体化するため国家賠償法（国賠法）が制定されている。不法行為に関する一般法は民法（709条以下）であり，国賠法はその特別法である。また国または公共団体の損害賠償責任は個別の法律においても規定が設けられている。

1 「法律の定めるところにより」の意味

郵便法違憲判決（最大判平成14・9・11民集56巻7号1439頁）では，書留郵便物と特別送達郵便物につき国の損害賠償責任を免除または制限している郵便法の部分の合憲性が論点となった。最高裁は国や公共団体が公務員の行為による不法行為責任を負うことを**原則**としたうえ，17条は「立法府に無制限の裁量権を付与するといった法律に対する白紙委任を認めているものではない」ことを明らかにした。そして総合衡量の結果として上記部分は違憲と判断された。

2 憲法訴訟の受け皿として

国家賠償請求訴訟は，憲法訴訟の受け皿たる訴訟形式としても，よく用いられる。国賠法1条の「違法」性の前提として「違憲」性を争いうるためである。

さらに国賠法1条の「公権力」のなかに立法権も含まれると解されており，例外的な場合ではあれ，国賠法が立法行為に適用されることが認められている（在宅投票制度廃止違憲訴訟・最判昭和60・11・21民集39巻7号1512頁，在外邦人選挙権事件・最大判平成17・9・14民集59巻7号2087頁，再婚禁止期間違憲訴訟・最大判平成27・12・16民集69巻8号2427頁，在外邦人国民審査権訴訟・最大判令和4・5・25民集76巻4号711頁）。立法行為違憲国賠訴訟は，判例において開拓されてきた手法であり，立法内容の違憲を直接に扱う場合には，違憲確認訴訟（実定法上は存在しない→憲法Ⅱ第2編第**3**章3**5**〔⇒197頁〕）に類似した機能を果たすことにもなる。

判例法理によると，立法行為または立法不作為が国賠法上違法となるかは，「国会議員の立法過程における行動が個々の国民に対して負う職務上の法的義務に違反したかどうかの問題であり，立法の内容の違憲性の問題とは区別される」（最大判令和4・5・25民集76巻4号711頁など）のであり，違憲がただちに国賠法1条1項の適用上の違法となるものではなく，違憲性とは別に，違法と評価される場合の要件がある。

要件について，在外邦人国民審査権訴訟は，次のように整理した。

「法律の規定が憲法上保障され又は保護されている権利利益を合理的な理由なく制約するものとして憲法の規定に違反するものであることが明白であるにもかかわらず，国会が正当な理由なく長期にわたってその改廃等の立法措置を怠る場合などにおいては，国会議員の立法過程における行動が上記職務上の法的義務に違反したものとして，例外的に，その立法不作為は，〔国賠法1条1項〕の適用上違法の評価を受けることがあるというべきである。そして，国民に憲法上保障されている権利行使の機会を確保するための立法措置をとることが必要不可欠であり，それが明白であるにもかかわらず，国会が正当な理由なく長期にわたってこれを怠るときは，上記の例外的な場合に当たるものと解するのが相当である」。

 刑事補償請求権

憲法40条は，国家の犯す最大の不法といえる**冤罪**への救済を定め，「国家の恩恵」ではなく個人の権利として，補償を求めることを保障している。具体化する法律が，1950年に制定された**刑事補償法**（刑補法）である。

刑補法は，「未決の抑留又は拘禁」（刑補1条1項）および「刑の執行又は拘置」（同条2項）について，「無罪の裁判を受けた者」が，国に対して補償を請求できるとしている。免訴または公訴棄却の場合も，それがなかったならば「無罪の裁判を受けるべきものと認められる充分な事由があるとき」に補償を請求できる（25条）。

実質的な無罪判断を得る方途として――横浜事件

刑事補償請求は，実体的な無罪判断を裁判所から得る手段として機能することもある。先の大戦中に起こった最大の言論弾圧ともいわれる横浜事件がその例として挙げられる。

▶ 横浜事件は，終戦直前までの間に約60名の者が治安維持法違反の嫌疑により検挙され，神奈川県警察の取調べを受けるなどし，その一部の者が起訴されて有罪判決を受けたという一連の事件である。

横浜地決平成22・2・4判例集未登載は，特高警察が拷問を行ったこと等を認定し，再審公判において裁判所が実体判断をすることが可能であったならば，元被告人らは無罪の裁判を受けたであろうことは明らかであり，刑補法25条1項の「無罪の裁判を受けるべきものと認められる充分な事由」があったものということができると判示した。つまり実質的な無罪判断が示されたのである。

▶ 袴田事件再審無罪　2024年9月26日，静岡地裁は再審公判において，袴田巖さんに無罪判決を言い渡した（確定〔10月9日〕）。事件発生から実に58年も経てのことである。再審は，死刑制度を有する日本で，無罪の者を救ううえ，最後の砦となる制度であるが，裁判所の広い裁量の統制方法も含め，問題点も数多く指摘されている。本件は，再審法制（刑事訴訟法第4編）見直しの議論に大きな影響を与えている。

3 裁判を受ける権利

意　味

憲法32条は「何人も，裁判所において裁判を受ける権利を奪はれない」と謳っている。条文の位置からすると，本条は「刑事裁判を受ける権利」を保障した規定と読めるかもしれない。しかし，「民事裁判を受ける権利」について明文で定めた条文が日本国憲法にはないので，32条によって民事・刑事・行政事件も含めて「裁判を受ける権利」が保障されていると，一般に解されている。

憲法32条の保障する裁判を受ける権利は，民事・行政事件について裁判所に訴えを提起する権利（裁判の拒絶の禁止）を，そして刑事事件において裁判所の裁判によらなければ刑罰を科せられないことを意味する。32条にいう「裁判」が，公開・対審の訴訟手続による裁判を指す点で，学説・判例は一致している。公開とは傍聴が自由であるということを意味し，対審とは訴訟当事者が裁判官の面前で主張をたたかわすことを意味する（**当事者主義**）。

裁判員制度の合憲性

2009（平成21）年5月21日に国民が刑事司法に参加する裁判員制度が始まった。裁判員制度では，裁判官と裁判員からなる合議体が，有罪・無罪の決定および量刑の判断を行う。裁判員制度の合憲性が争われた事件（最大判平成23・11・16刑集65巻8号1285頁）で最高裁は，「公平な『裁判所』における法と証拠に基づく適正な裁判が行われること（憲法31条，32条，37条1項）は制度的に十分保障されている上，裁判官は刑事裁判の基本的な担い手とされているものと認められ，憲法が定める刑事裁判の諸原則を確保する上での支障はないということができる」と判断した。また，被告人が裁判員制度による審理裁判を受けるか否かについての選択権が認められていないことも合憲とされている（最判平成24・1・13刑集66巻1号1頁）。

CHECK

① 判例は，国会議員の立法行為又は立法不作為の国家賠償法上の違法性をどう理解しているか。
② 憲法32条の保障する「裁判を受ける権利」の意味を説明せよ。

読書案内 Bookguide

笹田栄司『司法の変容と憲法』（有斐閣，2008）第3部
橋爪大三郎『裁判員の教科書』（ミネルヴァ書房，2009）

CHAPTER

第8章

人権保障の諸問題

本章では，これまでに学んできた個別人権にかかわる諸問題として，公務員や「在監者」の人権の問題や《だれが人権を享有しうるのか》という範囲の問題，そして《人権は誰に対しても主張しうるものか》といった人権の性質をめぐる問題を学ぶ。

1 特別な法律関係における人権

1 特別権力関係論

人権への制約理論として，もはや日本国憲法のもとでは妥当しないものの，知っておくべき過去の公法理論に，**特別権力関係論**がある。というのも，今日なお依然として，公務員や刑事収容施設被収容者をめぐる法制度の理解に，この理論の影響が残っているためである。

特別権力関係論とは，特別の法律上の原因によって一般の統治関係（一般権力関係）とは異なる特別な法律関係（特別権力関係）に入った場合に，それらの者の人権が広く制限されることを正当化する理論である。特別権力関係を支配する3つの原則をまとめると，①包括的支配権，②法治主義の排除，③司法審査の排除である。特別権力関係の典型は公務員関係であり，そのほか，国公立学校における在学関係や，そしていわゆる在監関係[1]などが対象であった。

▶ 命令権や懲戒権といった包括的な支配権を公権力がもつため，個々の法律の根拠を必要とせず，この関係での公権力の行使については裁判所の審査に服しないという考えである。

学説も，これらの法制度には他の一般人に適用される法とは違う「特殊性」が内包されていると理解してきている。とはいえ，公務員関係，在学関係，そして在監関係などはいずれも性質が異なることから，一律に論ずるべきではないと今日では考えられている。規律する実定法規に即しての個別具体的な考察が重要である。ここでは公務員関係と在監関係を扱う。

2 公務員

公務員をめぐる現行の法制度では広汎に人権が制約されており，その合憲性が，これまで議論の対象となってきた。なかでも問題とされてきたのが，**労働**

notes

① 在監関係とは，刑務所や拘置所に収容されている者と国家との関係を指す。今日では，「監獄」は存在せず，「刑事収容施設」とされているため，在監関係というのは正確ではない。しかし一般に通用しているため，本書ではこの用語を使っている。

基本権の制限と政治的行為の自由の制限である。

私企業労働者の労働条件が，労働者と一企業間の交渉によって決定されるのとは異なり，公務員の勤務条件は，基本的に「政治」の場（立法府）で決定されるため，その条件の改善を求める労働基本権の行使は，おのずと政治性を帯びる。公務員の労働基本権（争議権）行使が制限されるときに，公務員に残されるのは，公務員の政治的行為（憲法21条）となる。しかし公務員については，それも制限されている。

そうなると公務員は，勤務条件の改善をどのように訴えていけばよいのだろうか。人事院制度がその救いとなるのだろうか。公務員は，国民全体の「奉仕者」ではあれ，国民全体の「下僕」ではない。このような観点から，公務員の労働基本権の制限や政治活動の制限をセットで考えてみてほしい。

▶ 公務員の「地位」に着目した一般的な議論は，公務員ごとの職務の違いを捨象した包括的な制約を許容することにつながるため，学説からの批判が強い。ただ，市場経済のなかで，契約というかたちで結ばれる「使用者—労働者」の関係（使用者に対する労働者の従属的関係）と，「国民全体—公務員」との関係が完全に同一であるとまではいえまい。

公務員の労働基本権

労働者の経済的地位の向上という労働基本権の基本的な目的を踏まえると，公務員は，「勤労者として，自己の労務を提供することにより生活の資を得ているものである点において一般の勤労者と異なるところはないから，憲法28条の労働基本権の保障は公務員に対しても及ぶ」と考えられる（最大判昭和48・4・25刑集27巻4号547頁〔全農林警職法事件〕）。

しかし，公務の停廃は国民生活全体の利益を害し，重大な支障をもたらすおそれもあるから（**職務の公共性**），公務員の労働基本権は，私企業の労働者の労働基本権とは別の考慮が必要であり，特別な制約が認められるとも考えられる。判例は，このような職務の公共性論に加えて，憲法15条を引きつつ，公務員の使用者が国民全体であること，公務員は労務提供義務を国民全体に対して負っていることを，公務員の労働基本権に特別の制約を認める論拠としている（**公務員の地位の特殊性論**）。

CHART 公務員の労働基本権

主　体	団結権	団体交渉権	争議権	備考（根拠条文を含む）
民間労働者	○	○	○	ただし公益事業の従事者は一定の制限を受ける。労調法 37 条・38 条。
警察職員・消防職員 自衛隊員・海上保安庁職員・刑事施設職員	×	×	×	国公法 108 条の 2 第 5 項，地方公務員法 52 条 5 項，自衛隊法 64 条 1 項等参照。
非現業公務員[2]	○	△	×	労働条件の交渉はできるが，労働協約締結権は認められない。国公法 108 条の 5 第 1 ～ 3 項，同法 98 条 2 項，地方公務員法 55 条 1 ～ 3 項，同法 37 条 1 項等参照。
行政執行法人職員・現業の地方公務員	○	○	×	行政執行法人労働関係法 17 条 1 項，地方公営企業等労働関係法 11 条 1 項参照。

特別の制約に服するとはいっても，労働基本権は労働者の人間的な生存を維持するうえで重要な権利といえるから，その制約は必要やむをえない限度のものに限定されるべきである。そこで公務員の労働基本権に対して，具体的にどこまで制約が許されるかが憲法上問題となりうる。

敗戦に伴う占領軍の民主化政策の一環として，1946（昭和 21）年 3 月に施行された旧労働組合法は，公務員にも私企業の労働者と同様の労働基本権を保障していたが，東西冷戦，さらには公務員による労働組合運動の激化を背景とした占領政策の転換――組合運動の「奨励」から「抑圧」へ――を受けて，1948（昭和 23）年 7 月の政令 201 号は，公務員の労働基本権を厳しく制限する方向性を打ち出した。現在の法制度も，基本的にはこうした流れを引き継ぎ，公務員の労働基本権は，**CHART** のような制約が課されている（争議権については職種を問わず，禁止されている）。

政治的行為の自由の制限

公務員の**政治的行為の自由の制限**について，なかでも国家公務員は，国家公務員法 102 条，人事院規則 14－7（次頁）によって，広汎な政治活動が一律に全面的に禁止されており，さらに禁止の違反は行政組織内部的な制裁である懲

notes

② 工場などの現場の業務を「現業」といい，管理事務にかかわる業務を「非現業」という。なお，教員は非現業公務員に分類される。

戒権の対象となるのみならず，国家刑罰権の対象ともされている。ちなみに地方公務員は，国家公務員よりは人権制約の範囲・程度ともに緩やかであり，刑事制裁も科されない。

> 国公法 102 条 1 項　職員は，政党又は政治的目的のために，寄附金その他の利益を求め，若しくは受領し，又は何らの方法を以てするを問わず，これらの行為に関与し，あるいは選挙権の行使を除く外，人事院規則で定める政治的行為をしてはならない。

▶ この規定に基づく人事院規則 14－7 第 6 項は，1 号から 17 号に掲げられた極めて広範に及ぶ「政治的行為」を行うことを禁じている。後出の事件で罪に問われた「政治的行為」類型について挙げると次のとおりである。

7　政党その他の政治的団体の機関紙たる新聞その他の刊行物を発行し，編集し，配布し又はこれらの行為を援助すること。

13　政治的目的を有する署名又は無署名の文書，図画，音盤又は形象を発行し，回覧に供し，掲示し若しくは配布し又は多数の人に対して朗読し若しくは聴取させ，あるいはこれらの用に供するために著作し又は編集すること。

判例の流れ

労働基本権と政治的行為をめぐる判例の流れは，大きく 3 つの時期に分けられる。

第 1 期　初期の判例は，労働基本権も「公共の福祉」による制約を受けるとか，公務員は「全体の奉仕者」（憲法 15 条）であって全力を挙げて職務に専念しなければならない存在であるといった抽象的な論拠により，公務員の労働基本権には特別の制約が課されることを認め，公務員の争議権に対する一律全面的な禁止や政治的行為の自由の制限を合憲とした（最大判昭和 28・4・8 刑集 7 巻 4 号 775 頁〔政令 201 号事件上告審〕，最大判昭和 33・3・12 刑集 12 巻 3 号 501 頁等）。

第 2 期　1966（昭和 41）年の全逓東京中郵事件判決[3]（最大判昭和 41・10・26

notes

③　全逓信労働組合の役員 8 名が，東京中央郵便局の従業員を勤務時間に食い込む職場集会に参加するよう説得し，職場離脱させたとして，郵便物不取扱いの罪およびその教唆罪で起訴された事件。なお，昭和 40 年代以降の第 2 期の諸判決が，日本の本格的な憲法訴訟の実質的なはじまりであるとされている。

刑集20巻8号901頁）に始まる第2期の判例は，公務員の労働基本権をできる限り尊重しようとの立場から，争議権制約立法を限定的に解釈して，暴力的でなく，国民生活に重大な障害をもたらさない争議行為は処罰しないことなどを示した。

またこの時期には，公務員の政治的自由について，もたらされる弊害が軽微なものであることに注目して被告人の所為に法律が適用される限度で違憲とした猿払事件第一審判決（旭川地判昭和43・3・25下刑集10巻3号293頁）が出されている④。

全逓東京中郵事件判決は，労働基本権は「国民生活全体の利益の保障という見地からの制約を当然の内在的制約として内包している」としながらも，「具体的にどのような制約が合憲とされるかについては，諸般の条件，ことに……〔以下〕の諸点を考慮に入れ，慎重に決定する必要がある」と述べた。

①「労働基本権が勤労者の生存権に直結し，それを保障するための重要な手段である点を考慮すれば，その制限は，合理性の認められる必要最小限度のものにとどめなければならない」。②「労働基本権の制限は，勤労者の提供する職務または業務の性質が公共性の強いものであり，したがつてその職務または業務の停廃が国民生活全体の利益を害し，国民生活に重大な障害をもたらすおそれのあるものについて，これを避けるために必要やむを得ない場合について考慮されるべきである」。③「とくに，勤労者の争議行為等に対して刑事制裁を科することは，必要やむを得ない場合に限られるべきであ〔る〕」。④「職務または業務の性質上からして，労働基本権を制限することがやむを得ない場合には，これに見合う代償措置が講ぜられなければならない」。

そして，公務員の行う争議行為に刑事制裁を科すことが憲法上許されるのは，それが「政治的目的のために行なわれたような場合であるとか，暴力を伴う場合であるとか，社会の通念に照らして不当に長期に及ぶときのように国民生活

notes

④ 公務員の政治的活動の自由へは必要最小限度の制約のみが許されるとし，「本件被告人の所為に，国公法110条1項19号が適用される限度において，同号が憲法21条および31条に違反するもの」という判断を下した。なおこのような違憲判断の手法は，国公法110条1項19号を一般的に違憲としたものではなく，「適用違憲」と呼ばれている。

に重大な障害をもたらす場合」に限られるとした。

本件では，郵便局の従業員38名が「争議行為」として郵便物の取扱いをしなかったことが，郵便物不取扱い罪により処罰されうるかが主な争点となったが，差戻審（東京高判昭和42・9・6判時509号70頁）は，上述のような場合にいずれも該当しないとして，同罪の成立を否定している。

また都教組事件判決[5]（最大判昭和44・4・2刑集23巻5号305頁）は，争議行為を禁止し，そのあおり行為等を処罰対象とする地方公務員法の規定を，「労働基本権尊重の憲法の精神」を踏まえて「極力限定」して解釈すべきであるとし，同規定によって処罰されるのは，争議行為・あおり行為ともに違法性の強いものに限られるとした（「**二重のしぼり論**」と呼ばれる）。この解釈によれば，異常性がなく，争議行為に通常随伴するものと認められる「あおり行為」は，処罰の対象とならないことになる。実際に本判決は本件被告人の行為を無罪とした。

第3期　こうした第2期の判例は，政権与党から「偏向判決だ」などとの批判を強く浴びた。そして最高裁は，**公務員の地位の特殊性**および**職務の公共性**を強調し，一般的・抽象的に，公務員の争議行為の一律禁止の合憲を導き出した1973（昭和48）年の全農林警職法事件判決（最大判昭和48・4・25刑集27巻4号547頁）以降，再び公務員の労働基本権に厳しい態度を示すことになった。

全農林警職法事件

全農林警職法事件判決は，4年前に下された最高裁判決（全司法仙台事件〔最大判昭和44・4・2刑集23巻5号685頁〕）を，「本判決において判示したところに抵触する限度で，変更を免れないものである」と明示的に判例変更した。

全農林警職法事件判決は，農林省職員で組織された全農林組合幹部による警職法改正反対運動[6]の「あおり行為」が問題とされた事件で，次の4つの理由

notes

⑤　都教組の役員が，導入が検討されていた勤務評定制度に反対するため，組合員に一斉に年次有給休暇を取得させ，集会に参加させた行為が，地方公務員法が禁止する「あおり行為」にあたるとして起訴された事件。

を示し，争議行為の一律かつ全面的な禁止を，「国民全体の共同利益の見地からするやむをえない制約」であり合憲とした。

第1に，公務員の使用者は国民全体であるという公務員の地位の特殊性である。そして第2の理由は勤務条件は国会の法律と予算で決定されるのであり，政府に対する争議行為は的はずれである（憲法41条・83条等）という議会制民主主義に求められた。

政府に対して争議行為が行なわれるならば，「民主的に行なわれるべき公務員の勤務条件決定の手続過程を歪曲することともなつて，憲法の基本原則である議会制民主主義……に背馳(はいち)し，国会の議決権を侵す虞(おそ)れすらなしとしない」，とさえいうが，公務員の勤務条件が基本的に法律によって決定されるとしても，公務員が争議行為等を通じて，本来の「使用者」である国民にアピールして，国会による勤務条件の改正を促すことは，財政民主主義や議会制民主主義に背馳するとまではいえないのではないか。

そして第3の理由として判決は公務員にはロックアウトや市場の抑制力がきかないことを挙げる。しかし，先に挙げた第2の理由の裏面として，あまりに強力な公務員の争議行為に対しては，国民からの民主的な圧力（それによる立法府での対抗措置）がその抑止力になることもあるといえよう。

最後に本判決の第4の理由としては，人事院等の代償措置があることが示されている。公務員の勤務条件が劣悪な場合に，人事院が国会等に是正の勧告を行うものとされているところがポイントとされた。実際には，国会等が人事院の勧告を凍結ないし軽視することもあり，この制度が公務員みずからの争議行為の制約を穴埋めするに足りる代償措置であるか，議論の余地がある。

また本判決は，「あおり行為」についても，とくに限定を付すことなく処罰の対象とした。「あおり行為」を処罰の対象とした点について，第2期に示された「二重のしぼり」論を，「不明確な限定解釈」であり，「かえつて犯罪構成要件の保障的機能を失わせることとなり，その明確性を要請する憲法31条に違反する疑いすら存する」と述べている。

notes

⑥ その意味では，本件は「政治スト」の範疇に属する。したがって，第2期の法理からしても，その「あおり行為」は処罰対象となりうるものであった。

猿払事件と猿払基準

上にみた全農林警職法事件と，その翌年に出された公務員の政治活動の自由の制限をめぐる猿払事件上告審判決（最大判昭和49・11・6刑集28巻9号393頁）は，いずれも一般的・抽象的な見地から判断が下されており，その点において思考の方法が似ている。

猿払判決は「公務員に対し，その職種や職務権限を区別することなく，また行為の態様や意図を問題とすることなく，特定の政党を支持する政治的目的を有する文書を掲示し又は配布する行為を，一律に違法と評価して，禁止していることの合理性」を検討の対象とした。そして「およそ政治的行為は，行動としての面をもつほかに，政治的意見の表明としての面をも有するものであるから，その限りにおいて，憲法21条による保障を受ける」という。「そのような行為が国民一般に対して禁止されるのであれば，憲法違反の問題が生ずることはいうまでもない」が，公務員への「政治的行為の禁止は……公務員のみに対して向けられている」。政治的行為の禁止は「それが合理的で必要やむをえない限度にとどまるものである限り，憲法の許容するところである」として，公務員の政治的行為の禁止であることを強調した。

そして，合憲性の判断を①禁止の目的の正当性，②この目的と禁止される政治的行為との合理的関連性，③政治的行為を禁止することにより得られる利益と禁止することにより失われる利益との均衡という3点から検討した。この3点についての判断手法は，「**猿払基準**」，「**合理的関連性の基準**」などと呼ばれてきている。

具体的にみると①と②について，「もし公務員の政治的行為のすべてが自由に放任されるときは，おのずから公務員の政治的中立性が損われ，ためにその職務の遂行ひいてはその属する行政機関の公務の運営に党派的偏向を招くおそれがあり，行政の中立的運営に対する国民の信頼が損われることを免れない」。

そこで，「このような弊害の発生を防止し，行政の中立的運営とこれに対する国民の信頼を確保するため，公務員の政治的中立性を損うおそれのある政治的行為を禁止することは，まさしく憲法の要請に応え，公務員を含む国民全体の共同利益を擁護するための措置にほかならない」とし，その目的は正当であり，政治的行為の禁止との間には合理的関連性があると判断した。

そして③の利益の均衡については，政治的行為の禁止により意見表明の自由も制約されるが，それは「単に行動の禁止に伴う限度での**間接的，付随的**な制約に過ぎず」，「得られる利益は，失われる利益に比してさらに重要」なので利益の均衡を失しないとした。

このように本判決は，特別権力関係論の影響を背景に，抽象的・観念的に，公務員の地位，職務内容等の別や，勤務時間の内外等にかかわらず，公務員に対する一律全面的な政治的行為の禁止を合憲としたものであるように読める。

猿払判決は，これまで憲法学界で特別の存在感を示してきていたが，その理由の一つは，「猿払基準」あるいは「合理的関連性の基準」は，一般に適用可能な《合憲性判断基準》とも受けとれるものであった点にある。この猿払基準の下で，同判決は著しく緩やかな審査をしたため，それは経済的自由の領域における「明白の原則」⇒141頁と実質的に異ならないとの批判が学説によってなされた。そのような緩やかな「基準」が公務員という領域を超えて，広く人権一般の合憲性判断基準として用いられることが警戒されたのである。その後，猿払基準が人権一般に適用される基準として大きく展開をすることはなかったが，公務員の人権制限ではない領域において，本判決を先例として挙げつつ，猿払基準を一般的な基準のように用いているようにも見える判決[7]が下されるなどしたことから，猿払判決に再び関心が寄せられていた。

国公法違反事件

そのようななか，猿払事件から37年ぶりに，公務員が政党機関紙を配布したことが政治的行為禁止違反に問われた（堀越事件，世田谷事件）。

これら2つの事件の控訴審判決のうち，片方は猿払事件の論理をさらにおし進めて，公務員の政治的行為の一律全面的な禁止は「予防的な制度的措置」であると説明して合憲・有罪と判断した一方で（世田谷事件・東京高判平成22・5・13刑集66巻12号1964頁），もう片方は，本件罰則規定自体は違憲ではないものの，被告人の地位や配布形態[8]に着目するに，法益を侵害すべき危険性がない

notes

⑦ 広島市暴走族追放条例事件・最判平成19・9・18刑集61巻6号601頁等。

として，本件行為に同罰則規定が適用されることを違憲・無罪とし（堀越事件・東京高判平成22・3・29刑集66巻12号1687頁），判断が分かれた。そこで最高裁がどう判断するかが注目された。

最高裁（平成24・12・7刑集66巻12号1337頁）は，被告人が「管理職的地位」にはなかった堀越事件について，無罪判決を維持した。しかしそれは明示的な先例変更の結果ではなく，猿払事件と本件は「事案を異にする」ことが強調された。

最高裁は，憲法15条2項により公務が国民全体の利益のために行われることが要請されており，「公務は政治的に中立に運営されるべき」とする。「行政の中立的運営が確保されるためには，公務員が，政治的に公正かつ中立的な立場に立って職務の遂行に当たることが必要となる」。そこで，政治的行為の禁止を定める国公法102条1項は，「公務員の職務の遂行の政治的中立性を保持することによって行政の中立的運営を確保し，これに対する国民の信頼を維持することを目的とするものと解される」。

このように述べた直後に，「他方，国民は，憲法上，表現の自由（21条1項）としての政治活動の自由を保障されて［いる］」としており，公務員であると同時に市民的諸権利を享受する個人であることが重視された。いわく，「この精神的自由は立憲民主政の政治過程にとって不可欠の基本的人権であって，民主主義社会を基礎付ける重要な権利であることに鑑みると，上記の目的に基づく法令による公務員に対する政治的行為の禁止は，国民としての政治活動の自由に対する必要やむを得ない限度にその範囲が画されるべきものである」。

そのような観点から法令が解釈され，国公法102条1項の禁ずる「政治的行為」は，「公務員の職務の遂行の政治的中立性を損なうおそれが，観念的なものにとどまらず，現実的に起こり得るものとして実質的に認められるものを指［す］」とされた。そのうえで「当該公務員の地位，その職務の内容や権限等，当該公務員がした行為の性質，態様，目的，内容等の諸般の事情」が総合的に判断されている。以上の判断は，実質的にみれば猿払事件からの判例変更と評

notes

⑧ 「国家公務員という立場を離れ，職務と全く無関係に，休日に，私人としての立場で，かつ，他の国家公務員とも全く無関係に個人的に行われたもの」と認定されている。

価しうるものと思われる。

起立斉唱事件

公務員の特殊性をめぐる最後に，起立斉唱事件（→第1章Ⅱ3 ⇒76頁）に触れておく（最判平成23・5・30民集65巻4号1780頁，最判平成23・6・6民集65巻4号1855頁，最判平成23・6・14民集65巻4号2148頁）。これらの判決では，校長の職務命令が憲法19条に適合するとの判断が導かれるにあたって，起立斉唱行為を拒否した者が《公立学校の教職員》であった点が，判断の重要な要素となった。

多数意見は，「住民全体の奉仕者として法令等及び上司の職務上の命令に従って職務を遂行すべきこととされる地方公務員の地位の性質及びその職務の公共性（憲法15条2項，地方公務員法30条，32条）に鑑み」，「法令等及び職務上の命令に従わなければならない立場にある」ことに注目した。そして起立斉唱を命ずる職務命令は「学校教育の目標や卒業式等の儀式的行事の意義，在り方等を定めた関係法令等の諸規定の趣旨に沿い，かつ，地方公務員の地位の性質及びその職務の公共性を踏まえた上で，生徒等への配慮を含め，教育上の行事にふさわしい秩序の確保とともに当該式典の円滑な進行を図るものである」としたのであった。

たしかに，地方公務員の地位の性質や職務の公共性を考慮に入れることなく，完全に市民としての立場から人権を主張するのは難しいだろう。しかし，公務員の職務という観点で考える際には，教職員は教育にたずさわる専門家として，子どもにとって必要な教育的な配慮をもっともよくなしうる公務員であるという特質を重視すべきである。

なお市民として有する人権（自由）という点には，判例でも一定の考慮が払われている。起立斉唱命令違反を理由になされた懲戒処分の違法性が争われた最判平成24・1・16判時2147号127頁では，一律の処分量定方針が機械的に適用されることについての判断が示された。東京都教育委員会は命令違反を，「1回目は戒告処分とし，2回目以降からは加重処分を行うこととし，2回目は減給1か月，3回目で減給6か月，4回目以降は停職処分にする」との方針をとっていた。つまり，思想・良心に基づく理由で，「立てない・歌えない」という思いが強い教職員ほど，累積加重的に不利益を受けるしくみであったところ，事案特定的な判断ではあったが，最高裁は一定の場合について一定の懲戒処分を選択する権限を否定した。これは，明言こそされていないものの，「自由」に関する判断である。教育委員会が教職員に対して一律の処分量定による懲戒処分を行う法的権限がないとされることで，「立たない，歌わない自由」が回復したと理解することもできるからである。その自由は，思想および良心の自由とも，表現の自由とも，言い換えられるだろう。

3 刑事施設被収容者

さて，特別権力関係論の影響が極めて色濃く残っていた分野の例として最後に扱うのは，刑事施設被収容者（在監者）の人権の問題である。

少し前までは，監獄法という 1908（明治 41）年に制定された法律が適用されていた。しかしこれは，在監者の権利義務関係が明確にされておらず，職員の権限が法律上明確ではないなど，法治主義の観点から大きな問題を抱えるものであった[9]。事態が大きく動くきっかけとなったのは，2001 年・2002 年に起きた，名古屋刑務所の刑務官による受刑者への暴行死傷事件である。

2005 年と 2006 年に全面的な改正がなされ，「刑事収容施設及び被収容者等の処遇に関する法律」（刑事収容施設法）が制定されている。この法律により，旧監獄法時代に存在した問題の多くが解消された。

刑事施設被収容者は，収容拘禁の目的の違いから，①未決拘禁者（被逮捕者，被勾留者その他未決として拘禁されている者）と，②受刑者（確定後の身体刑執行〔懲役，禁固，拘留〕のため拘置されている者）と，③死刑確定者が区別される。

> ▶ 2022 年 6 月の刑法改正（令和 4 年法律 67 号）により，現行の懲役刑と禁錮刑が 2025（令和 7）年 6 月までに「拘禁刑」に一本化されることとなった。

法律に基づく手続により有罪とされるまでは無罪と推定されるという原則⇒164頁からすると，①の未決拘禁者の拘禁目的は，逃亡または罪証隠滅の防止にあるのであって，②③の有罪の確定判決を受けた者とは根本的に異なる。未決勾留というのは，「刑事司法上の目的のために必要やむをえない措置として一定の範囲で個人の自由を拘束するもの」（よど号ハイジャック新聞記事抹消事件：最大判昭

notes

[9] 未決拘禁者に対する喫煙禁止の合憲性をめぐる最大判昭和 45・9・16 民集 24 巻 10 号 1410 頁では，法律の根拠が問われなかったことについて，第 **1** 編第 **3** 章 4 参照。⇒39頁

和58・6・22民集37巻5号793頁）である。

②の受刑者の拘禁目的は，刑罰の執行，逃亡の防止，および教誨（きょうかい）または教育である。③の死刑確定者にとっての拘禁目的は，「生命刑である死刑が執行されるまでの間，逃亡や自殺等によってその執行ができない事態とならないよう，確実にその身柄を確保し，かつ，死刑執行のため拘禁されている者に対する一般人の感情を慮って，被拘禁者を社会から隔離すること」にあるとされる（東京地判平成5・7・30訟月45巻10号1951頁）。

被拘禁者集団の管理においては，秩序を維持する必要があるが，以上の収容拘禁目的の違いに照らしながら，必要最小限の人権制約について考えられなければならない。

よど号ハイジャック新聞記事抹消事件

本件では，未決拘禁者の新聞紙等の閲読の自由を制限する監獄法31条2項および同施行規則86条1項の合憲性が争われた。

監獄法31条1項は「在監者文書，図画ノ閲読ヲ請フトキハ之ヲ許ス」，同条第2項で「文書，図画ノ閲読ニ関スル制限ハ法務省令ヲ以テ之ヲ定ム」とし，同施行規則86条は，「文書図画ノ閲読ハ拘禁ノ目的ニ反セズ且ツ監獄ノ紀律ニ害ナキモノニ限リ之ヲ許ス」としていた。よど号ハイジャック事件に関する記事の一切が墨で塗りつぶされてXらに配布されたことについて，これらの条文が違憲無効であり本件抹消処分は違法であるとして，国家賠償請求訴訟が提起されたものである。

最高裁は，監獄が多数の被拘禁者を外部から隔離して収容する施設であることから，「内部における規律及び秩序を維持し，その正常な状態を保持する必要」があり，未決拘禁者についても「この面からその者の身体的自由及びその他の行為の自由に一定の制限が加えられることは，やむをえないところ」であるという。そして「これらの自由に対する制限が**必要かつ合理的**なものとして是認されるかどうかは，右の目的のために制限が必要とされる程度と，制限される自由の内容及び性質，これに加えられる具体的制限の態様及び程度等を較量して決せられるべきものである」と述べた[10]。

そして①新聞紙，図書等の閲読の自由に関する憲法上の根拠を「思想及び良心の自由の不可侵を定めた憲法19条の規定や，表現の自由を保障した憲法21条の規定の趣旨，目的から，いわばその派生原理として当然に導かれる」とし，そのうえで②具体的な合憲性の基準として（**相当の蓋然性の基準**）を示した。

相当の蓋然性の基準は，「当該閲読を許すことにより右の規律及び秩序が害される一般的，抽象的なおそれがあるというだけでは足りず，被拘禁者の性向，行状，監獄内の管理，保安の状況，当該新聞紙，図書等の内容その他の具体的事情のもとにおいて，その閲読を許すことにより監獄内の規律及び秩序の維持上放置することのできない程度の障害が生ずる相当の蓋然性があると認められることが必要であり，かつ，その場合においても，右の制限の程度は，右の障害発生の防止のために必要かつ合理的な範囲にとどまるべきものと解するのが相当である」とする基準である。

この基準自体はそれなりに厳しいものであるが[11]，これをあてはめて本件記事抹消処分の違法性を判断する際に，監獄の長の裁量を広く認めて適法とした点について，批判も多い。

旧監獄法46条2項

監獄の長の裁量という点で注目されるのは，ちょうど旧監獄法が大改正の時を迎えていた平成18年に下された，受刑者の非親族宛て親書の発信不許可が争われた事件の最高裁判決である（最判平成18・3・23判時1929号37頁）。

▶ 旧監獄法46条2項は，親族以外の者への信書の発受を原則として禁じていた。

最高裁は，よど号ハイジャック新聞記事抹消事件最大判の趣旨によりながら，同法について「相当の蓋然性」が認められる場合に限って制限しうるものと限定的に解釈して，合憲とした。興味深いのは，刑務所長が，「受刑者のその親族でない者との間の信書の発受は特に必要があると認められる場合に限って許されるべきものであると解した上で，本件信書の発信については，権利救済又は不服申立て等のためのものであるとは認められず，その必要性も認められな

notes

⑩ 未決拘禁者に対する喫煙禁止の合憲性をめぐる判決（最大判昭和45・9・16民集24巻10号1410頁）を引用している。

⑪ 障害が発生する「抽象的なおそれ」があることを要求するよりは厳しく，「明白かつ現在の危険」が存在することを要求するよりは緩やかな基準である。

いと判断して，これを不許可とした」ことに着目した点である。

判決は「本件信書の発信を許すことにより，……放置することのできない程度の障害が生ずる相当のがい然性があるかどうかについて考慮しないで，本件信書の発信を不許可としたことは明らか」として，同項の適用上違法であるのみならず，国賠法1条1項の適用上も違法であるとした。つまり，刑務所長の裁量を極めて大きく認めたよど号ハイジャック記事抹消事件最判と異なり，裁量行使のあり方の審査にも踏み込んだのである。

 人権をだれが享有するのか？

人権の享有主体性

《人権をだれが享有するのか》という問題を考えてみよう。日本国民は，日本国憲法の保障する人権を享有する。では，天皇・皇族はどうか，外国人はどうか，法人はどうか，といった問題が，これまで「人権の享有主体性」の名のもとに議論されてきた。

1 天皇・皇族

天皇・皇族も日本国籍を有している。では，天皇・皇族は日本国憲法の保障する人権享有主体である「国民」に含まれるかというと，従来，肯定説が一般的である。もっとも，天皇・皇族は一般国民と同じように人権を享有しうるとは考えられていない。認められない人権の代表例は，選挙権・被選挙権であり，その理由は，天皇の「象徴」（憲法1条）としての政治的中立性や，天皇が国政に関する権能をもたないこと（4条1項）による。もっとも，現在，皇族も選挙権を認められていないが，皇族をどこまで天皇と同じように扱うのが適当であるか，議論の余地がある。

その他，地位の特性から認められない人権として，外国移住の自由や国籍離脱の自由（22条2項）が挙げられる。政治活動の自由（21条1項），学問の自由（23条）についても実質的な制約を受けるものとされる。

なお，天皇・皇族について，そもそも人権を享有する主体に含まれないと解する説も，近年では有力である。それは，人格において対等な個人という概念に立脚する近代人権思想によっては，皇位の世襲制をとる天皇制を説明しえないという理由による。

2　外国人

外国人についての留意点

次に，外国人の人権享有主体性について考えよう。外国人とは，日本国籍をもたない者のことをいう。最初に，外国人に関して2点留意すべき事柄をあげておく。

第一に，日本における外国人の処遇としては，出入国の時点での審査のみならず，日本に在留すること全般が国家の管理のもとにある。在留する外国人は，決定された在留資格に応じて，その資格の許容する活動を行うことができるのであって（出入国管理及び難民認定法（入管法）2条の2第2項），つまり外国人は，日本で好きなように自由に活動しうるというしくみではないのである。

第二は歴史である。外国人という言葉から，「日本国外」に住んでいて，観光旅行やビジネスで訪日する人たちを思い浮かべる人も少なくないだろうが，歴史的な要因により，日本における「外国人」問題は，より複雑である。日本で外国人の人権問題を考えるうえで，日本国内に何世代にもわたって定住している，かつて日本国籍を有していた人々とその子孫の処遇が，大きな問題群を形成していることに留意しなくてはならない。戦前の日本は台湾・朝鮮等に植民地をもっており（台湾編入・日韓併合等），植民地出身者は内地人と同じく「帝国臣民」とされていた。しかし植民地出身者は，日本が第二次世界大戦に敗れ，対日平和条約が発効した日（1952年4月28日）に，「法務府（当時）民事局長通達」という行政機関内部の文書によって，国籍を喪失することとなった。

現在，戦前の植民地出身者とその子孫の少なくない数の者は，日本社会で「特別永住者」として租税の負担を含め，日本国民と異ならない生活を送っている。外国人の人権をめぐる判例には，特別永住者に関わるものが多く，一口に外国人という言葉で括ることのできない歴史の重みを忘れることなく，個々の問題について考える必要がある。

▶ **特別永住者**　「日本国との平和条約に基づき日本の国籍を離脱した者等の出入国管理に関する特例法」（入管特例法。平成3年法律第71号）により，「一般永住者」とは異なる「特別永住者」という在留資格が定められている。これにより，平和条約国籍離脱者および平和条約国籍離脱者の子孫について，上陸のための審査の特例（20条），在留できる期間等の特例（21条），退去強制の特例（22条），再入国の許可の有効期間の特例等（23条）が認められている。

マクリーン事件

判例および学説通説は，人は人であるがゆえに人権をもつという思想に日本国憲法が立脚していること，そして国際協調主義がとられていることから，外国人にも保障が等しく及ぶことを前提に，権利の「性質」に着目して，享有しない人権を考えるという思考方法をとっている（性質説）。

リーディング・ケースとして挙げられる判例はマクリーン事件[12]（最大判昭和53・10・4民集32巻7号1223頁）である。最高裁は「憲法第三章の諸規定による基本的人権の保障は，権利の性質上日本国民のみをその対象としていると解されるものを除き，わが国に在留する外国人に対しても等しく及ぶものと解すべき」とした。また外国人の政治活動の自由について「わが国の政治的意思決定又はその実施に影響を及ぼす活動等外国人の地位にかんがみこれを認めることが相当でないと解されるものを除き，その保障が及ぶものと解するのが，相当である」とした。

もっとも，続けて次のように述べている。外国人の人権保障は「外国人在留制度のわく内で与えられているにすぎ［ず］」，「在留期間中の憲法の基本的人権の保障を受ける行為を在留期間の更新の際に消極的な事情としてしんしやくされないことまでの保障が与えられているものと解することはできない」，「外国人の行為が合憲合法な場合でも，法務大臣がその行為を当不当の面から日本国にとつて好ましいものとはいえないと評価」するなどは，行為が憲法の保障

notes

[12] アメリカ国籍のマクリーン氏が語学学校教師として在留期間を1年間とする上陸許可を受けて日本に入国し，在留期間の更新を申請したところ，更新不許可処分がなされたため，処分取消訴訟を提起した。折しもベトナム戦争反対の機運が高まっていたなか，マクリーン氏も「外国人ベ平連」に所属し，デモや集会に参加していた。法務大臣の不許可の理由には，そのような政治活動をしたことが含まれていた。

を受けるからといって妨げられない。そして最高裁は，マクリーン氏の在留更新へなされた不許可処分について，法務大臣の判断に裁量権の逸脱濫用を認めることはできず，違法と判断できないとしたものである。

ある行為が「憲法の保障を受けるもの」とされながらも，憲法よりも下位の法形式（マクリーン事件でいえば「外国人在留制度」）の枠内でのみ保障され，それが不利益処分の理由となりうるというのは，結局のところ実質的には，法律に依存した程度の保障しか与えられないことを意味するものではないのだろうか。しかし，はたしてそれでいいのか。

日本国憲法は，《人は人であるがゆえに人権を有する》という価値に立脚している。在留制度の枠の外にも，侵してはならない「基本的人権」があると信じ，論じることができなければ，天賦人権を観念する魅力は大幅に減殺されよう。

▶ マクリーン事件判決も，外国人の受入れに関する義務が国家にないことの根拠として，国際慣習法に言及していた。そうだとすると，国際人権法の進展や動向によっては，在留制度を外在的に制約する規範として確立し，援用可能となることがあるかもしれない。

以下では，個別の領域ごとに，外国人の人権について見てみよう。問題を考えるにあたっては，先に述べた歴史的理由から，少なくとも特別永住者については，**原則**として日本国籍を有するものと同等の扱いが要請され，**例外**として非対等な扱いが許容されるというスタンスで臨むべきである。

出入国の自由・再入国の自由

外国人の入国の自由についての最高裁の確定した判例は，そのような自由は保障されないというものである。これは通説の立場でもある。先に挙げたマクリーン事件も，外国人の入国・在留について，当該国家の裁量にゆだねられていることを確認している。

出国については，判例は憲法22条2項により認められると解している（最大判昭和32・12・25刑集11巻14号3377頁）。もっとも在留外国人が，再入国を前提とした出国の自由を有するかについては，森川キャサリーン事件最判（最判平成4・11・16集民166号575頁）は，在留外国人は外国へ一時旅行する自由を保障されるものではないとした。

参政権

学説の対立が厳しいのは参政権をめぐってである。公職選挙法は，選挙権・被選挙権を有するものを「日本国民」としているが，外国人が除外されることは権利の性質上，合理的な制約であるといえるか。憲法と外国人の参政権の関係をめぐって，①「禁止」，②「要請」，③「許容」という観点で立場を整理することは，理解の助けになる。①は憲法上，外国人への参政権の保障は「禁止」されているとし，逆に②は参政権の保障は憲法上「要請」されているとする。そして③は，憲法は禁止も要請もしておらず，立法政策で参政権の保障をすることを「許容」しているとするもの，である。②の立場から数々の訴訟が提起されてきたが，判例と学説通説は国政レベルでは①，そして地方政治レベルでは③の立場をとる。

国政レベルで①の立場を示した裁判例に，日本人と結婚して永住許可をも有するイギリス人の国会議員の選挙権に関する，次のような大阪地方裁判所判決がある（ヒッグス・アラン事件第一審・大阪地判平成3・3・29訟月38巻1号1頁）。

「公務員の選定罷免権は，よって立つ国民主権原理に照らし，その権利の性質上日本国民のみをその対象としていることは明らかであるから，右の権利の保障は外国人には及ばないものと解する」。同事件の最高裁は国民主権に触れてはいないが，現行法を合憲としている（最判平成5・2・26判時1452号37頁〔同事件上告審〕）。

また，特別永住者である定住外国人の被選挙権を，国民主権原理に基づいて否定した裁判例として大阪高判（平成8・3・27訟月43巻5号1285頁）がある。この事件でも，最高裁は国民主権に触れずに現行制度を合憲とした（最判平成10・3・13集民187号409頁）。

学説通説は国政レベルでの参政権について，国民主権原理を理由に，選挙権は日本国民に限られ，外国人へ付与することは違憲であると解している（①の「禁止」の立場）。

他方で地方政治レベルでは，これまで一般に，判例は③の「許容」に立っていると理解されてきた。最判平成7・2・28民集49巻2号639頁は，「我が国に在留する外国人のうちでも永住者等であってその居住する区域の地方公共団体と特段に緊密な関係を持つに至ったと認められるものについて」，法律で選挙権を付与することを，憲法は禁止していないとするためである。もっとも近年では，上に引用した憲法解釈が判決主文との関係で，「付け足し」（「傍論」）に過ぎないとして評価を限定する動きもある。

公務就任権

外国人の「公務員に就く権利（公務就任権）」をめぐって，外務公務員法には国籍要件があるが（7条），他の一般の公務員について，法律による国籍要件は課されていない。もっぱら通用してきたのは，1953年に出された内閣法制局の見解で，「公務員に関する当然の法理として，公権力の行使または国家意思の形成への参画にたずさわる公務員となるためには，日本国籍を必要とする」という，**当然の法理**と呼ばれるものである。

外国人の公務就任権をめぐる重要な判例に，東京都管理職試験事件がある（最大判平成17・1・26民集59巻1号128頁）。日本国内の外国人問題は歴史的な背景を背負っているところ，本件も在日コリアン2世である特別永住者が，職業選択の自由（憲法22条）や平等原則（14条）違反を主張した事件だった[13]。

最高裁は「当然の法理」には言及しなかったが，**公権力行使等地方公務員**という概念を用い，憲法1条・15条1項等を引用しつつ，「**国民主権の原理**に基づき，統治の在り方について日本国の統治者としての国民が最終的な責任を負うべきもの」として，外国人が就任することは，「本来我が国の法体系の想定するところではない」という。そのうえで，「一体的な管理職の任用制度を構築」することにつき，地方公共団体の広い裁量を認めて，違法・違憲の主張を斥けた。そしてそれは，特別永住者についても異なることはないとした。

この判決の原審（東京高判平成9・11・26判時1639号30頁）は，本件管理職任用制度について，「職務の内容，権限と統治作用の関わり方及びその程度」に着目し，踏み込んだ審査をしていたが，最高裁は，特別永住者をも含めて，緩

notes

[13] 原告は，外国人で初めて東京都の保健婦に採用され，主任試験にも合格した人物であった。管理職試験の受験も上司に勧められて受けようとしたところ，「当然の法理」により日本国籍がないために受験できないとされ，国家賠償請求訴訟を提起したものである。

やかな審査をしたのである。

しかし，すでに述べているように，特別永住者については，日本国籍を有するものと同等に処遇することを原則に，例外的に制約しうるかどうかを厳密に精査するべきであろう。地方公共団体の裁量をこのように広く認めることが妥当であったかは，疑問も残る。

▶ 最高裁のいう「公権力行使等地方公務員」とは，「地方公務員のうち，住民の権利義務を直接形成し，その範囲を確定するなどの公権力の行使に当たる行為を行い，若しくは普通地方公共団体の重要な施策に関する決定を行い，又はこれらに参画することを職務とするもの」である。

そのような職務の遂行は，「住民の権利義務や法的地位の内容を定め，あるいはこれらに事実上大きな影響を及ぼすなど，住民の生活に直接間接に重大なかかわりを有するものである」ため，「国民主権の原理に基づき，国及び普通地方公共団体による統治の在り方については日本国の統治者としての国民が最終的な責任を負うべきものであること（憲法1条，15条1項参照）に照らし，原則として日本の国籍を有する者が公権力行使等地方公務員に就任することが想定されているとみるべき」としたのであった。

国民主権の意味については，いく通りかの理解があるが，上に引用した部分には，主権を単に統治権力の正統性の淵源とするにとどまらない理解が前提にされているようにみえる。

社会権

最高裁が外国人の社会保障について初めて判断を示したのは，塩見訴訟最判（平成元・3・2判時1363号68頁）[14]である。この判決は，外国人への社会保障施策について立法府の広い裁量を強調し，「特別の条約の存しない限り……（国の）政治的判断によりこれを決定することができる」，「その限られた財源の下で福祉的給付を行うに当たり，自国民を在留外国人より優先的に扱うことも，許されるべきことと解される」とした。

notes

[14] 本件も特別永住者（後に帰化により日本国籍取得）の提起した訴訟である。昭和56年改正前の国民年金法は，障害福祉年金の受給要件として，疾病認定日に日本国籍を有していることを求めていた（56条1項但書〔国籍条項〕）。原告はこの国籍条項に基づいて，障害福祉年金裁定請求が却下されたことを受け，憲法13条・14条1項・25条違反として，同処分の取消訴訟を提起した。最高裁は本文に引用した理由を述べて，障害福祉年金の支給対象者から在留外国人を除外することは立法府の裁量の範囲に属することであり憲法に違反しないとした。

もともと伝統的な学説では，社会権もまた，参政権や入国の自由と並んで，外国人に保障されない権利の典型という理解がとられていた。しかし社会権が保障されないことの論拠として挙げられていた「無拠出制の社会保障が国庫負担である」旨については，定住外国人は国民と同一の法的社会的負担を担っているという批判が妥当する。今日では，生活実態において日本と深く結びついている定住外国人について，日本国民と同様の立法措置が憲法上求められるとする学説が有力であり，むしろ国籍を理由として社会保障給付に差異を設けることが，国籍に基づく不合理な差別（14条違反）に該当しないかを問うべきとも説かれている。

では，具体的な制度において外国人がどう扱われているのかというと，健康保険，厚生年金保険，雇用保険等の拠出制の社会保険については従来から国籍要件がない。また社会保障における在日外国人の「自国民待遇」を義務づける「難民条約」批准に伴って（1981年）社会保障関係法が改正され，無拠出制の社会保障についても国籍要件が撤廃された。そして生活保護については，生活保護法の対象は「国民」（1条）だが，昭和29年来，行政実務上，「当分の間，生活に困窮する外国人に対しては一般国民に対する生活保護の決定実施の取扱に準じて」必要な保護が，事実上，行われている[15]。

自由権

自由権とは「国家からの自由」を実現する権利であり，人が人であることに基づく自然権的な性質を有する。そこで，基本的に自由権は，その性質上，外国人にも保障されることが原則となる。

もっとも，自由権の行使にかかわるルールの設定等に国家の関与が当然に前提とされている経済的自由や，ルールづくりそのものへの参加にかかわる政治活動の自由については，制約を受けるものとされている（前掲マクリーン事件参照⇒256頁）。

notes

[15] なお，永住者の在留資格を有する外国人である原告が生活保護法に基づく生活保護の申請をしたところ却下されたため処分取消し等を求めた事案で，最判平成26・7・18判自386号78頁は，「外国人は，行政庁の通達等に基づく行政措置により事実上の保護の対象となり得るにとどまり，生活保護法に基づく保護の対象となるものではなく，同法に基づく受給権を有しない」と判示した。

Column ⑫ 未成年

人権享有主体性のなかで,「未成年」が論じられる場合がある。確かに憲法は憲法15条3項により「公務員の選挙については,成年者による普通選挙を保障する」として,未成年者というだけで選挙権を制限している。また法律や条例による人権制約の例としては,未成年者(18歳未満)の行為能力制限(民法5条・6条),婚姻年齢制限(民法731条:満18歳),青少年保護育成条例などがある。しかし,未成年も日本国民たる自然人なのであり,人権を享有する主体性そのものが制限されているわけではないことに注意を払いたい。未成年者が心身の発達の途上にあることによる特別な制限の一例として理解するのが妥当だろう。

なお憲法改正国民投票法(2007年)が,国民投票権を満18歳以上の日本国民に認め(3条)たことを受けて,公選法が改正され(平成27年法律60号),選挙年齢が「18歳以上」に引き下げられた(法9条)。

3 法人・団体と人権

最後に,「人権」がどのような場面で主張しうるか,法人・団体との関係でみておこう。《法人・団体と人権》の関係は,**CHART**⇒263頁 にあるように,①私人である法人・団体が国家に対して「人権」を主張する場合と,②私人である法人・団体と私人の間で「人権」を調整することが必要な場合(後述の私人間効力論)というふたつの類型に,大きく分けられる。

さらに,試論的にではあるが,公立学校等の教育機関,市議会といった統治の機関なども広く視野に入れて,仮にこれを「組織」と呼ぶとすると,③ある組織がもつ権限の行使が,構成員の人権とぶつかる場合という類型を立てて考えてみたい。懲戒権,統制権,紀律権や自律権といった権限が限定されることにより,構成員の「人権」が実現することがある。

1 法人・団体の「人権」

私たちが暮らす社会のなかで,法人や団体は大きな役割を果たしている。株

CHART 法人・団体と人権

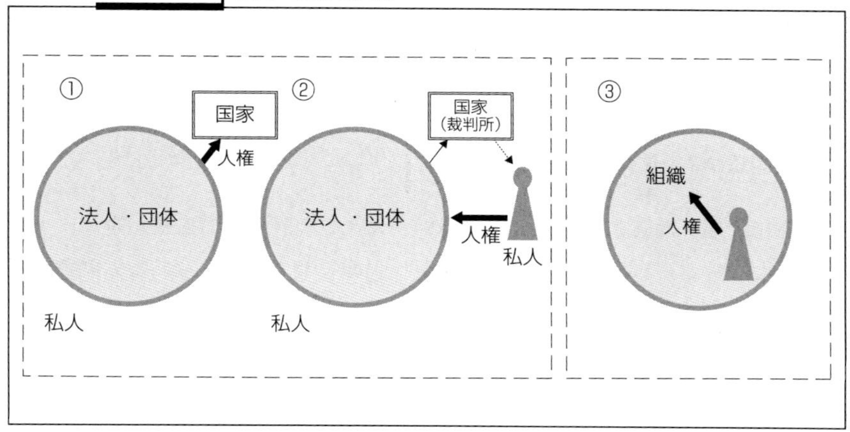

式会社，労働組合，宗教団体，マスメディア，シンクタンクなど，法人や団体を通してなされる活動によって，ひとりの個人には到底もてない力をも発揮することができる。

八幡製鉄株式会社（現・新日鐵住金株式会社）が自民党になした政治献金をめぐって起こされた株主代表訴訟において最高裁は，「憲法第3章に定める国民の権利および義務の各条項は，性質上可能なかぎり，内国の法人にも適用されるものと解すべきである」（最大判昭和45・6・24民集24巻6号625頁）と述べた。この判示部分は一般に，法人の人権享有主体性についての概括的な論述をなしたものと位置づけられている（もっとも，これは事件の解決とは直接の関係をもたない「傍論」にとどまるという指摘も，近時は有力である）。

法人の享有する「人権」の内容として，財産権などの経済的自由権や国家賠償請求権などの国務請求権が認められることや，設立目的との関係で宗教法人が信教の自由を，報道機関が報道の自由を，学校法人が学問の自由を有することなどにも，異論はない。そして生命身体に対する権利や生存権，選挙権・被選挙権を法人は享有しないことも，性質上，当然であるといえる。

2 私人と私人の間での人権――人権の私人間効力

次に先に見た**CHART**の②の関係に目を転じよう。

「人権の私人間効力論」は，長いこと学説が対立（屹立）してきた分野であり，依然として活発な議論がなされている。本節では人権の私人間効力論が提起されることとなった背景をみてから，いくつかの学説を確認し，判例のありようを概観する。

何が問題か？　法律による人権の調整

高度に発達した資本主義経済において，大企業の財産権の自由が声高に主張されるとなると，自己の労働力を切り売りすることで生計を立てる労働者は，圧倒的に不利な立場におかれてしまう。不平等や不均衡が現実に存在するなかで，法的には対等な関係であるとして，私的自治・契約自由の原則を主張することは，実質的には劣位におかれた者への「人権侵害」を意味するのではないか？　いちはやく市場経済が進んだ諸国でそのような関心が抱かれるようになり，社会権規定が憲法に書き込まれるようになり，状況を改善するために，社会のなかで弱い立場にある者を保護するための法律の制定も行われてきた。私人間での「人権侵害」が発生する場合に，第一次的に発動するのは「法律」の規定である。かつての伝統的な学説が，「法律がなければ裁判所は何もできない」という**無効力説**に立っていたことは，このような理解に忠実であったものといえる。

しかし立法努力が適時になされるとは限らないし，制定された法律が十分に人権を調整するものとは限らない。力（≒お金）のある者が政治に与える影響力の方が，弱い者のそれよりも大きいことは，火をみるより明らかだ。立法過程を通じた人権の調整には限界がある。

そこで司法過程を通じた「人権救済」が注目されることとなった。法律がなくとも，「人権侵害」がある以上，裁判所が救済できなくてはならないとして，そのような理屈を立てることが学説の関心事となったのである。

学　説

先にも述べたように，この論点をめぐっては，学界で活発な議論がなされてきた。ここでは代表的な学説を整理し概観するにとどめる。

自由権などの人権規定について私人間にも直接に憲法は効力を有するとする

直接効力説と，私法の概括条項や一般条項を憲法の趣旨を込めて解釈・適用することにより私人間に間接的に憲法が効力を有するとする**間接効力説**⑯が，代表的な学説であり，通説・判例は間接効力説であるとされている（三菱樹脂事件・最大判昭和48・12・12民集27巻11号1536頁等）。

もっとも，間接効力説には，「私法の概括条項や一般条項を経由するとなぜ憲法の人権が私人間で「効力」をもつことになるのか？」という理由づけにかかわる難点があった。近時の学説として**新・無効力説**や**基本権保護義務論**は，これを理論的に説明するものとして理解できる。

新・無効力説は，全方位的に効力を有する「人権」と，憲法上の権利を区別し，私人間で憲法上の人権は効力をもたないこと（無効力）という前提を厳守する。私人間において「人権」の調整をするのが法律の役割であることを前提としつつ，個別の法律がない場合には，私法の概括条項や一般条項によって，私人間の「人権」調整が裁判官に委任されていると解するのである。

基本権保護義務論は，裁判所には私法の解釈適用に際して客観的価値秩序たる基本権法益を実現し，被害者たる私人の基本権法益を保護する保護義務があると説明する。私人間効力問題を，司法権（民事裁判権）による保護義務履行の問題ととらえるのである。〈国家―被害私人―加害私人〉という三者間に，国による被害私人の基本権的法益保護の下限と，国による加害私人の基本権侵害の上限を設定する議論である。

いずれにせよ今日では，「具体的な法律がなければお手上げだ」という伝統的な無効力説を，そのままの形で支持する学説はほとんどない。そしてまた，いずれの学説の立場をとっても，具体的な事案の帰結に大きな違いがないとされる。どの立場においても，私的空間に裁判所（国家）が踏み込んで，その任務として「人権」・「基本権法益」の実現を図りうること自体は当然視されているのである。

notes

⑯ ただし規定の趣旨から直接に私人に適用されるものもある（憲法15条4項，同18条，同28条など）。

判　例

いくつか，代表的な判例をみてみよう。

(1)　三菱樹脂事件最大判（最大判昭和48・12・12民集27巻11号1536頁）

この事件は，学生運動等の履歴を秘匿して会社に就職した者が，試用期間終了後に本採用を拒否されたことについて，雇用契約上の地位確認と賃金支払を求めたものである。

▶　本件は，雇入れの際に思想信条等にかかわる質問が一般になされていた時代の判例であることに注意を払っておきたい。今日では，そのような質問は「就職差別」につながるものとして行政指導の対象となっており，企業の「採用の自由」は制約される傾向にある。たとえば1999年の職業安定法改正により5条の4が追加され，これに関する厚生労働大臣の指針は，業務の目的の範囲内で個人情報を収集することとし，「収集してはならない」個人情報に，次のようなものを掲げている（指針第4）。「人種，民族，社会的身分，門地，本籍，出生地その他社会的差別の原因となるおそれのある事項」，「思想及び信条」，「労働組合への加入状況」，である。そして「個人情報を収集する際には，本人から直接収集し，又は本人の同意の下で本人以外の者から収集する等適法かつ公正な手段によらなければならないこと」等も明示されている。

控訴審（東京高判昭和43・6・12民集27巻11号1580頁）は，「人の思想，信条は身体と同様本来自由であるべきものであり，その自由は憲法第19条の保障するところでもあるから，企業が労働者を雇傭する場合等，一方が他方より優越した地位にある場合に，その意に反してみだりにこれを侵してはならないことは明白というべく，人が信条によつて差別されないことは憲法第14条，労働基準法第3条の定めるところである」と判示していた。

このような理解に対して最高裁は，憲法19条（思想良心の自由），14条（信条に基づく差別禁止）は「もつぱら国または公共団体と個人との関係を規律するもの」であり，私人相互の関係を直接規律することを予定していないとした。私人間における各人の「自由と平等の権利」の対立の調整は私的自治に委ねられ，「一方の他方に対する侵害の態様，程度が社会的に許容しうる一定の限界を超える場合にのみ，法がこれに介入しその間の調整をはか」り，また「場合によつては，私的自治に対する一般的制限規定である民法1条，90条や不法行為に関する諸規定等の適切な運用」によって，裁判所が私的自治を尊重しつつ「社会的許容性の限度を超える侵害に対し基本的な自由や平等の利益を保護」して，適切な調整を図る方途も存するのである，と。

以上の部分を本判決が間接適用説に立つものとして理解するかどうかはともかく，私人間の人権の調整を裁判所が民法の一般規定の解釈を通じて行いうることを示したものといえる。

▶ 昭和女子大事件（最判昭和49・7・19民集28巻5号790頁）

この事件は，政治的社会的活動をしたことが「穏健中正な思想」という独自の校風に基づく「生活要録」に違反したとして退学処分を受けた者が学生身分確認の訴えを起した事案である。本件最高裁判決でも三菱樹脂事件が引用されて，同様の趣旨が述べられた。

しかしむしろ本判決でポイントになったのは，私立学校の独自の伝統や校風などの意義を認めつつも，大学が「国公立であると私立であるとを問わず，学生の教育と学術の研究を目的とする公共的な施設であり，法律に格別の規定がない場合でも，その設置目的を達成するために必要な事項を学則等により一方的に制定し，これによつて在学する学生を規律する**包括的権能**を有するものと解すべきである」という点であった。そして本件について，政治活動を理由としてなされた退学処分を，学長の裁量の範囲内と判断したものであった。とするとむしろ，本判決は大学と学生との間における紀律権の限界問題（→**3** ⇒269頁）ととらえているようでもある。

(2) **日産自動車事件**（最判昭和56・3・24民集35巻2号300頁）

日産自動車事件は，女子若年定年制（男子60歳，女子55歳）が就業規則で定められていたことについて，「専ら女子であることのみを理由として差別したことに帰着するものであり，性別のみによる不合理な差別を定めたものとして民法90条の規定により無効であると解するのが相当である（憲法14条1項，民法1条ノ2参照）」とした。

民法1条ノ2は，現行の2条である。憲法14条を受けた言明であるところの，同条の「この法律は……両性の本質的平等を旨として，解釈しなければならない」という部分が，民法90条の「公序」の意味内容を充塡する際の橋わたしとなったと解される[17]。

(3) 入会権差別事件（最判平成18・3・17民集60巻3号773頁）

入会権者の資格を「世帯主」および「男子孫」に限り，入会部落民以外の男性と婚姻した女子孫は離婚して旧姓に復しないと資格を認めないとする慣習が公序良俗に反して無効と主張された事件がある[18]。最高裁は，世帯主要件と異なり男子孫要件は合理性がないこと，そして「男女の本質的平等を定める日本国憲法の基本的理念に照らし，入会権を別異に取り扱うべき合理的理由を見いだすことはできない」ことから，「本件慣習のうち，男子孫要件は，専ら女子であることのみを理由として女子を男子と差別したものというべきであり，……性別のみによる不合理な差別として民法90条の規定により無効であると解するのが相当である。」とした。

(4) 百里基地訴訟（最判平成元・6・20民集43巻6号385頁）

百里基地訴訟は茨城県百里原における航空自衛隊基地建設への反対運動の一環であり，憲法9条をめぐる訴訟のひとつでもある。もともと純然たる民事訴訟（登記抹消請求訴訟・所有権確認訴訟）であったが，砂川事件第一審の違憲判決（東京地判昭和34・3・30判時180号2頁）を受けて反訴として正面から自衛隊違憲，国の用地取得は公序良俗違反で無効と主張し，本格的な憲法訴訟となったものである。

本件は《私人・対・私人》の事件ではなく，一方当事者が国であり，純粋な私人間効力論の事案とはいい難い。しかし判決は，三菱樹脂事件を引用しながら，国の私法的行為について憲法9条の適用を「実質的にみて公権力の発動たる行為となんら変わりがないといえるような特段の事情のない限り」，否定したのであった。

もっとも，この結論を導き出すにあたって本判決が前提としている「公私二分論」については，学説で批判が強い。そもそも憲法は国家が正当になしうる

notes

[17] 現在では，男女雇用機会均等法6条4号により違法となる。

[18] 入会権とは，一定の地域の住民が一定の山林原野等において共同して雑草，まぐさ，薪炭用雑木等の採取をする慣習上の権利である（民法263条・294条）。

ことに限界を付している。憲法の規律をまぬかれるような，純然たる私法的行為を観念することが理論上可能であるのかは，大いに疑問である。

▶ なお判例は私人と私人の間での紛争をすべて私人間効力論の枠組みでとらえているわけではない点に注意を払っておきたい。たとえば，第**1**章②でみたように，名誉権やプライバシー権の私人による侵害の解決にあたっては，三菱樹脂事件にのっとって解決しているわけではない。

ところで間接効力説およびそれに立つ判例へなされてきた批判は，私法の概括条項や一般条項へ，憲法価値を充塡する際の「振れ幅」を制御できないというものである。たくさん読み込まれ充塡されれば直接適用説に近づき，あまり読み込まれなければ無適用説に近づく，と。

そもそも裁判所という国家機関は，私人間で起こった「人権侵害」について，どのような場合に，いつ介入しうるのだろうか？　私人間効力論はこれに直接に答えるものではないが，「振れ幅」の制御は，実はこのような問題にかかわっているのではないか。

この問題にひとつの正しい答えがあるわけではなかろうが，判例の蓄積があるか，私的自治の原則や裁判所の役割をどう理解するか，そして当該人権価値が社会で共有されているかなどが，鍵を握っているといえよう。

3　権限行使の限界と人権

最後に，263頁に示した**CHART**でいうと③の類型を検討する。

結社の自由（憲法21条）に基づく紀律権，団結権保障の一環としての労働組合の統制権（→第**5**章④ ⇒215頁），そして懲戒権（国公法82条，地公法29条，学校教育法11条等）などの権限の行使は，時に構成員の「人権」と衝突する。

本書でこれまでに扱った判例でたとえば，公的な性格をもたない企業・雇用者と被用者についてでさえ，三菱樹脂事件判決（最大判昭和48・12・12民集27巻11号1536頁）は，憲法の人権規定が私人相互の関係を直接規律することを予定していないとしつつも（**2** ⇒266頁），同時に思想・信条の自由も含め「**基本的な自由や平等への権利**」の保護を民法90条等の規定の解釈を通じての裁判所の任務とすることを認めているのだった。

また，剣道実技受講拒否事件最判（平成8・3・8民集50巻3号469頁）では，聖書に固く従うというキリスト教信者である原告・控訴人・被上告人の信教の自由が侵害されたことをもって，退学処分等が取り消されたのではなかったことを想い起こしたい。「被上告人が剣道実技への参加を拒否する理由は，被上告人の信仰の核心部分と密接に関連する真しなものであった」という理解のうえで，「自己の信仰上の教義に反する行動を採ることを余儀なくさせられる」という性質をもつ以上，「上告人は，前記裁量権の行使に当たり，当然そのことに相応の考慮を払う必要があったというべき」とされたのである。校長の裁量権の限界を画すことにより，真摯な信仰に基づく行為が救われたのであった（第1章⑤ ⇒119頁）。

このような，「基本的な自由や平等への権利」や「信仰の核心部分と密接に関連する真しな理由からの剣道受講拒否」について，すくなくとも訴訟当事者は，まさしく「人権」の問題としてとらえて訴えたのである。

権限の行使に限界を画すことで姿を現す「人権」というものが，裁判例で一定の展開を遂げている。これまで扱っていない例を２つみておこう。

南九州税理会事件

南九州税理士会事件（最判平成8・3・19民集50巻3号615頁）は，税理士会定期総会においてなされた，税理士法改正を働きかける運動資金として特別会費を徴収し，政治資金規正法上の政治団体に寄付するという決議の無効が争われた事件である。ここでは，税理士会が公的な性格を有する強制加入団体であることがポイントとなった。団体の強制加入団体性から，構成員である会員には，「様々の思想・信条及び主義・主張を有する者が存在することが当然に予定されている」ため，「会員に要請される協力義務にも，おのずから限界がある」という。

そして「特に，政党など規正法上の政治団体に対して金員の寄付をするかどうかは，選挙における投票の自由と表裏を成すものとして，会員各人が市民としての個人的な政治的思想，見解，判断等に基づいて自主的に決定すべき事柄であるというべきである」ので，「公的な性格を有する税理士会が，このような事柄を多数決原理によって団体の意思として決定し，構成員にその協力を義務付けることはできない」と述べられていた。

岩沼市議会事件

かつて最大判昭和35・10・19民集14巻12号2633頁は，地方議会議員に対する3日間の出席停止の懲罰議決の効力が争われた事件で司法審査対象性を否定していたが，2020（令和2）年に明示的に判例変更されている（最大判令和2・11・25民集74巻8号2229頁：岩沼市議会事件）。最高裁は地方議会について，「議会の運営に関する事項については，議事機関としての自主的かつ円滑な運営を確保すべく，その性質上，議会の自律的な権能が尊重される」としつつ，その自律的な権能の限界として議員の活動を位置づけた。

「議員は，憲法上の住民自治の原則を具現化するため，議会が行う上記の各事項等について，議事に参与し，議決に加わるなどして，住民の代表としてその意思を当該普通地方公共団体の意思決定に反映させるべく活動する責務を負うものである」から，出席停止の懲罰が科されると，「議事に参与して議決に加わるなどの議員としての中核的な活動をすることができず，住民の負託を受けた議員としての責務を十分に果たすことができなくなる」。

そこで，「その適否が専ら議会の自主的，自律的な解決に委ねられるべきであるということはでき〔ず〕」，「議会に一定の裁量が認められるべきであるものの，裁判所は，常にその適否を判断することができるというべきである」。このように，議員活動における責務を市議会の自律性の限界として据えたのである。

組織が正当にもつ裁量的な権限の限界としての自由（人権）が，裁判例のなかに見出せる。とすると，どの組織がどのような権限をもっているかに注目し，個別の場面で権限の不存在による「自由」を探り当てることは，人権保障の一つの方法として，意義を有するものだろう。

CHECK

① 判例は公務員の人権制限の根拠としてどのような理由を述べているか。
② 外国人の人権享有主体性について説明せよ。
③ 人権の私人間効力論について，間接効力説を説明せよ。

読書案内　Bookguide

松本和彦「特別な法律関係における人権保障」小山剛＝駒村圭吾編『論点探究憲法（第2版）』（弘文堂，2013）

宍戸常寿「私人間効力論の現在と未来――どこへ行くのか」長谷部恭男編『人権の射程』（法律文化社，2010）

橋本基弘『近代憲法における団体と個人――結社の自由概念の再定義をめぐって』（不磨書房，2004）

事項索引

さ　行

た　行

な　行

は　行

ま　行

や 行

ら 行

わ 行

判例索引

〈 〉内は『憲法判例百選〔第7版〕』の項目番号

最高裁判所

高等裁判所

地方裁判所・簡易裁判所

【有斐閣ストゥディア】
憲法Ⅰ　人権〔第2版〕
Constitutional Law, 2nd ed.

2016年4月30日　初　版第1刷発行
2024年12月25日　第2版第1刷発行

著　者　青井未帆・山本龍彦
発行者　江草貞治
発行所　株式会社有斐閣
〒101-0051 東京都千代田区神田神保町2-17
https://www.yuhikaku.co.jp/
装　丁　キタダデザイン
印　刷　萩原印刷株式会社
製　本　大口製本印刷株式会社
装丁印刷　株式会社亨有堂印刷所

落丁・乱丁本はお取替えいたします。定価はカバーに表示してあります。

Printed in Japan ISBN 978-4-641-15132-1